Johanna Paungger · Thomas Poppe

Renovieren – Hausbau – Holzverarbeitung
zum richtigen Zeitpunkt

Johanna Paungger · Thomas Poppe

Renovieren – Hausbau Holzverarbeitung
zum richtigen Zeitpunkt

**Der Mondplaner
bis zum Jahr 2000**

Illustrationen
von Hildegard Klepper-Paar

GOLDMANN VERLAG

Umwelthinweis:
Alle bedruckten Materilien dieses Buches
sind chlorfrei und umweltschonend.
Die Einschrumpffolie (zum Schutz vor Verschmutzung)
ist aus umweltschonender und recyclingfähiger PE-Folie.

Der Goldmann Verlag
ist ein Unternehmen der Verlagsgruppe Bertelsmann

1. Auflage
© 1996 Wilhelm Goldmann Verlag, München
Umschlaggestaltung: Design Team München

Satz: DTP im Verlag
Printed in Germany · Graphischer Großberieb Pößneck
ISBN 3-442-30727-9

Inhalt

Vorwort

Mit großer Freude und manchmal fassungslos – so erleben wir den Erfolg unserer beiden Bücher *Aus eigener Kraft* und *Vom richtigen Zeitpunkt.** Ein wenig fassungslos meist dann, wenn sich wieder einmal die Zuschriften aus aller Welt zu Hunderten türmen, mit großer Freude immer auch dann, wenn wir sie lesen und erfahren, wie viele Menschen heute wieder ihr Erbe beanspruchen und sich selbst und ihrer Umwelt mit Hilfe der Mondrhythmen etwas Gutes tun.

Für das Vertrauen in unsere Arbeit, das aus diesen Zuschriften spricht, möchten wir uns ganz herzlich bedanken. Und gleichzeitig um Nachsicht bitten: Jahrelang haben wir jede Zuschrift persönlich beantwortet, weil uns niemand diese Arbeit abnehmen kann, aber die Briefflut hat uns inzwischen überrollt. Würden wir es weiterhin versuchen, dann wäre keine Zeit mehr für das, was wir vorhaben: nämlich Bücher zu schreiben für Menschen wie Sie.

Kaum ein Friseur, Heilberufler oder Gärtner, der nicht in den letzten Jahren in irgendeiner Weise mit dem Wissen um den Einfluß der Mondrhythmen in Berührung gekommen ist, meist durch Kunden oder Patienten, deren besondere Terminwünsche Aufmerksamkeit geweckt haben. Noch 1985, als die Vorträge über den Einfluß der Mondrhythmen begannen, herrschte oft die Überzeugung, vor allem unter Schulmedizinern und Zahnärzten, daß es unmöglich sei, sich nach dem Mond zu richten, auch wenn die Regeln wohl stimmen mögen. Nach kurzer Zeit schon zeigten persönliche Erfahrungen, daß diese Vorbehalte grundlos sind, und heute profitieren viele Heilberufler und Firmen vom Wissen um den »richtigen Zeitpunkt«, teilweise in direkter Zusammenarbeit mit uns. Wir sind

* *Aus eigener Kraft* (Goldmann Verlag, München 1993).
  Vom richtigen Zeitpunkt (Hugendubel Verlag, München 1991).

glücklich darüber, daß heute viele Menschen diesem alten Wissen wieder Vertrauen schenken. Blau und Gelb, die Farben unserer ersten Bücher, leuchten in Buchhandlungen als Modefarben, sich mit dem Mond zu befassen ist »in«. Manche Autoren sind allerdings mehr daran interessiert, die eigene Taschen zu bereichern als Herz und Sinn ihrer Leser, und beuten den vermeintlichen »Modeboom« aus. Dabei zerstören sie mehr, als sie aufbauen. Um an diesem Rennen nicht mitzuwirken, haben wir einige Zeit stillgehalten. Heute haben unsere Leser ein klares Gefühl dafür gewonnen, daß dieses Wissen viel zu wertvoll ist, um es in einer Modeströmung zu verheizen.

Alles in allem: Das Wissen um die Mondrhythmen ist dabei, sich einen Platz im Alltag vieler Berufe zurückzuerobern – nicht als kurzlebige Modeerscheinung, sondern als unverzichtbares Element. Mit diesem Buch wollen wir unseren Lesern nun ein Werkzeug in die Hand geben, das sich viele von ihnen schon lange gewünscht haben.

In den Zuschriften an uns wird immer wieder ein bestimmtes Problem genannt, dem wir auch selbst begegnet sind – im Umgang mit zahlreichen Menschen aus vielen Berufsgruppen, die sich persönlich an uns gewandt haben. So berichten uns fast alle Leser davon, wie sehr ihnen zwar unsere Bücher im *eigenen* Alltag geholfen haben – vom Wäschewaschen bei abnehmendem Mond bis zur Wahl eines günstigen Operationstermins, von der Obstbaumpflege bis zur Holzernte und -verarbeitung –, aber von einer Schwierigkeit ist öfter die Rede: das harmonische Zusammenspiel mit Dritten. Was zum Beispiel tun, wenn der Baubeginn eines Hauses feststeht, wenn Bauherr und ausführende Firmen den »richtigen Zeitpunkt« beachten wollen, aber nur der Bauherr schon Erfahrung mit den Mond- und Naturrhythmen gesammelt hat? Was tun, wenn Sie eine Malerfirma mit der Renovierung Ihrer Wohnung oder Ihres Büros beauftragt haben und die Firma nun zum ersten Mal vom richtigen Zeitpunkt hört? Der Baufirma und den Handwerkern fehlt die Zeit, um sich in die Materie einzuarbeiten, selbst wenn sie besten Willens sind, die Regeln zu befolgen. Dieses Buch soll hier Abhilfe schaffen und Menschen mit den nötigen Informationen versorgen, die aus verschiedensten Gründen keine Zeit haben, sich über Monate und Jahre hinweg Erfahrungswissen anzueignen.

Unser erstes Buch, *Vom richtigen Zeitpunkt*, entstand auf Wunsch der Zuhörer zahlreicher Vorträge. Das zweite Buch, *Aus eigener Kraft*, ist unseren Lesern zu verdanken, und so ist auch dieses Buch unsere Erwiderung auf zahllose Briefe, die unbeantwortet bleiben mußten, aber auch direktes Ergebnis unserer eigenen Erfahrungen in der Zusammenarbeit mit Ärzten und Heilpraktikern, mit Architekten und Gartenfachleuten, mit Landwirten und Holzhandwerkern. Wer sich anhand unserer Bücher im Laufe von Monaten und Jahren langsam mit dem Wissen vertraut macht, braucht schließlich nur noch eine einfache Tabelle mit Mondphasen und Mondstand im Tierkreis – einen jährlichen Mondkalender. Doch es gibt auch viele Menschen, die von Anfang an unserer Arbeit Vertrauen entgegenbringen und das Wissen anwenden wollen, ohne die nötige Zeit zu haben, sich intensiv dabmit zu befassen. Gerade den *guten* Architekten, Heilberuflern, Holzhandwerkern läßt der Erfolg oftmals nicht die Zeit, zuerst unsere Bücher zu studieren und dann im Laufe von Jahren das Wissen in ihre Arbeit und ihr Leben zu integrieren. Ihr Erfolg bedeutet andererseits aber auch, daß sie offen sind und bereit zu lernen. »Ich spüre, daß an der Sache mit den Mondrhythmen was dran ist, weil ich schon viele Erfahrungen gemacht habe, die anders nicht zu erklären sind, aber bitte gebt mir etwas in die Hand, damit ich das Wissen heute schon umsetzen kann« – so oder ähnlich lautete der Satz, den wir oft zu lesen oder zu hören bekamen.

Gerade im Bereich von Hausbau, Renovieren und Heimwerken wäre es sinnvoll, ohne »Studierpause« in die Kunst des richtigen Zeitpunkts einzusteigen, weil man so vom ersten Tag an Unmengen von Umweltgiften und umständliches und teures Nacharbeiten vermeiden kann. Entscheidend ist nämlich: Die Herstellung und Anwendung natürlicher Produkte (Naturharze, Holz, Schafwolle, Kalkfarben usw.) bedürfen unbedingt der Wahl eines passenden Termins, erst dann sind sie Chemiegiften und umweltbelastenden Industrieprodukten in fast jeder Hinsicht überlegen – und um vieles gesünder und menschenfreundlicher! Was Dauerhaftigkeit, Zähigkeit und Langlebigkeit solcher Produkte betrifft, dazu empfehlen wir den Besuch eines Museumsdorfes, etwa Kramsach in Tirol, wo jahrhundertealte Holzbauwerke Geschichten erzählen, die man von keinem Stahlbetonbauwerk zu hören bekommen wird.

Wir bauen gerade selbst ein Haus und haben natürlich darauf geachtet, mit Firmen zusammmenzuarbeiten, die den Mondstand, soweit es irgend möglich ist, bei ihren Arbeitsabläufen berücksichtigen. Besonders im Umgang mit diesen Menschen haben wir die Erfahrung gemacht, daß wir unsere ursprüngliche Absicht, niemandem etwas »vorzukauen«, in neuem Licht betrachten müssen. Wir tun es gern, denn jeder Liter Kunstharzlack, jedes Milligramm giftiges Holzschutzmittel, das durch dieses Buch eingespart wird, ist es wert.

Auch wer sich nicht zuerst Schritt für Schritt mit Hilfe unserer ersten beiden Bücher in das Wissen um die Mondrhythmen einarbeitet, wird durch das Befolgen der Kalender in diesem Buch allmählich die *persönliche Erfahrung* machen, um wieviel einfacher alles wird, wie sehr die Natur ihm unter die Arme greift, wenn er mit ihren Wellen schwingt. Nach und nach wird er auch in unseren Büchern nachlesen und erfassen können, welche Zusammenhänge ihm da zu Hilfe gekommen sind.

Mit anderen Worten: Wir haben die Notwendigkeit erkannt, unseren Lesern spezielle Kalendarien anzubieten, wie sie auf den folgenden Seiten enthalten sind. Zu den wichtigsten Tätigkeiten im Bereich von Hausbau, Renovieren und Holzverarbeitung finden Sie die guten und schlechten Zeitpunkte der nächsten fünf Jahre. Und wenn Sie eine Tätigkeit im Buch vermissen, dann gehört sie entweder zu denjenigen, die vom Mondlauf nur wenig profitieren (etwa die Elektroinstallation), oder sie läßt sich problemlos einer im Buch vorkommenden Tätigkeit zuordnen (z. B. gehört das »Tapezieren« zu »Malerarbeiten«, weil dabei geklebt wird).

Die Leser unserer früheren Bücher wissen, daß sie nun über ein Material verfügen, das sie Tischlern, Architekten, Zimmerern usw. in die Hand drücken können. Wenn Sie zu unseren »neuen« Lesern gehören, die mit diesem Buch zum ersten Mal in Berührung mit den Natur- und Mondrhythmen kommen, wünschen wir Ihnen Mut und Pioniergeist, beim Ausprobieren, dazu viel Abenteuerlust und Freude beim Sammeln von Erfahrungen aus eigener Kraft mit dem »richtigen Zeitpunkt« – mit dem alten Wissen um die Natur- und Mondrhythmen.

Johanna Paungger-Poppe und Thomas Poppe

In Ihrer Hand
liegt unsere Zukunft

Sie planen, ein Eigenheim zu bauen? Sie wollen renovieren lassen oder sich selbst als Heimwerker betätigen? Sie wollen Ihr Haus, Ihre Wohnung mit Holz verschönern? Ja? Dann haben Sie vor, an einem sehr wichtigen Organ zu arbeiten, nämlich an Ihrer »dritten Haut«. So wie unsere Haut Schutz und Pflege braucht, wie auch unsere »zweite Haut«, die Kleidung, nach Pflege verlangt, so ist es nicht gleichgültig, in welcher Weise wir mit unserer »dritten Haut« umgehen, mit unseren vier Wänden, unserem Heim.

Wie bei der Hautpflege: Dort haben Sie die Wahl, ob Sie mit wenigen, natürlichen Kosmetika die naturgemäßen Aufgaben der Haut unterstützen oder sich mit Produkten der chemischen Industrie zupflastern und alle natürlichen Hautfunktionen betäuben oder gar zerstören.

Wie bei Wahl und Pflege Ihrer Kleidung: Bei Ihnen liegt die Entscheidung, ob Sie nur Naturfasern an Ihre Haut lassen – Wolle, Baumwolle und Seide –, natürlich gewonnen und verarbeitet, wärmend und schützend, oder ob Sie sich mit Kunstfasern elektrisch aufladen, die Hautatmung unterbinden und Ihren Organismus mit zahllosen chemischen »Ausrüst- und Veredelungsstoffen« belasten, die in der Kleidung enthalten sind.

So auch bei der Pflege Ihrer »dritten Haut«: Jede einzelne Tätigkeit im Bereich Hausbau, Heimwerken und Holzverarbeitung kann entweder dazu beitragen, Ihre Gesundheit und Ihr Wohlbefinden zu fördern, oder sie kann kurz- und langfristig Ihre Gesundheit untergraben und schädigen. Ob Sie massives Holz verwenden, nach den Mondphasen geerntet, verarbeitet und mit natürlichen Mitteln behandelt und verschönert, oder ob Sie jahrzehntelang die giftigen Ausgasungen von Spanplattenmöbeln und chemischen Holzschutzmitteln einatmen, ob Sie sich mit verstrahltem Holz umgeben wollen – Sie haben die Wahl.

11

Bei Ihnen liegt die Entscheidung.

In erster Linie sind es wir selbst, die mit der Herzensgüte oder der Freudlosigkeit unserer Gedanken, mit unserer Einstellung zum Leben, mit Liebe oder Angst unsere Wohnstätten mit Leben und Glück oder mit Zwietracht und Erschöpfung erfüllen. Aber wenn Unkenntnis, Fahrlässigkeit und Gewinnsucht unsere Häuser und Wohnungen zu Störzonen und Schadstoffquellen machen, dann ist die beste Lebenseinstellung manchmal machtlos. Dic zahlrcichen Giftstoffe, mit denen vielfach gebaut wird, mit denen wir einrichten, malen, lackieren, versiegeln, kleben und isolieren, verwandeln oftmals unser Zuhause in einen Ort der schleichenden Schwächung und Ermüdung, bis hin zur ernsthaften körperlichen Schädigung.

Mit der Wahl biologischer und aus Naturrohstoffen gewonnener Baumaterialien und Werkstoffe (Holz, Kalk, Leinöl, Schafwolle, Ton, Lärchenharz usw.) können wir viel dazu beitragen, daß sich unsere Kinder und Enkel nicht mehr in demselben Maße wie viele von uns mit Krankheiten und Allergien aller Art plagen müssen. Und Sie würden eine Vielzahl weiterer tiefgreifender Gesundheits- und Umweltschäden verhindern helfen.

Biologische Produkte haben eine viel größere Chance auf dem Markt, wenn bei der Gewinnung, Herstellung und vor allem bei der Anwendung wieder auf den richtigen Zeitpunkt geachtet wird. Wo allein mit gutem Willen biologisch und menschenfreundlich gebaut wird, verzweifeln die Bauherren oft nach Jahren, weil ihnen die Kunst des richtigen Zeitpunkts unbekannt war und viele Anstrengungen deshalb zunichte gemacht wurden. Der Versuch einer Neubelebung dieser Kunst ist eines unserer wichtigsten Anliegen, denn die Abkehr von den industriellen Baumethoden der letzten Jahrzehnte (Kunststoffe, Beton, Stahl, Preßspan) und die Hinwendung zu Methoden, die uns am Leben lassen, ist eine wichtige Aufgabe für die Zukunft. Die Zeichen einer Wendung zum Besseren mehren sich: Viele Verbraucher – viele Bauherren und Renovierer, Schreiner, Maler, Tapezierer und Heimwerker – haben mit dem Umdenken begonnen und achten vermehrt auf Prädikate wie umweltschonend, ungiftig, biologisch abbaubar und dergleichen. Im Einzelfall stellt sich zwar immer wieder heraus, daß solche Aussagen nichts weiter waren als werbewirksame Augenwischerei und daß wir wohl noch einige Zeit »grüne« Produkte angedreht bekommen, deren Schädlichkeit und Giftwirkung erst langfristig zutage treten wird (selbst wenn sie jetzt noch ein Umweltsiegel tragen wie etwa die wasserlöslichen Lacke). Aber überall spürt man, daß der einzelne allmählich aufwacht und sich von Industrie und Politik nicht mehr für dumm verkaufen läßt. Noch sind es wenige, die sich für natürliche und meist etwas teurere Produkte entscheiden – aber wie teuer sind die billigen Industrieprodukte wirklich?

Auf dem Weg
zur Kostenwahrheit

Bei vielen Menschen genügt allein schon der Wunsch, gesund und menschenfreundlich zu bauen und zu renovieren, um sich für umweltneutrale Produkte zu entscheiden. Es sind jedoch bei weitem noch nicht genug, um der verbreiteten Achtlosigkeit im Umgang mit den Geschenken der Natur wirksam entgegenarbeiten zu können. Wir brauchen viel weniger Streit und Schuldzuweisungen, dafür aber viel bessere und vor allem liebevollere Information über die wahren Zusammenhänge.

Viele Menschen schwanken, wenn sie jeden Pfennig zweimal umdrehen und sich zwischen billigem Hochglanzlack auf Kunstharzbasis und teureren Biofarben entscheiden müssen. Ihnen mag zwar der alte Großmutter-Ausspruch »Wir waren zu arm, um uns etwas Billiges leisten zu können« geläufig sein, aber manchmal fällt die Entscheidung zwischen billig/giftig und teuer/biologisch trotz aller Einsicht nicht so leicht.

Unsere klare Empfehlung: Wählen Sie natürliche Lacke und Baustoffe, denn sie kosten langfristig nur einen winzigen Bruchteil dessen, was Sie im billigsten Baumarkt für billigste Kunstharz- und Wasserlacke bezahlen müssen.

Wählen Sie heimisches Massivholz vom kleinen Holzhändler aus Ihrer Nähe, der Ihnen genau erzählt, woher er sein Holz bezieht und wann es geschlagen worden ist, denn es kostet langfristig nur einen Bruchteil dessen, was die Spanplatte aus dem großen Baumarkt um die Ecke kostet.

Unser Rat widerspricht Ihrer Erfahrung? Das ist verständlich, aber lassen Sie uns einige Worte verlieren über einen neuen Begriff, der erst vor wenigen Jahren geprägt worden ist: *Kostenwahrheit.*

»Kostenwahrheit« ist ein Wort, das noch nicht lange durch die Öffentlichkeit geht und wahrscheinlich noch nicht vielen Menschen geläufig ist. Als sehr wichtiger Begriff wird »Kostenwahrheit« in diesem Buch noch öfter auftauchen, deshalb hier ein einfaches Beispiel:

Nehmen wir an, Sie möchten eine bestimmte Lackfarbe kaufen und haben die Wahl zwischen einem Liter billigen, großindustriell hergestellten Kunstharzlack und einem Liter Biofarbe auf Lärchenharzbasis, die in der Umwelt keinen Schaden anrichtet, weder in Herstellung noch Anwendung, noch Entsorgung, und die ein paar Mark mehr kostet.

Und nun nehmen wir den billigen Kunstharzlack und begeben uns mit der Dose an eine ganz besondere Kasse, die bis heute leider noch nicht eröffnet worden ist und auf die die gesamte Menschheit sehnlichst wartet, ohne es zu wissen. An dieser Kasse erhalten wir zum aufgedruckten Billigpreis noch einiges hinzuaddiert, bis der Endpreis feststeht. Unter anderem:

- *Die tatsächlichen Energiekosten bei Herstellung und Transport.* Sie wissen, wie umweltschädlich Energie bereitgestellt wird, wenn Kohle, Erdgas, Erdöl und Atomkraft als Basis dienen. Jedes Kilowatt müßte das Hundertfache des üblichen Preises kosten, wenn man die verursachten Umwelt- und Gesundheitsschäden auf den Preis aufschlagen würde. Und Sie wissen, wie teuer Transportkosten wären, wenn verursachte Schäden durch Benzin, LKWs, Flugzeuge im Preis enthalten wären. Pferdetransporte wären dann billiger, und der kleine Biolackhersteller in Ihrer Nähe hätte eine Chance.
- *Die Rohstoffkosten, wenn die Lieferanten und Erzeuger angemessene Preise erhalten würden.* »Billige« Waren werden fast immer über die Ausbeutung der Natur und menschlicher Arbeitskraft erzeugt.
- *Die Kosten der Reinigung der Umwelt von den Giften, die im Lack enthalten sind.* Was kosten anteilsmäßig die Umwelt- und Gesundheitsschäden, die von diesem Lack und seinen Inhaltsstoffen verursacht werden? Nur in sehr wenigen Fällen wird vom Hersteller verlangt, für den Schaden aufzukommen, den sein Produkt anrichtet, und kaum jemand wird gezwungen, die spätere umweltneutrale Entsorgung seines Produktes selbst vorzunehmen und zu bezahlen.
- *Die Kosten, die dadurch verursacht werden, daß die großindustrielle Produktion zahllose Arbeitsplätze in Kleinbetrieben zerstört (statt zu sichern, wie immer wieder von der Großindustrie behauptet).*

Wir addieren alle diese Kosten zum Kaufpreis des Lacks. Haben wir alles zusammengezählt, dann müßten wir für diesen Liter Lack tief in die Tasche greifen: Mehr als das Hundertfache seines Preises im Regal im Baumarkt wäre zu zahlen. Das ist seine *Kostenwahrheit*. Und viele weitere Faktoren, die den zusätzlich Lack verteuern würden, sind hier noch nicht genannt!

Ein weiteres Beispiel steht in unserem Buch *Vom richtigen Zeitpunkt*: Ein Kilogramm eines bestimmten Pflanzengiftes, das erst erlaubt, dann verboten war, jetzt durch die EU (die Europäische Wirtschaftsriesenunion) wieder erlaubt ist, kostet im Handel DM 60,-. Dieses Pflanzengift aus unserem Grundwasser zu entfernen erfordert 1000 Kilogramm Aktivkohle im Wert von DM 10 000,-, nicht gerechnet die Arbeitskosten und die Kosten für die Entsorgung der verseuchten Aktivkohle, die ja auch unschädlich gemacht werden muß. Die *Kostenwahrheit* des Pflanzengiftes pro Kilogramm beträgt mehr als DM 10 000,- pro Kilogramm. Und immer noch erhalten unsere Landwirte kiloweise Werbebroschüren von der Chemieindustrie!

Und zum Schluß: Holz benötigt zur Gewinnung, Verarbeitung und beim Einbau weniger Energie als andere Baustoffe. Das Verhältnis in Energieeinheiten: Bauholz 1, Zement 4, Kunststoff 6, Stahl 24, Aluminium 126. Anders ausgedrückt: Zur Fertigung eines Holzpfostens benötigt man nur ein Vierundzwanzigstel der Energie, die zur Herstellung einer Stahlprofilsäule erforderlich ist – bei gleicher Tragkraft und viel längerer Lebensdauer des Holzes, wenn nach den Mondregeln geerntet und verarbeitet wird.

Lassen Sie es uns mit einfachen Worten sagen: Wenn bei allen Produkten Kostenwahrheit herrschen würde, dann gäbe es langfristig kein einziges Umweltproblem.
Wenn unsere freiwilligen Kaufentscheidungen auf Kostenwahrheit beruhen würden, dann gäbe es langfristig kein einziges Umweltproblem.

Wenn Kostenwahrheit herrschen würde, dann würden wir uns niemals den Wahnsinn Atomkraft und Gentechnologie leisten.

Atomkraft ist Wahnsinn. Ein »friedlicher« Atomreaktor nicht weniger als eine Atombombe. Jeder Landstrich unserer Erde birgt Energie, die sich mit Hilfe der wahren Segnungen von Technik und Wissenschaft nutzen läßt: Wo wenig Wind, da viel Sonne. Wo wenig Sonnenenergie, da viel Wasser. Wo keine Wasserkraft, da Erdwärme. Wo keine Erdwärme, da viel Gezeitenenergie. Wo keine Ebbe und Flut, da viel Holz, das sich verfeuern läßt, oder . . . was auch immer. Überall ist *erneuerbare* Energie in Hülle und Fülle vorhanden. Und überall steht die Technik bereit, um sie wirtschaftlich zu nutzen! »Es rechnet sich noch nicht«, sagen manche? Alles rechnet sich, was uns und der Umwelt keinen Schaden zufügt!

Was uns fehlt, ist ausschließlich Information. Auch die Information darüber, wer jene genialen Kämpfer für die Sklaverei des Menschen waren, die noch gestern kleine Stromerzeuger (durch Wasserkraft, Solarzellen usw.) per Gesetz dazu zwangen, an die Energiemonopolisten Gebühren zu entrichten, um überschüssigen Strom einspeisen zu dürfen. Und die heute von uns allen bezahlte Pensionen einstreichen für ihre unsägliche Dummheit.

Gentechnologie ist Wahnsinn. Ihre Verteidiger handeln aus drei Gründen. Erstens Unwissen: Sie wissen nicht, daß man *jedes Ziel*, das mit Hilfe der Gentechnologie angestrebt wird, entweder mit anderen, sanften und natürlichen Methoden erreichen kann oder daß es in tiefster Wahrheit alles andere als erstrebenswert ist. Auf jedem Gebiet. Die Natur beruht auf Geben und Nehmen. Gentechnologen denken nur an Nehmen, Nehmen, Nehmen! Und das ist nicht Nehmen, sondern Rauben.

Zweitens Eitelkeit: »Wir haben schon so viel reingesteckt, wir können nicht irren. Außerdem bin ich viel besser als die Schöpfung und ihr Schöpfer. Und obendrein bekomme ich vielleicht den Nobelpreis . . .«

Und letztlich Gier: »Es ist uns gelungen, Politikern und dem Volk weiszumachen, daß Gentechnologie wichtig ist. Dafür müssen sie jetzt Milliarden lockermachen, die unsere Jobs sichern und unsere dicken Autos . . .«

Was uns fehlt, ist ausschließlich Information. Dann können wir uns entscheiden, beispielsweise Produkte und Verfahren, die auf Genmanipulation beruhen, zu meiden. Was fehlt, ist die Information über die *Kostenwahrheit* jener Produkte und Dienstleistungen, mit denen wir alle in erster Linie in Abhängigkeit gehalten werden sollen.

»Die Kunden wollen das nicht«, oder »Es besteht keine Nachfrage«, oder »Ist den Kunden zu teuer« – diese Sätze bekommt man manchmal bei Firmen oder in Billigbaumärkten zu hören, wenn man fragt, warum keine umweltneutralen, biologischen Produkte in den Regalen stehen. Wollen die Kunden wirklich nicht? Besteht keine Nachfrage? Ist die umweltfreundliche Dispersion, die auf den ersten Blick etwa 30 Prozent mehr kostet als die Industriedispersion, wirklich zu teuer?

Ist es nicht seltsam? Wenn Sie das Kind Ihres Nachbarn vergiften, dann werden Sie natürlich dafür verantwortlich gemacht und bestraft. Wenn große Industrien, von Politikern gedeckt, das gleiche tun, dann geschieht erst einmal – nichts.

So sieht der Teufelskreis aus:
- Weltweit verdienen gewaltige Industriezweige und Konzerne ihr Geld heute noch mit umwelt- und gesundheitsschädlichen Produkten. Ändert ein Land seine Gesetze, wandert man in andere Länder ab und importiert.
- Schwindelerregende Summen werden mit der Bekämpfung von Krankheiten verdient, die diese umwelt- und gesundheitsschädlichen Produkte verursacht oder ausgelöst haben.
- Unsummen werden mit der Bekämpfung von Umweltschäden verdient, die durch diese Produkte verursacht oder ausgelöst werden.
- *Dieselben Industrien*, die riesige Umsätze mit umwelt- und gesundheitsschädlichen Produkten machen, verdienen riesige Mengen Geld mit Medikamenten, die zur Bekämpfung der Krankheiten dienen, die von den eigenen Produkten erzeugt werden.
- Irgendwo dazwischen sitzen die Krankenkassen, die unser Geld für die Bekämpfung von Krankheitssymptomen zum Fenster hinauswerfen, für die Krankheitsvorsorge aber fast nichts tun.
- Zahlreiche der von uns gewählten Diener, »Politiker« genannt, sitzen in den Aufsichtsräten genau dieser Konzerne und Kassen.

Und nun fragen Sie sich selbst in Ruhe: Wer hat ein aufrichtiges Interesse an unserer Umwelt und Gesundheit? Derjenige, der mit Schädigung und Krankheit Geld verdient? Mit Müllwiederverwertung ist viel Geld zu machen, mit Müllvermeidung nicht. Mit Krankheit(sbekämpfung) ist viel Geld zu machen, mit Gesundheit(svorsorge) nicht. Scheinbar billiger Kunstharzlack wird gekauft, scheinbar teurer Leinöllack nicht.

Denken Sie nicht so, wie es Ihnen vom Staat vorgekaut wird. Beobachten Sie in Ruhe den »Staat«. Ist das ein gesundes, erfolgreiches Unternehmen, dem man Vertrauen schenken kann? Warum unterstützt der Staat mit unserem Geld Industrien und Firmen, die fast ausschließlich umweltschädliche Produkte erzeugen und vertreiben? Zur »Sicherung von Arbeitsplätzen«?

Welchen Sinn hat ein Arbeitsplatz, dessen Leistung in der Zerstörung unserer Umwelt besteht? Warum ihn verteidigen und sichern, statt neue Arbeitsplätze zu schaffen, die Sinnvolles und Menschenwürdiges hervorbringen? Milliarden werden für die Förderung unrentabler Kohle ausgegeben. Dieselben Milliarden in Waldpflege und Aufforstung, in biologische Landwirtschaft gesteckt, mit Berg- zu Waldarbeitern umgeschult, das würde viele Lungen heilen und unsere »grünen Lungen« obendrein. Merkwürdig, daß sich Politiker darüber wundern, wie wenige Menschen noch zur Wahl gehen . . .

Sie können sich getrost daran halten: Tun Sie immer das Gegenteil von dem, was Ihnen erfolglose Menschen raten. Gandhi, Dag Hammarskjöld, und viele andere – es gibt gute Menschen, die nicht mit Beginn ihres Politikerdaseins Lebenssinn und Menschenliebe abgelegt haben. Aber in der Regel sollten Sie auf Ratschläge von Politikern nur dann hören, wenn Sie so erfolglos wirtschaften wollen wie der Staat. Hören Sie auf den Rat von Psychologen nur dann, wenn Sie so werden wollen wie diese Menschen. Befolgen Sie den Rat von Pädagogen nur dann, wenn sich Ihre Kinder so entwickeln sollen wie die Kinder dieser Pädagogen . . .

Betrachten Sie immer, wer Ihnen einen Rat gibt und warum: Welches Interesse verfolgt er mit seinem Rat? Wohin hat es diesen Menschen gebracht, so zu denken, wie er denkt? Würden Sie von einem sechsmal Geschiedenen Ehetips annehmen? Von einem notorischen Bankrotteur wirtschaftliche Ratschläge? Von einem Süchtigen Tips, wie man sich entwöhnt? Beobachten Sie, und bilden Sie sich Ihr eigenes Urteil.

Diese Situation, diese Teufelskreise zu erkennen ist *eine* Sache, sie zu durchbrechen eine andere. Wenn Sie sie zornig bekämpfen, sich selbstmitleidig beklagen, über sie schimpfen: Sie werden sie nicht ändern, sondern nur verbittern oder verzweifeln.

Beobachten Sie Menschen, die für das Gute und gegen das Böse kämpfen. Der Grund für ihre relative Erfolglosigkeit ist oftmals, daß niemand so werden möchte wie sie. Sie geben niemandem das Gefühl, daß es erstrebenswert ist, geschweige denn Freude macht, für die Mitmenschen und die Umwelt etwas zu tun. Warum? Weil das Kämpfen gegen das Negative in der Welt niemals Erfolg haben wird. Die Tyrannen und Ausbeuter, die Hersteller von schädlichen und sinnlosen Produkten lächeln angesichts der Verzweiflung in der Welt, angesichts der Anstrengungen von Greenpeace und Amnesty International. »Nach uns die Sintflut« – das ist ihr Glaubensbekenntnis, und in ihrem Herzen herrscht große Dunkelheit. Und manchmal opfern sie einen aus den eigenen Reihen, um das Gesicht zu wahren und im altgewohnten Stil weiterarbeiten zu können.

Es ist ein Naturgesetz: Kein Mensch kann sich gesund oder zum Erfolg jammern, kein Problem kann man lösen, keine Krankheit heilen durch das Bekämpfen von Problem oder Krankheit. Kein Mensch kann eine dauerhafte Wendung zum Besseren bewirken, wenn er nicht den Beteiligten die Freude daran vermitteln kann, wenn er nicht deutlich macht, daß nur Entscheidungen aus Liebe zu den Menschen und zur Natur von Tragweite sind. Handeln ohne Freude und Liebe führt zu nichts. (Und jetzt fragen Sie sich einmal, ob Krankenhäuser an Gesundheit oder an Krankheit mehr Interesse haben, es sei denn, sie wollen wieder einmal Schlagzeilen machen . . .).

Sogar Umweltorganisationen verzichten oftmals darauf, den Menschen ernst zu nehmen und seine eigene Entscheidungskraft zu fördern. Entscheidungen eines Menschen, die durch die Angstmache oder Überredungskunst eines anderen Menschen zustande kommen, haben langfristig keinen Nutzen und führen zu nichts von Bestand – weder bei dem, der sich entscheidet, noch in unserer Umwelt. Was zählt, ist persönliche Erfahrung und Einsicht in Zusammenhänge.

Licht in die Welt zu bringen ist nicht so schwer: Wenn Sie die Teufelskreise nicht annehmen, nicht an ihnen teilhaben, dann haben Sie Erfolg. Für sich selbst und für uns alle. Die Zukunft unserer Welt steht und fällt mit einem einzigen Faktor: *mit Ihrer persönlichen, individuellen, unbeeinflußten Einsicht und mit der Kraft Ihres freien Willens, nach dieser Einsicht zu leben.* Ihr freier Wille, Ihre Kaufentscheidungen, Ihre alltäglichen kleinen Entschlüsse für oder gegen etwas sind es, die das Geschick der Welt entscheiden, gleichgültig, welcher Partei Sie zuneigen, welches Glaubensbekenntnis Sie pflegen. Unermüdlich werden wir jetzt und in Zukunft dafür arbeiten, daß Ihnen diese große persönliche Kraft und Einflußmöglichkeit auf unser aller Zukunft bewußt wird.

Sie entscheiden sich für einen Liter naturfreundlichen Lack? Sie haben die Welt einen gewaltigen Schritt näher in eine schöne Zukunft für uns alle gebracht. Eine Entschcidung von größerer Tragweite als jede Politikerrede.

Sie entscheiden sich für Solarenergie, obwohl sie sich noch nicht »auszahlt«? Tausend Engel jubeln und feiern Feste.

Sie sind der Meinung, der einzelne könne ja doch nichts ausrichten? Diese Überzeugung ist ein Alptraum, der Ihr ganzes Leben grau in grau färbt und für jedes einzelne Ihrer Probleme mitverantwortlich ist. Und aus dem Sie früher oder später aufwachen werden. Freuen Sie sich schon darauf, denn das wird der schönste Tag Ihres Lebens! Es liegt bei Ihnen, ob dieser Tag schon bald kommt.

Die Grundregel

Zurück vom großen Zusammenhang zum kleinen Zusammenhang, zum Thema dieses Buchs, das mit der großen Ordnung so untrennbar verbunden ist wie Ihr Magen mit Ihrem Herzen.

Bauen und Wohnen in Harmonie mit Naturgesetzen und im Wellenschlag der Mondrhythmen ist leichter und angenehmer auszuführen, ist kurz- und langfristig billiger und bringt Sie der Absicht, die Natur nicht auszubeuten und gesund zu wohnen, einen gewaltigen Schritt näher, selbst wenn Sie nur eine einzige Regel kennen und beherzigen! Sie lautet:

Zwei unterschiedliche Stoffe, die dauerhaft verbunden werden sollen, sollten bei abnehmendem Mond zusammengefügt werden – gleichgültig, ob durch Kleben, Mischen, Verschmelzen, Zusammenschieben, Verschränken, Pressen, Zinken usw.

Allein durch das Befolgen dieser Regel können Sie sich selbst und uns allen einen großen Dienst erweisen. Genaueres erfahren Sie auf den folgenden Seiten. Viel Freude!

Erde ausheben

Wie oft in Ihrem Leben werden Sie ein Haus für sich selbst, für Ihre Familie bauen?

Es ist sehr seltsam, aber nach unserer Erfahrung gibt es viele Menschen, die sich an Planung und Bau eines Eigenheims mit derselben Einstellung machen, wie sie an die Planung einer Spazierfahrt gehen würden. Butter vergessen? Macht nichts, kaufen wir an der Tankstelle. Heizungskeller vergessen? Ist ja nicht schlimm, läßt sich nachträglich einbauen . . .

Wie oft in Ihrem Leben werden Sie ein Haus für sich selbst, für Ihre Familie bauen? Und wie lange werden Sie es bewohnen?

Wenn Sie sich Zeit und Muße gönnen, kann das Entwerfen, Planen und Gestalten wirklich viel Freude machen. Allzu starre Zeitpläne sind von Nachteil, weil sie zu Hektik und Fehlern einladen, die später nur noch schwer zu korrigieren sind. In diesem Buch lesen Sie, welche Schritte beim Rohbau und Innenausbau heikel sind und unbedingt ein wachsames Auge erfordern. Und auf Seite 242 haben wir kurz zusammengefaßt, worauf Sie in der Planungsphase achten sollten. Das Kapitel soll Ihnen helfen, einige Dinge zu berücksichtigen, die sonst in keinem Ratgeber zu finden sind.

Es gibt jedoch eine Grundregel, die Sie schon in die allerersten Planungsschritte und Entscheidungen einbeziehen sollten, lange bevor Sie den ersten Spatenstich machen:

Beim Hausbau sollte man Dimensionen und Qualität aller sichernden und schützenden Elemente stets so auslegen, daß sie das Maximale aushalten – tagelange sintflutartige Regenfälle, sechs Wochen Frost von minus 20 Grad, starke Temperaturunterschiede, hohe Schneelasten, Blitzschlag usw.

25

Sie werden oftmals zu hören bekommen: »Das brauchen Sie nicht, solche Winter/Regenfälle/Temperaturen kommen bei uns nicht vor«, wenn Sie nach Belastbarkeit, Qualität, Langlebigkeit usw. fragen. Nur die normalen Belastungen eines Hauses zu berücksichtigen ist sicherlich sehr viel preiswerter, als für alle Fälle gewappnet zu sein. Nur: Sie werden lange in einem Haus leben. Und der Tag des großen Sturms, des großen Regens, des »Jahrhundertgewitters« wird kommen. Heute. Morgen. Oder in zehn Jahren. Wie sehr wünschen Sie sich das Gefühl, auch für solche Tage gerüstet zu sein?

Doch nun zum ersten Schritt. Alles Planen ist vorerst eingestellt: Der erste Spatenstich steht an!

Der Zeitpunkt aller Erdarbeiten – vom Ausheben für Fundament- und Kellerbau bis zum Anlegen von Gräben und Kanälen – entscheidet in hohem Maße über das gleichzeitige und vor allem spätere Verhalten des Grundwassers am Haus und in der näheren Umgebung. Wenn es um den Bau von Wohnhäusern geht, nimmt oftmals schon der Baubescheid Rücksicht auf besondere Verhältnisse, zum Beispiel Quellen, und schreibt Drainagen oder andere Sicherungsmaßnahmen vor.

Zur persönlichen Erfahrung zahlreicher Architekten und Baumeister gehört es, daß *in ein und demselben* Siedlungsgebiet bei Erdaushebungen ganz unterschiedliche Wasserverhältnisse herrschen. Einmal bleibt die Baugrube trocken, nur wenig Erde rutscht nach, und spätere Probleme bleiben aus; ein anderes Mal füllt sich die Baugrube rasch mit Wasser, und das Kellermauerwerk ist später nur mit viel Mühe, perfekter Isolierung und Drainage trockenzubekommen – obwohl die Grundstücke nahe beieinander liegen. In solchen Fällen ist fast immer der Zeitpunkt der Erdaushebung für diese widersprüchliche Erfahrung verantwortlich.

Der grundlegende Unterschied: Bei abnehmendem Mond ausgehoben, bleibt die Baugrube eher trocken, bei zunehmendem Mond ausgehoben, kommt das Wasser – wenn vorhanden – viel schneller.

Ob bei zunehmendem oder bei abnehmendem Mond – letztlich muß jeder für sich selbst entscheiden, wann er Erdarbeiten vornehmen läßt. Oftmals richtet sich auch der Baubeginn nach dem Zeitplan der Baufirma oder nach dem Wetter. Sollte die Arbeit, aus welchen Gründen auch immer, bei zunehmendem Mond geschehen, dann *bestehen Sie darauf,* daß Drainage und eventueller Anschluß eines Regenwasserkanals sofort gelegt werden, und dann gelten die Kalendarien in Teil 2 auf Seite 42.

Läßt sich absehen, daß eine gute Drainage keinesfalls gleich nach dem Erdaushub gelegt werden kann (was der Normalfall sein dürfte), dann sollte man unbedingt *bei abnehmendem Mond* mit der Arbeit beginnen und später das Kapitel über den richtigen Zeitpunkt des Drainagierens studieren (Seite 69).

Die Grundregeln des Erdeaushebens

Sehr gut: Bei abnehmendem Mond,
jedoch nicht in Krebs, Skorpion und Fische.
Gut: Bei abnehmendem Mond.
Schlecht: Generell bei zunehmendem Mond.
Sehr schlecht: Bei zunehmendem Mond in Krebs, Skorpion und Fische.

Die Vorteile der Ausführung zum richtigen Zeitpunkt
Die Baugrube bleibt eher trocken, besondere Maßnahmen zum Schutz vor Wassereinbrüchen sind meist nicht nötig. Nach stärkeren Regenfällen trocknet alles schneller ab.

Die Nachteile der Ausführung zum falschen Zeitpunkt
Drückendes Grundwasser kann leichter in die Baugrube strömen und sich später leichter einen Weg durch Fundament und Kellerwände bahnen. Die Baugrube muß oft aufwendig abgestützt werden. Stärkere Regenfälle hinterlassen große Pfützen.

Und nicht vergessen: Für die spätere Gartenanlage lassen Sie den Humus zuerst abtragen und zur Seite schieben. Die darunterliegende lockere Schicht nutzen Sie zum späteren Auffüllen. Die tiefste, grobe (oftmals lehmige) Schicht kann abtransportiert werden.

Lassen Sie zwischen den Erdhaufen genügend Raum für den Ablauf des Wassers bei starken Regenfällen, sonst verwandelt sich Ihre Baustelle in eine Schlammwüste.

Erde ausheben

1996

Legende: sehr gut · gut · neutral · schlecht · sehr schlecht

Januar

Woche	Tag	Mondphase / Hinweis
1	M 1	
	D 2	
	M 3	
	D 4	
	F 5	○ 21.50
	S 6	
	S 7	
2	M 8	
	D 9	
	M 10	
	F 11	
	S 12	☾ 21.42
	S 13	
	S 14	
3	M 15	
	D 16	
	M 17	
	D 18	
	F 19	
	S 20	● 13.51
	S 21	
4	M 22	
	D 23	
	M 24	
	D 25	
	F 26	
	S 27	☽ 12.18
	S 28	
5	M 29	
	D 30	

Februar

Woche	Tag	Mondphase / Hinweis
6	D 1	
	F 2	
	S 3	
	S 4	○ 16.57
	M 5	
	D 6	
	M 7	
7	D 8	
	F 9	
	S 10	
	S 11	
	M 12	☾ 09.33
	D 13	
	M 14	
8	D 15	
	F 16	
	S 17	
	S 18	
	M 19	● 00.28
	D 20	
	M 21	
9	D 22	
	F 23	
	S 24	
	S 25	
	M 26	☽ 06.54
	D 27	
	M 28	
	D 29	

März

Woche	Tag	Mondphase / Hinweis
10	F 1	
	S 2	
	S 3	
	M 4	
	D 5	○ 10.18
	M 6	
	D 7	
11	F 8	
	S 9	
	S 10	
	M 11	
	D 12	☾ 18.13
	M 13	
	D 14	
12	F 15	
	S 16	
	S 17	
	M 18	
	D 19	● 11.48
	M 20	
	D 21	
13	F 22	
	S 23	
	S 24	
	M 25	
	D 26	
	M 27	☽ 02.32
	D 28	
	F 29	
	S 30	

April

Woche	Tag	Mondphase / Hinweis
14	M 1	
	D 2	
	M 3	
	D 4	○ 01.05
	F 5	Karfreitag
	S 6	
	S 7	
15	M 8	Ostermontag
	D 9	
	M 10	
	D 11	☾ 00.34
	F 12	
	S 13	
	S 14	
16	M 15	
	D 16	
	M 17	● 23.50
	D 18	
	F 19	
	S 20	
	S 21	
17	M 22	
	D 23	
	M 24	
	D 25	☽ 21.39
	F 26	
	S 27	
	S 28	
18	M 29	
	D 30	

Mai

Woche	Tag	Mondphase / Hinweis
	M 1	
	D 2	
	F 3	○ 12.45
	S 4	
19	S 5	
	M 6	
	D 7	
	M 8	
	D 9	
	F 10	☾ 06.04
	S 11	
20	S 12	
	M 13	
	D 14	
	M 15	
	D 16	
	F 17	● 12.48
	S 18	
21	S 19	
	M 20	
	D 21	
	M 22	
	D 23	
	F 24	
	S 25	☽ 15.39
22	S 26	
	M 27	Pfingstmontag
	D 28	
	M 29	
	D 30	
	F 31	

Juni

Woche	Tag	Mondphase / Hinweis
	S 1	○ 21.46
	S 2	
23	M 3	
	D 4	
	M 5	
	D 6	
	F 7	
	S 8	☾ 12.09
	S 9	
24	M 10	
	D 11	
	M 12	
	D 13	
	F 14	
	S 15	
	S 16	● 02.37
25	M 17	
	D 18	
	M 19	
	D 20	
	F 21	
	S 22	
	S 23	
26	M 24	☽ 06.19
	D 25	
	M 26	
	D 27	
	F 28	
	S 29	
	S 30	

1996

Juli

M	1	04.56 (Vollmond)
D	2	
M	3	
D	4	
F	5	
S	6	
S	7	19.59
M	8	
D	9	
M	10	
D	11	
F	12	
S	13	
S	14	
M	15	17.16
D	16	
M	17	18.45
D	18	
F	19	
S	20	
S	21	
M	22	
D	23	
M	24	
D	25	
F	26	
S	27	
S	28	
M	29	
D	30	11.35
M	31	

Wochen: 27, 28, 29, 30, 31

August

D	1	
F	2	
S	3	
S	4	
M	5	
D	6	06.28
M	7	
D	8	
F	9	
S	10	
S	11	
M	12	
D	13	
M	14	08.32
D	15	
F	16	
S	17	
S	18	
M	19	
D	20	
M	21	
D	22	04.33
F	23	
S	24	
S	25	
M	26	
D	27	
M	28	18.52
D	29	
F	30	
S	31	

Wochen: 32, 33, 34, 35

September

S	1	
M	2	
D	3	
M	4	20.07
D	5	
F	6	
S	7	
S	8	
M	9	
D	10	
M	11	
D	12	
F	13	00.09
S	14	
S	15	
M	16	
D	17	
M	18	
D	19	
F	20	12.18
S	21	
S	22	
M	23	
D	24	
M	25	
D	26	
F	27	03.52
S	28	
S	29	
M	30	

Wochen: 36, 37, 38, 39, 40

Oktober

D	1	
M	2	
D	3	
F	4	13.07
S	5	
S	6	
M	7	
D	8	
M	9	
D	10	
F	11	
S	12	15.10
S	13	
M	14	
D	15	
M	16	
D	17	
F	18	
S	19	19.08
S	20	
M	21	
D	22	
M	23	
D	24	
F	25	
S	26	15.15
S	27	
M	28	
D	29	
M	30	
D	31	

Wochen: 41, 42, 43, 44

November

F	1	
S	2	
S	3	08.51
M	4	
D	5	
M	6	
D	7	
F	8	
S	9	
S	10	
M	11	05.15
D	12	
M	13	
D	14	
F	15	
S	16	
S	17	02.09
M	18	
D	19	
M	20	
D	21	
F	22	
S	23	
S	24	05.11
M	25	
D	26	
M	27	
D	28	
F	29	
S	30	

Wochen: 45, 46, 47, 48

Dezember

S	1	
M	2	
D	3	06.03
M	4	
D	5	
F	6	
S	7	
S	8	
M	9	
D	10	17.52
M	11	
D	12	
F	13	
S	14	
S	15	
M	16	
D	17	10.34
M	18	
D	19	
F	20	
S	21	
S	22	
M	23	
D	24	21.40
M	25	1. Weihnachtsfeiertag
D	26	
F	27	
S	28	
S	29	
M	30	
D	31	

Wochen: 49, 50, 51, 52, 53

Legende

● Vollmond ☽ abn. Mond ● Neumond ☾ zun. Mond

- Widder
- Stier
- Zwillinge
- Krebs
- Löwe
- Jungfrau
- Waage
- Skorpion
- Schütze
- Steinbock
- Wassermann
- Fische

Sommerzeiten sind nicht berücksichtigt

Erde ausheben

1997

Legende: sehr gut | gut | neutral | schlecht | sehr schlecht

Januar (Wochen 1–5)

Tag	Datum	Mondphase / Hinweis
M	1	
D	2	(02.43
F	3	
S	4	
S	5	
M	6	
D	7	
M	8	
D	9	● 05.25
F	10	
S	11	
S	12	
M	13	
D	14	
M	15	) 21.05
D	16	
F	17	
S	18	
S	19	
M	20	
D	21	
M	22	
D	23	○ 16.11
F	24	
S	25	
S	26	
M	27	
D	28	
M	29	
D	30	

Februar (Wochen 6–9)

Tag	Datum	Mondphase / Hinweis
S	1	
S	2	
M	3	
D	4	
M	5	
D	6	
F	7	● 16.05
S	8	
S	9	
M	10	
D	11	
M	12	
D	13	
F	14	) 10.02
S	15	
S	16	
M	17	
D	18	
M	19	
D	20	
F	21	
S	22	○ 11.26
S	23	
M	24	
D	25	
M	26	
D	27	
F	28	

März (Wochen 10–13)

Tag	Datum	Mondphase / Hinweis
S	1	
S	2	(10.32
M	3	
D	4	
M	5	
D	6	
F	7	
S	8	
S	9	● 02.15
M	10	
D	11	
M	12	
D	13	
F	14	
S	15	
S	16	) 01.06
M	17	
D	18	
M	19	
D	20	
F	21	
S	22	
S	23	
M	24	○ 05.45
D	25	
M	26	
D	27	
F	28	Karfreitag
S	29	
S	30	
M	31	(20.35 Ostermontag

April (Wochen 14–18)

Tag	Datum	Mondphase / Hinweis
D	1	
M	2	
D	3	
F	4	
S	5	
S	6	
M	7	● 12.03
D	8	
M	9	
D	10	
F	11	
S	12	
S	13	
M	14	) 18.02
D	15	
M	16	
D	17	
F	18	
S	19	
S	20	
M	21	
D	22	○ 21.31
M	23	
D	24	
F	25	
S	26	
S	27	
M	28	
D	29	
M	30	(03.36

Mai (Wochen 19–22)

Tag	Datum	Mondphase / Hinweis
D	1	
F	2	
S	3	
S	4	
M	5	
D	6	● 21.50
M	7	
D	8	
F	9	
S	10	
S	11	
M	12	
D	13	
M	14	) 11.57
D	15	
F	16	
S	17	
S	18	
M	19	Pfingstmontag
D	20	
M	21	
D	22	○ 10.10
F	23	
S	24	
S	25	
M	26	
D	27	
M	28	
D	29	(08.50
F	30	
S	31	

Juni (Wochen 23–27)

Tag	Datum	Mondphase / Hinweis
S	1	
M	2	
D	3	
M	4	
D	5	● 08.06
F	6	
S	7	
S	8	
M	9	
D	10	
M	11	
D	12	
F	13	) 05.50
S	14	
S	15	
M	16	
D	17	
M	18	
D	19	
F	20	○ 20.07
S	21	
S	22	
M	23	
D	24	
M	25	
D	26	
F	27	(13.44
S	28	
S	29	
M	30	

1997

Juli

1	D	
2	M	
3	D	
4	F	● 19.41 (Neumond)
5	S	
6	S	
7	M	KW 28
8	D	
9	M	
10	D	
11	F	
12	S	) 22.42
13	S	
14	M	KW 29
15	D	
16	M	
17	D	
18	F	
19	S	
20	S	○ 04.19 (Vollmond)
21	M	KW 30
22	D	
23	M	
24	D	
25	F	
26	S	(19.32
27	S	
28	M	KW 31
29	D	
30	M	
31	D	

August

1	F	
2	S	
3	S	● 09.15 (Neumond)
4	M	KW 32
5	D	
6	M	
7	D	
8	F	
9	S	
10	S	
11	M	) 13.36 — KW 33
12	D	
13	M	
14	D	
15	F	
16	S	
17	S	
18	M	○ 11.53 (Vollmond) — KW 34
19	D	
20	M	
21	D	
22	F	
23	S	
24	S	
25	M	(03.24 — KW 35
26	D	
27	M	
28	D	
29	F	
30	S	
31	S	

September

1	M	KW 36
2	D	● 00.51 (Neumond)
3	M	
4	D	
5	F	
6	S	
7	S	
8	M	KW 37
9	D	
10	M	) 02.30
11	D	
12	F	
13	S	
14	S	
15	M	KW 38
16	D	○ 19.49 (Vollmond)
17	M	
18	D	
19	F	
20	S	
21	S	
22	M	KW 39
23	D	(14.41
24	M	
25	D	
26	F	
27	S	
28	S	
29	M	KW 40
30	D	

Oktober

1	M	● 17.50 (Neumond)
2	D	
3	F	
4	S	
5	S	
6	M	KW 41
7	D	
8	M	
9	D	) 13.16
10	F	
11	S	
12	S	
13	M	KW 42
14	D	
15	M	
16	D	○ 04.48 (Vollmond)
17	F	
18	S	
19	S	
20	M	KW 43
21	D	
22	M	
23	D	(05.52
24	F	
25	S	
26	S	
27	M	KW 44
28	D	
29	M	
30	D	
31	F	● 10.59 (Neumond)

November

1	S	
2	S	
3	M	KW 45
4	D	
5	M	
6	D	
7	F	) 22.42
8	S	
9	S	
10	M	KW 46
11	D	
12	M	
13	D	
14	F	○ 15.14 (Vollmond)
15	S	
16	S	
17	M	KW 47
18	D	
19	M	
20	D	
21	F	
22	S	(00.57
23	S	
24	M	KW 48
25	D	
26	M	
27	D	
28	F	
29	S	
30	S	● 03.13 (Neumond)

Dezember

Datum	Tag	Mond / Feiertag
1	M	KW 49
2	D	
3	M	
4	D	
5	F	
6	S	
7	S	) 07.09
8	M	KW 50
9	D	
10	M	
11	D	
12	F	
13	S	
14	S	○ 03.39 (Vollmond)
15	M	KW 51
16	D	
17	M	
18	D	
19	F	
20	S	
21	S	(22.44
22	M	KW 52
23	D	
24	M	
25	D	1. Weihnachtsfeiertag
26	F	
27	S	
28	S	
29	M	● 17.53 (Neumond) — KW 53
30	D	
31	M	

Sommerzeiten sind nicht berücksichtigt

♈ Widder	♉ Stier	♊ Zwillinge	♋ Krebs
♌ Löwe	♍ Jungfrau	♎ Waage	♏ Skorpion
♐ Schütze	♑ Steinbock	♒ Wassermann	♓ Fische

● Vollmond   ● Neumond   ) zun. Mond   (abn. Mond

Erde ausheben

1998

Legende: sehr gut | gut | neutral | schlecht | sehr schlecht

Januar		Februar		März		April		Mai		Juni	
D 1		S 1		S 1		M 1		F 1		M 1 Pfingstmontag	
F 2		M 2		M 2		D 2		S 2		D 2 ☽ 02.46	
S 3		D 3 ☽ 23.55		D 3		F 3 ☽ 21.21		S 3 ☽ 11.09		M 3	
S 4		M 4		M 4		S 4		M 4		D 4	
M 5 ☽ 15.18		D 5		D 5 ☽ 09.46		S 5		D 5		F 5	
D 6		F 6		F 6		M 6		M 6		S 6	
M 7		S 7		S 7		D 7		D 7		S 7	
D 8		S 8		S 8		M 8		F 8		M 8	
F 9		M 9		M 9		D 9		S 9		D 9	
S 10		D 10		D 10		F 10 Karfreitag		S 10 ○ 15.27		M 10 ○ 05.17	
S 11 ● 18.26		M 11 ○ 11.25		M 11		S 11 ○ 23.22		M 11		D 11	
M 12		D 12		D 12		S 12		D 12		F 12	
D 13		F 13		F 13 ○ 05.34		M 13 Ostermontag		M 13		S 13	
M 14		S 14		S 14		D 14		D 14		S 14	
D 15		S 15		S 15		M 15		F 15		M 15	
F 16		M 16		M 16		D 16		S 16		D 16	
S 17		D 17		D 17		F 17		S 17		M 17 ☾ 11.34	
S 18		M 18		M 18		S 18		M 18		D 18	
M 19		D 19 ☾ 16.22		D 19		S 19 ☾ 20.50		D 19 ☾ 05.32		F 19	
D 20 ☾ 20.39		F 20		F 20		M 20		M 20		S 20	
M 21		S 21		S 21 ☾ 08.33		D 21		D 21		S 21	
D 22		S 22		S 22		M 22		F 22		M 22	
F 23		M 23		M 23		D 23		S 23		D 23	
S 24		D 24		D 24		F 24		S 24		M 24 ● 04.53	
S 25		M 25		M 25		S 25		M 25 ● 20.34		D 25	
M 26		D 26 ● 18.23		D 26		S 26 ● 12.43		D 26		F 26	
D 27		F 27		F 27		M 27		M 27		S 27	
M 28 ○ 06.58		S 28		S 28 ● 04.13		D 28		D 28		S 28	
D 29				S 29		M 29		F 29		M 29	
F 30				M 30		D 30		S 30		D 30	

Wochen Januar: 1, 2, 3, 4, 5
Wochen Februar: 6, 7, 8, 9
Wochen März: 10, 11, 12, 13, 14
Wochen April: 15, 16, 17, 18
Wochen Mai: 19, 20, 21, 22
Wochen Juni: 23, 24, 25, 26, 27

1998

Juli

M	1	♊	☽ 19.43
D	2	♊	
F	3	♋	
S	4	♋	
S	5	♌	
M	6	♌	28
D	7	♍	
M	8	♍	
D	9	♎	● 16.58
F	10	♎	
S	11	♏	
S	12	♏	
M	13	♏	
D	14	♐	☾ 16.12
M	15	♐	
D	16	♑	
F	17	♑	
S	18	♑	
S	19	♒	30
M	20	♒	
D	21	♒	
M	22	♓	
D	23	♓	● 14.47
F	24	♈	
S	25	♈	
S	26	♉	31
M	27	♉	
D	28	♉	
M	29	♊	
D	30	♊	☽ 13.04
F	31	♋	

August

S	1	♋	
S	2	♌	
M	3	♌	
D	4	♍	32
M	5	♍	
D	6	♎	
F	7	♎	
S	8	♏	● 03.07
S	9	♏	
M	10	♏	33
D	11	♐	
M	12	♐	
D	13	♑	☾ 20.49
F	14	♑	
S	15	♒	
S	16	♒	34
M	17	♒	
D	18	♓	
M	19	♓	
D	20	♈	
F	21	♈	
S	22	♉	● 03.03
S	23	♉	35
M	24	♊	
D	25	♊	
M	26	♋	
D	27	♋	
F	28	♌	
S	29	♌	
S	30	♍	☽ 06.03
M	31	♍	36

September

D	1	♎	
M	2	♎	
D	3	♏	
F	4	♏	
S	5	♏	
S	6	♐	● 12.17
M	7	♐	37
D	8	♑	
M	9	♑	
D	10	♑	
F	11	♒	
S	12	♒	
S	13	♓	☾ 03.00
M	14	♓	38
D	15	♈	
M	16	♈	
D	17	♉	
F	18	♉	
S	19	♊	
S	20	♊	● 18.04
M	21	♋	39
D	22	♋	
M	23	♌	
D	24	♌	
F	25	♍	
S	26	♍	
S	27	♎	
M	28	♎	☽ 22.07 40
D	29	♏	
M	30	♏	

Oktober

D	1	♏	
F	2	♐	
S	3	♐	
S	4	♑	41
M	5	♑	● 21.10
D	6	♒	
M	7	♒	
D	8	♒	
F	9	♓	
S	10	♓	
S	11	♈	42
M	12	♈	☾ 12.17
D	13	♉	
M	14	♉	
D	15	♊	
F	16	♊	
S	17	♋	
S	18	♋	43
M	19	♌	
D	20	♌	● 11.09
M	21	♍	
D	22	♍	
F	23	♎	
S	24	♎	
S	25	♏	44
M	26	♏	
D	27	♏	
M	28	♐	☽ 12.41
D	29	♐	
F	30	♑	
S	31	♑	

November

S	1	♒	
M	2	♒	45
D	3	♒	
M	4	♓	● 06.19
D	5	♓	
F	6	♈	
S	7	♈	
S	8	♉	46
M	9	♉	
D	10	♊	
M	11	♊	☾ 01.29
D	12	♋	
F	13	♋	
S	14	♋	
S	15	♌	47
M	16	♌	
D	17	♍	
M	18	♍	
D	19	♎	● 05.24
F	20	♎	
S	21	♏	
S	22	♏	48
M	23	♐	
D	24	♐	
M	25	♑	
D	26	♑	
F	27	♒	☽ 01.22
S	28	♒	
S	29	♓	49
M	30	♓	

Dezember

D	1	♓	
M	2	♈	
D	3	♈	● 16.21
F	4	♉	
S	5	♉	
S	6	♊	50
M	7	♊	
D	8	♋	
M	9	♋	
D	10	♌	☾ 18.56
F	11	♌	
S	12	♍	
S	13	♍	51
M	14	♎	
D	15	♎	
M	16	♏	
D	17	♏	
F	18	♐	● 23.43
S	19	♐	
S	20	♑	52
M	21	♑	
D	22	♒	
M	23	♒	
D	24	♓	
F	25	♓	1. Weihnachtsfeiertag
S	26	♈	☽ 11.42 53
S	27	♈	
M	28	♉	
D	29	♉	
M	30	♊	
D	31	♋	

Legende:

♈ Widder   ♊ Zwillinge   ♌ Löwe   ♎ Waage   ♐ Schütze   ♒ Wassermann   ● Vollmond   ● Neumond
♉ Stier   ♋ Krebs   ♍ Jungfrau   ♏ Skorpion   ♑ Steinbock   ♓ Fische   ☾ abn. Mond   ☽ zun. Mond

Sommerzeiten sind nicht berücksichtigt

Erde ausheben

1999

Legende: sehr gut | gut | neutral | schlecht | sehr schlecht

Januar
F 1
S 2 ○ 03.50
S 3
M 4
D 5
M 6
D 7
F 8
S 9
S 10 ☾ 15.24
M 11
D 12
M 13
D 14
F 15
S 16
S 17 ● 16.44
M 18
D 19
M 20
D 21
F 22
S 23
S 24 ☽ 20.14
M 25
D 26
M 27
D 28
F 29
S 30
(Wochen 1, 2, 3, 4)

Februar
M 1
D 2
M 3
D 4
F 5
S 6
S 7
M 8 ☾ 12.57
D 9
M 10
D 11
F 12
S 13
S 14
M 15
D 16 ● 07.35
M 17
D 18
F 19
S 20
S 21
M 22
D 23 ☽ 03.44
M 24
D 25
F 26
S 27
S 28
(Wochen 5, 6, 7, 8)

März
M 1
D 2 ○ 08.00
M 3
D 4
F 5
S 6
S 7
M 8
D 9
M 10 ☾ 09.38
D 11
F 12
S 13
S 14
M 15
D 16
M 17 ● 19.44
D 18
F 19
S 20
S 21
M 22
D 23
M 24 ☽ 11.21
D 25
F 26
S 27
S 28
M 29
D 30
(Wochen 9, 10, 11, 12, 13)

April
D 1
F 2 Karfreitag
S 3
S 4
M 5 Ostermontag
D 6
M 7
D 8
F 9 ☾ 03.47
S 10
S 11
M 12
D 13
M 14
D 15
F 16 ● 05.21
S 17
S 18
M 19
D 20
M 21
D 22 ☽ 20.05
F 23
S 24
S 25
M 26
D 27
M 28
D 29
F 30 ○ 15.55
(Wochen 14, 15, 16, 17)

Mai
S 1
S 2
M 3
D 4
M 5
D 6
F 7
S 8 ☾ 18.25
S 9
M 10
D 11
M 12
D 13
F 14
S 15 ● 13.05
S 16
M 17
D 18
M 19
D 20
F 21
S 22 ☽ 06.37
S 23
M 24 Pfingstmontag
D 25
M 26
D 27
F 28
S 29
S 30
(Wochen 18, 19, 20, 21)

Juni
D 1
M 2
D 3
F 4
S 5
S 6
M 7 ☾ 05.16
D 8
M 9
D 10
F 11
S 12
S 13 ● 20.04
M 14
D 15
M 16
D 17
F 18
S 19
S 20 ☽ 19.16
M 21
D 22
M 23
D 24
F 25
S 26
S 27
M 28 ○ 22.35
D 29
M 30
(Wochen 23, 24, 25, 26)

1999

Juli

Tag	Datum	Mond	KW
D	1		
F	2		
S	3		
S	4		
M	5		27
D	6	(12.52	
M	7		
D	8		
F	9		
S	10		
S	11		28
M	12		
D	13	● 03.25	
M	14		
D	15		
F	16		
S	17		
S	18		29
M	19		
D	20	) 10.02	
M	21		
D	22		
F	23		
S	24		
S	25		30
M	26		
D	27		
M	28	○ 12.20	
D	29		
F	30		
S	31		

August

Tag	Datum	Mond	KW
S	1		31
M	2		
D	3		
M	4	(18.23	
D	5		
F	6		
S	7		
S	8		32
M	9		
D	10		
M	11	● 12.10	
D	12		
F	13		
S	14		
S	15		33
M	16		
D	17		
M	18		
D	19	) 02.47	
F	20		
S	21		
S	22		34
M	23		
D	24		
M	25		
D	26		
F	27	○ 00.46	
S	28		
S	29		35
M	30		
D	31		

September

Tag	Datum	Mond	KW
M	1		
D	2	(23.18	
F	3		
S	4		
S	5		36
M	6		
D	7		
M	8		
D	9	● 23.03	
F	10		
S	11		
S	12		37
M	13		
D	14		
M	15		
D	16		
F	17	) 21.06	
S	18		
S	19		38
M	20		
D	21		
M	22		
D	23		
F	24		
S	25	○ 11.46	
S	26		39
M	27		
D	28		
M	29		
D	30		

Oktober

Tag	Datum	Mond	KW
F	1		
S	2	(05.02	
S	3		40
M	4		
D	5		
M	6		
D	7		
F	8		
S	9	● 12.38	
S	10		41
M	11		
D	12		
M	13		
D	14		
F	15		
S	16		
S	17	) 15.56	42
M	18		
D	19		
M	20		
D	21		
F	22		
S	23		
S	24	○ 22.01	43
M	25		
D	26		
M	27		
D	28		
F	29		
S	30		
S	31	(13.08	

November

Tag	Datum	Mond	KW
M	1		44
D	2		
M	3		
D	4		
F	5		
S	6		
S	7		45
M	8	● 04.54	
D	9		
M	10		
D	11		
F	12		
S	13		
S	14		46
M	15		
D	16	) 09.57	
M	17		
D	18		
F	19		
S	20		
S	21		47
M	22		
D	23	○ 08.05	
M	24		
D	25		
F	26		
S	27		
S	28		48
M	29		
D	30	(00.18	

Dezember

Tag	Datum	Mond	KW
M	1		
D	2		
F	3		
S	4		
S	5		49
M	6		
D	7	● 23.31	
M	8		
D	9		
F	10		
S	11		
S	12		50
M	13		
D	14		
M	15		
D	16	) 01.49	
F	17		
S	18		
S	19		51
M	20		
D	21		
M	22	○ 18.31	
D	23		
F	24		
S	25	1. Weihnachtsfeiertag	
S	26		52
M	27		
D	28		
M	29	(15.09	
D	30		
F	31		

Legende

♈ Widder ♉ Stier
♊ Zwillinge ♋ Krebs
♌ Löwe ♍ Jungfrau
♎ Waage ♏ Skorpion
♐ Schütze ♑ Steinbock
♒ Wassermann ♓ Fische

○ Vollmond (abn. Mond
● Neumond) zun. Mond

Sommerzeiten sind nicht berücksichtigt

Erde ausheben

2000

Legende: sehr gut | gut | neutral | schlecht | sehr schlecht

Januar
Tag	Nr.	Anmerkung
S 1		
S 2		
M 3	1	
D 4		
M 5		
D 6		● 19.12
F 7		
S 8		
S 9		
M 10	2	
D 11		
M 12		
D 13		
F 14		☽ 14.28
S 15		
S 16		
M 17	3	
D 18		
M 19		
D 20		
F 21		○ 05.41
S 22		
S 23		
M 24	4	
D 25		
M 26		
D 27		☾ 08.59
F 28		
S 29		
S 30		

Februar
Tag	Nr.	Anmerkung
D 1		
M 2		
D 3		
F 4		
S 5		● 14.00
S 6		
M 7	6	
D 8		
M 9		
D 10		
F 11		
S 12		
S 13		☽ 00.21
M 14	7	
D 15		
M 16		
D 17		
F 18		
S 19		○ 17.28
S 20		
M 21	8	
D 22		
M 23		
D 24		
F 25		
S 26		
S 27	9	☾ 04.55
M 28		
D 29		

März
Tag	Nr.	Anmerkung
M 1		
D 2		
F 3		
S 4		
S 5		
M 6	10	● 06.13
D 7		
M 8		
D 9		
F 10		
S 11		
S 12		
M 13	11	☽ 07.58
D 14		
M 15		
D 16		
F 17		
S 18		○ 05.46
S 19		
M 20	12	
D 21		
M 22		
D 23		
F 24		
S 25		
S 26		
M 27	13	
D 28		☾ 01.22
M 29		
D 30		

April
Tag	Nr.	Anmerkung
S 1		
S 2		
M 3	14	
D 4		● 19.08
M 5		
D 6		
F 7		
S 8		
S 9		
M 10	15	
D 11		☽ 14.32
M 12		
D 13		
F 14		
S 15		
S 16		
M 17	16	
D 18		○ 18.44
M 19		
D 20		
F 21		Karfreitag
S 22		
S 23		
M 24	17	Ostermontag
D 25		
M 26		☾ 20.28
D 27		
F 28		
S 29		
S 30		

Mai
Tag	Nr.	Anmerkung
M 1	18	
D 2		
M 3		
D 4		● 05.11
F 5		
S 6		
S 7		
M 8	19	
D 9		
M 10		☽ 21.02
D 11		
F 12		
S 13		
S 14		
M 15	20	
D 16		
M 17		
D 18		○ 08.37
F 19		
S 20		
S 21		
M 22	21	
D 23		
M 24		
D 25		
F 26		☾ 12.49
S 27		
S 28		
M 29	22	
D 30		
M 31		

Juni
Tag	Nr.	Anmerkung
D 1		
F 2		● 13.13
S 3		
S 4		
M 5	23	Pfingstmontag
D 6		
M 7		
D 8		
F 9		☽ 04.30
S 10		
S 11		
M 12	24	
D 13		
M 14		
D 15		
F 16		○ 23.27
S 17		
S 18		
M 19	25	
D 20		
M 21		
D 22		
F 23		
S 24		
S 25		☾ 01.59
M 26	26	
D 27		
M 28		
D 29		
F 30		

2000

Juli

S 1	● 20.18
S 2	
M 3	
D 4	
M 5	
D 6	
F 7	) 13.59
S 8	
S 9	
M 10	
D 11	
M 12	
D 13	
F 14	
S 15	
S 16	○ 14.53
M 17	
D 18	
M 19	
D 20	
F 21	
S 22	
S 23	
M 24	(11.57
D 25	
M 26	
D 27	
F 28	
S 29	
S 30	● 03.25
M 31	

Wochen: 27, 28, 29, 30, 31

August

D 1	
M 2	
D 3	
F 4	
S 5	
S 6	
M 7	) 02.02
D 8	
M 9	
D 10	
F 11	
S 12	
S 13	
M 14	
D 15	○ 06.09
M 16	
D 17	
F 18	
S 19	
S 20	
M 21	
D 22	(19.47
M 23	
D 24	
F 25	
S 26	
S 27	
M 28	
D 29	● 11.22
M 30	
D 31	

Wochen: 32, 33, 34, 35

September

F 1	
S 2	
S 3	
M 4	
D 5	) 17.30
M 6	
D 7	
F 8	
S 9	
S 10	
M 11	
D 12	
M 13	○ 20.34
D 14	
F 15	
S 16	
S 17	
M 18	
D 19	
M 20	(02.29
D 21	
F 22	
S 23	
S 24	
M 25	
D 26	
M 27	● 20.53
D 28	
F 29	
S 30	

Wochen: 36, 37, 38, 39

Oktober

S 1	
M 2	
D 3	
M 4	
D 5	) 11.59
F 6	
S 7	
S 8	
M 9	
D 10	
M 11	
D 12	
F 13	○ 09.48
S 14	
S 15	
M 16	
D 17	
M 18	
D 19	
F 20	(08.58
S 21	
S 22	
M 23	
D 24	
M 25	
D 26	
F 27	● 09.01
S 28	
S 29	
M 30	
D 31	

Wochen: 40, 41, 42, 43, 44

November

M 1	
D 2	
F 3	
S 4	) 08.24
S 5	
M 6	
D 7	
M 8	
D 9	
F 10	
S 11	○ 22.14
S 12	
M 13	
D 14	
M 15	
D 16	
F 17	
S 18	(16.26
S 19	
M 20	
D 21	
M 22	
D 23	
F 24	
S 25	● 00.11
S 26	
M 27	
D 28	
M 29	
D 30	

Wochen: 45, 46, 47, 48

Dezember

F 1	
S 2	
S 3	
M 4	) 04.51
D 5	
M 6	
D 7	
F 8	
S 9	
S 10	
M 11	○ 10.00
D 12	
M 13	
D 14	
F 15	
S 16	
S 17	
M 18	(01.42
D 19	
M 20	
D 21	
F 22	
S 23	
S 24	
M 25	● 18.22 1.Weihnachtsfeiertag
D 26	
M 27	
D 28	
F 29	
S 30	
S 31	

Wochen: 49, 50, 51, 52

Legende

- Widder
- Stier
- Zwillinge
- Krebs
- Löwe
- Jungfrau
- Waage
- Skorpion
- Schütze
- Steinbock
- Wassermann
- Fische

- ○ Vollmond
- (abn. Mond
- ● Neumond
-) zun. Mond

Sommerzeiten sind nicht berücksichtigt

Erde ausheben mit sofortiger Drainage

Wer den ersten Spatenstich beim Hausbau bei zunehmendem Mond vornehmen muß, womöglich sogar auch noch bei Krebs, Skorpion und Fische, der sollte das nach Lektüre des vorherigen Kapitels nicht unbedingt als Nachteil ansehen. Sie dürfen nur eines nicht vergessen: dafür Sorge zu tragen, daß die unbedingt notwendigen Entwässerungsmaßnahmen am Haus *sofort* erfolgen, im Idealfall zu den unten angegebenen Zeitpunkten. Um genau zu sein: Zur Drainage gehört das Verlegen der Drainagerohre *und* das Auffüllen der Gräben mit Rollschotter (siehe auch Seite 69).

Der Vorteil des Aushebens bei zunehmendem Mond und der sofortigen Drainage liegt auf der Hand: Gefahr erkannt, Gefahr gebannt. Man erkennt sofort die Wassersituation am Grundstück, das Wasser läßt sich problemlos fangen.

Die Grundregeln für das Erdeausheben mit sofortiger Drainage

Sehr gut: Bei zunehmendem Mond
in den Tierkreiszeichen Krebs, Skorpion und Fische,
im Idealfall in der Woche vor Vollmond.

Schlecht: Bei zunehmendem Mond, wenn der Mond gerade nicht in einem Wasserzeichen (Krebs, Skorpion und Fische) steht.

Sehr schlecht: Generell bei abnehmendem Mond.

Die Vorteile der Ausführung zum richtigen Zeitpunkt
Die Wassersituation am Grundstück wird rasch erkennbar. Maßnahmen zum Fangen und zur Ableitung des Wassers sind erfolgversprechender.

39

Und nicht vergessen: Wenn es sich um ein größeres Haus handelt und eine sofortige Drainage nicht möglich ist, sollte der Erdaushub in solchem Abstand *vor* den günstigen Tagen (grüne Streifen im Kalender) erfolgen, daß die Entwässerungsarbeit dann in die günstige Zeit fällt.

Wie bei allen Dingen im Leben ist für den Erfolg dieser Arbeit nicht nur der richtige Zeitpunkt ausschlaggebend, sondern auch Ihre Einstellung dazu – die Kraft Ihrer Gedanken. Was heutzutage üblich ist im Umgang mit Drainage- und Regenwasser am eigenen Grundstück, läßt sich einfach formulieren: »Aus den Augen! Weg damit!« Verständlich, denn ein trockener Keller gehört neben dem gutgedeckten Dach zu den wichtigsten Bestandteilen eines Hauses, das man auch noch in dreißig Jahren gern bewohnen will.

Früher war das noch ein wenig anders, und man suchte stets Wege, um dem Wasser Raum zu lassen, oder baute gleich so, daß ein Wassereinbruch keinen größeren Schaden anrichten konnte. Mehr als heute war es damals selbstverständlich, das Wasser dorthin fließen zu lassen, wohin es die Natur haben wollte, nämlich zum Versickern *am Grundstück*. Vielleicht haben Sie schon Regenrinnen gesehen, die das Wasser an einer Kette entlang zu Boden führen, in eine kleine Schottergrube oder dergleichen.

Die Wahrheit ist, daß Regenwasserkanäle zu den dümmsten Erfindungen unseres Jahrhunderts gehören. Zwar sind Bauherren nicht überall verpflichtet, sich anzuschließen: Es genügt oft, wenn man den Nachweis erbringt, daß das Regenwasser am eigenen Grundstück ohne Störung des Nachbarn usw. »entsorgt« wird. Vielfach aber entscheiden sich Hausbauer aus Bequemlichkeit für den Anschluß an den vorhandenen Regenwasserkanal. Und das hat Folgen: Großflächig betrieben, führt der Anschluß zwangsläufig zu einer Verfälschung des Grundwasserstandes in diesem Gebiet. Das wiederum führt zu einschneidenden Veränderungen in der Umwelt: Austrocknungen, Veränderungen in der Tier- und Pflanzenwelt einer ganzen Region. Regenwasserkanäle kosten Millionen, die Beseitigung der durch sie ausgelösten Schäden ebenfalls. Viele solcher Kanäle nutzen niemandem – außer den Baufirmen, die sie in den Boden bringen.

Manche Gesetze – auch der Zwangsanschluß an einen Regenwasserkanal – müssen sein, weil wir in der Vergangenheit so unverantwortlich handelten. »Nach mir die Sintflut« ist eine häufige Denkweise, die sich hier im wahrsten Sinne des Wortes verwirklicht. Traurig ist, daß diese Gesetze oftmals auf Kosten verantwortlich denkender Menschen bestehen, die um die Kreisläufe in der Natur wissen und nicht auf die Idee kommen würden, solch starke Eingriffe in die Natur zuzulassen – wie etwa eine ganze Region des Regenwassers zu berauben, das von Dächern herabfließt.

Prüfen Sie, ob es bei Ihnen die Möglichkeit gibt, mit Regenwasser besser umzugehen als bisher üblich. Etwa durch den Einbau einer Regenwasserzisterne, in die auch Ihre Drainagerohre münden und die einen großen Teil Ihres Brauchwassers liefern kann. Oder durch die Versickerung auf Ihrem Grundstück (was geologisch allerdings manchmal nicht möglich ist). Und wenn Sie diese Prüfung abgeschlossen haben, kann Ihnen das Kalendarium der nächsten Seiten sehr nützlich werden.

Erde ausheben mit sofortiger Drainage

1996

Legende: sehr gut | gut | neutral | schlecht | sehr schlecht

Januar

Woche	Tag	Notiz
1	M 1	
	D 2	
	M 3	
	D 4	
	F 5	● 21.50
	S 6	
	S 7	
2	M 8	
	D 9	
	M 10	
	D 11	
	F 12	☾ 21.42
	S 13	
	S 14	
3	M 15	
	D 16	
	M 17	
	D 18	
	F 19	
	S 20	● 13.51
	S 21	
4	M 22	
	D 23	
	M 24	
	D 25	
	F 26	
	S 27	☽ 12.18
	S 28	
5	M 29	
	D 30	

Februar

Woche	Tag	Notiz
	D 1	
	F 2	
	S 3	
	S 4	● 16.57
6	M 5	
	D 6	
	M 7	
	D 8	
	F 9	
	S 10	
	S 11	☾ 09.33
7	M 12	
	D 13	
	M 14	
	D 15	
	F 16	
	S 17	
	S 18	
8	M 19	● 00.28
	D 20	
	M 21	
	D 22	
	F 23	
	S 24	
	S 25	
9	M 26	☽ 06.54
	D 27	
	M 28	
	D 29	

März

Woche	Tag	Notiz
	F 1	
	S 2	
	S 3	
10	M 4	
	D 5	● 10.18
	M 6	
	D 7	
	F 8	
	S 9	
	S 10	
11	M 11	
	D 12	☾ 18.13
	M 13	
	D 14	
	F 15	
	S 16	
	S 17	
12	M 18	
	D 19	● 11.48
	M 20	
	D 21	
	F 22	
	S 23	
	S 24	
13	M 25	
	D 26	
	M 27	☽ 02.32
	D 28	
	F 29	
	S 30	
	S 31	

April

Woche	Tag	Notiz
	M 1	
	D 2	
	M 3	
	D 4	● 01.05
	F 5	Karfreitag
	S 6	
	S 7	
15	M 8	Ostermontag
	D 9	
	M 10	
	D 11	☾ 00.34
	F 12	
	S 13	
	S 14	
16	M 15	
	D 16	
	M 17	● 23.50
	D 18	
	F 19	
	S 20	
	S 21	
17	M 22	
	D 23	
	M 24	
	D 25	☽ 21.39
	F 26	
	S 27	
	S 28	
18	M 29	
	D 30	

Mai

Woche	Tag	Notiz
	M 1	
	D 2	
	F 3	● 12.45
	S 4	
	S 5	
19	M 6	
	D 7	
	M 8	
	D 9	
	F 10	☾ 06.04
	S 11	
	S 12	
20	M 13	
	D 14	
	M 15	
	D 16	
	F 17	● 12.48
	S 18	
	S 19	
21	M 20	
	D 21	
	M 22	
	D 23	
	F 24	
	S 25	☽ 15.09
	S 26	
22	M 27	Pfingstmontag
	D 28	
	M 29	
	D 30	
	F 31	

Juni

Woche	Tag	Notiz
	S 1	● 21.46
	S 2	
	M 3	
	D 4	
	M 5	
	D 6	
	F 7	
	S 8	☾ 12.09
	S 9	
24	M 10	
	D 11	
	M 12	
	D 13	
	F 14	
	S 15	
	S 16	● 02.37
25	M 17	
	D 18	
	M 19	
	D 20	
	F 21	
	S 22	
	S 23	
26	M 24	☽ 06.19
	D 25	
	M 26	
	D 27	
	F 28	
	S 29	
	S 30	

Juli

KW	Tag	Mond
27	M 1	○ 04.56
	D 2	
	M 3	
	D 4	
	F 5	
	S 6	
28	S 7	☾ 19.59
	M 8	
	D 9	
	M 10	
	D 11	
	F 12	
	S 13	
29	S 14	● 17.16
	M 15	
	D 16	
	M 17	
	D 18	
	F 19	
	S 20	
30	S 21	
	M 22	
	D 23	☽ 18.45
	M 24	
	D 25	
	F 26	
	S 27	
31	S 28	○ 11.35
	M 29	
	D 30	
	M 31	

August

KW	Tag	Mond
	D 1	
	F 2	
	S 3	
32	S 4	
	M 5	
	D 6	☾ 06.28
	M 7	
	D 8	
	F 9	
	S 10	
33	S 11	
	M 12	
	D 13	
	M 14	● 08.32
	D 15	
	F 16	
	S 17	
34	S 18	
	M 19	
	D 20	
	M 21	
	D 22	☽ 04.33
	F 23	
	S 24	
35	S 25	
	M 26	
	D 27	
	M 28	○ 18.52
	D 29	
	F 30	
	S 31	

September

KW	Tag	Mond
36	S 1	
	M 2	
	D 3	
	M 4	☾ 20.07
	D 5	
	F 6	
	S 7	
37	S 8	
	M 9	
	D 10	
	M 11	
	D 12	● 00.09
	F 13	
	S 14	
38	S 15	
	M 16	
	D 17	
	M 18	
	D 19	☽ 12.18
	F 20	
	S 21	
39	S 22	
	M 23	
	D 24	
	M 25	
	D 26	
	F 27	○ 03.52
	S 28	
40	S 29	
	M 30	

Oktober

KW	Tag	Mond
	D 1	
	M 2	
	D 3	
	F 4	☾ 13.07
	S 5	
	S 6	
41	M 7	
	D 8	
	M 9	
	D 10	
	F 11	
	S 12	● 15.10
	S 13	
42	M 14	
	D 15	
	M 16	
	D 17	
	F 18	
	S 19	☽ 19.08
	S 20	
43	M 21	
	D 22	
	M 23	
	D 24	
	F 25	
	S 26	○ 15.15
	S 27	
44	M 28	
	D 29	
	M 30	
	D 31	

November

KW	Tag	Mond
	F 1	
	S 2	
	S 3	☾ 08.51
45	M 4	
	D 5	
	M 6	
	D 7	
	F 8	
	S 9	
	S 10	
46	M 11	● 05.15
	D 12	
	M 13	
	D 14	
	F 15	
	S 16	
	S 17	
47	M 18	☽ 02.09
	D 19	
	M 20	
	D 21	
	F 22	
	S 23	
	S 24	
48	M 25	○ 05.11
	D 26	
	M 27	
	D 28	
	F 29	
	S 30	

Dezember

KW	Tag	Mond
	S 1	
	M 2	
	D 3	☾ 06.03
	M 4	
	D 5	
	F 6	
	S 7	
49	S 8	
	M 9	
	D 10	● 17.52
	M 11	
	D 12	
	F 13	
	S 14	
50	S 15	
	M 16	
	D 17	☽ 10.34
	M 18	
	D 19	
	F 20	
	S 21	
51	S 22	
	M 23	
	D 24	○ 21.40
52	M 25	1. Weihnachtsfeiertag
	D 26	
	F 27	
	S 28	
53	S 29	
	M 30	
	D 31	

Legende (Tierkreiszeichen)

- ♈ Widder — ♉ Stier
- ♊ Zwillinge — ♋ Krebs
- ♌ Löwe — ♍ Jungfrau
- ♎ Waage — ♏ Skorpion
- ♐ Schütze — ♑ Steinbock
- ♒ Wassermann — ♓ Fische

- ○ Vollmond — ☾ abn. Mond
- ● Neumond — ☽ zun. Mond

Sommerzeiten sind nicht berücksichtigt

Erde ausheben mit sofortiger Drainage

1997

Legende: sehr gut | gut | neutral | schlecht | sehr schlecht

Januar

M	1	
D	2	☾ 02.43
F	3	
S	4	
S	5	
M	6	
D	7	
M	8	
D	9	● 05.25
F	10	
S	11	
S	12	
M	13	
D	14	
M	15	☽ 21.05
D	16	
F	17	
S	18	
S	19	
M	20	
D	21	
M	22	○ 16.11
D	23	
F	24	
S	25	
S	26	
M	27	
D	28	
M	29	
D	30	

Februar

S	1	
S	2	
M	3	
D	4	
M	5	
D	6	
F	7	● 16.05
S	8	
S	9	
M	10	
D	11	
M	12	
D	13	
F	14	☽ 10.02
S	15	
S	16	
M	17	
D	18	
M	19	
D	20	
F	21	
S	22	○ 11.26
S	23	
M	24	
D	25	
M	26	
D	27	
F	28	

März

S	1	
S	2	☾ 10.32
M	3	
D	4	
M	5	
D	6	
F	7	
S	8	
S	9	● 02.15
M	10	
D	11	
M	12	
D	13	
F	14	
S	15	
S	16	☽ 01.06
M	17	
D	18	
M	19	
D	20	
F	21	
S	22	
S	23	
M	24	○ 05.45
D	25	
M	26	
D	27	
F	28	Karfreitag
S	29	
S	30	

April

D	1	
M	2	
D	3	
F	4	
S	5	
S	6	
M	7	● 12.03
D	8	
M	9	
D	10	
F	11	
S	12	
S	13	
M	14	☽ 18.02
D	15	
M	16	
D	17	
F	18	
S	19	
S	20	
M	21	
D	22	○ 21.31
M	23	
D	24	
F	25	
S	26	
S	27	
M	28	
D	29	
M	30	☾ 03.36

Mai

D	1	
F	2	
S	3	
S	4	
M	5	
D	6	● 21.50
M	7	
D	8	
F	9	
S	10	
S	11	
M	12	
D	13	
M	14	☽ 11.57
D	15	
F	16	
S	17	
S	18	
M	19	Pfingstmontag
D	20	
M	21	
D	22	○ 10.10
F	23	
S	24	
S	25	
M	26	
D	27	
M	28	
D	29	☾ 08.50
F	30	

Juni

S	1	
M	2	
D	3	
M	4	
D	5	● 08.06
F	6	
S	7	
S	8	
M	9	
D	10	
M	11	
D	12	
F	13	☽ 05.50
S	14	
S	15	
M	16	
D	17	
M	18	
D	19	
F	20	○ 20.07
S	21	
S	22	
M	23	
D	24	
M	25	
D	26	
F	27	☾ 13.44
S	28	
S	29	
M	30	

Wochen: 1 · 2 · 3 · 4 · 5 · 6 · 7 · 8 · 9 · 10 · 11 · 12 · 13 · 14 · 15 · 16 · 17 · 18 · 19 · 20 · 21 · 22 · 23 · 24 · 25 · 26 · 27

1997

Juli (KW 28–31)

Tag	Mondphase
D 1	
M 2	
D 3	
F 4	● 19.41
S 5	
S 6	
M 7	
D 8	
M 9	
D 10	
F 11	
S 12	) 22.42
S 13	
M 14	
D 15	
M 16	
D 17	
F 18	
S 19	
S 20	○ 04.19
M 21	
D 22	
M 23	
D 24	
F 25	
S 26	(19.32
S 27	
M 28	
D 29	
M 30	
D 31	

August (KW 32–35)

Tag	Mondphase
F 1	
S 2	
S 3	● 09.15
M 4	
D 5	
M 6	
D 7	
F 8	
S 9	
S 10	
M 11	) 13.36
D 12	
M 13	
D 14	
F 15	
S 16	
S 17	
M 18	○ 11.53
D 19	
M 20	
D 21	
F 22	
S 23	
S 24	
M 25	(03.24
D 26	
M 27	
D 28	
F 29	
S 30	
S 31	

September (KW 36–40)

Tag	Mondphase
M 1	
D 2	● 00.51
M 3	
D 4	
F 5	
S 6	
S 7	
M 8	
D 9	
M 10	) 02.30
D 11	
F 12	
S 13	
S 14	
M 15	
D 16	○ 19.49
M 17	
D 18	
F 19	
S 20	
S 21	
M 22	
D 23	(14.41
M 24	
D 25	
F 26	
S 27	
S 28	
M 29	
D 30	

Oktober (KW 41–44)

Tag	Mondphase
M 1	● 17.50
D 2	
F 3	
S 4	
S 5	
M 6	
D 7	
M 8	
D 9	) 13.16
F 10	
S 11	
S 12	
M 13	
D 14	
M 15	
D 16	○ 04.48
F 17	
S 18	
S 19	
M 20	
D 21	
M 22	
D 23	(05.52
F 24	
S 25	
S 26	
M 27	
D 28	
M 29	
D 30	
F 31	● 10.59

November (KW 45–48)

Tag	Mondphase
S 1	
S 2	
M 3	
D 4	
M 5	
D 6	
F 7	) 22.42
S 8	
S 9	
M 10	
D 11	
M 12	
D 13	
F 14	○ 15.14
S 15	
S 16	
M 17	
D 18	
M 19	
D 20	
F 21	
S 22	(00.57
S 23	
M 24	
D 25	
M 26	
D 27	
F 28	
S 29	
S 30	● 03.13

Dezember (KW 49–53)

Tag	Mondphase / Hinweis
M 1	
D 2	
M 3	
D 4	
F 5	
S 6	
S 7	) 07.09
M 8	
D 9	
M 10	
D 11	
F 12	
S 13	
S 14	○ 03.39
M 15	
D 16	
M 17	
D 18	
F 19	
S 20	
S 21	(22.44
M 22	
D 23	
M 24	
D 25	1. Weihnachtsfeiertag
F 26	
S 27	
S 28	
M 29	● 17.53
D 30	
M 31	

Legende

Tierkreiszeichen:
- Widder — Stier
- Zwillinge — Krebs
- Löwe — Jungfrau
- Waage — Skorpion
- Schütze — Steinbock
- Wassermann — Fische

Mondphasen:
- ● Neumond
- ○ Vollmond
-) zun. Mond
- (abn. Mond

Sommerzeiten sind nicht berücksichtigt

Erde ausheben mit sofortiger Drainage

1998

Legende: ▇ sehr gut ▇ gut ▇ neutral ▇ schlecht ▇ sehr schlecht

Januar

D	1	
F	2	
S	3	
S	4	
M	5	☽ 15.18
D	6	
M	7	
D	8	
F	9	
S	10	
S	11	○
M	12	18.26
D	13	
M	14	
D	15	
F	16	
S	17	
S	18	
M	19	☾ 20.39
D	20	
M	21	
D	22	
F	23	
S	24	
S	25	
M	26	
D	27	
M	28	● 06.58
D	29	
F	30	

Wochen: 1, 2, 3, 4, 5

Februar

S	1	
M	2	
D	3	☽ 23.55
M	4	
D	5	
F	6	
S	7	
S	8	
M	9	
D	10	
M	11	○ 11.25
D	12	
F	13	
S	14	
S	15	
M	16	
D	17	
M	18	
D	19	☾ 16.22
F	20	
S	21	
S	22	
M	23	
D	24	
M	25	
D	26	● 18.23
F	27	
S	28	

Wochen: 6, 7, 8, 9

März

S	1	
M	2	
D	3	
M	4	
D	5	☽ 09.46
F	6	
S	7	
S	8	
M	9	
D	10	
M	11	
D	12	
F	13	○ 05.34
S	14	
S	15	
M	16	
D	17	
M	18	
D	19	
F	20	
S	21	☾ 08.33
S	22	
M	23	
D	24	
M	25	
D	26	
F	27	
S	28	● 04.13
S	29	
M	30	
D	31	

Wochen: 10, 11, 12, 13, 14

April

M	1	
D	2	
F	3	☽ 21.21
S	4	
S	5	
M	6	
D	7	
M	8	
D	9	
F	10	Karfreitag
S	11	○ 23.22
S	12	
M	13	Ostermontag
D	14	
M	15	
D	16	
F	17	
S	18	
S	19	☾ 20.50
M	20	
D	21	
M	22	
D	23	
F	24	
S	25	
S	26	● 12.43
M	27	
D	28	
M	29	
D	30	

Wochen: 15, 16, 17, 18

Mai

F	1	
S	2	
S	3	☽ 11.09
M	4	
D	5	
M	6	
D	7	
F	8	
S	9	
S	10	
M	11	○ 15.27
D	12	
M	13	
D	14	
F	15	
S	16	
S	17	
M	18	
D	19	☾ 05.32
M	20	
D	21	
F	22	
S	23	
S	24	
M	25	● 20.34
D	26	
M	27	
D	28	
F	29	
S	30	
S	31	

Wochen: 19, 20, 21, 22

Juni

M	1	Pfingstmontag
D	2	☽ 02.46
M	3	
D	4	
F	5	
S	6	
S	7	
M	8	
D	9	
M	10	○ 05.17
D	11	
F	12	
S	13	
S	14	
M	15	
D	16	
M	17	☾ 11.34
D	18	
F	19	
S	20	
S	21	
M	22	
D	23	
M	24	● 04.53
D	25	
F	26	
S	27	
S	28	
M	29	
D	30	

Wochen: 23, 24, 25, 26, 27

1998

Juli
Woche 28, 29, 30, 31

M	1	☽ 19.43
D	2	
F	3	
S	4	
S	5	
M	6	
D	7	
M	8	
D	9	○ 16.58
F	10	
S	11	
S	12	
M	13	
D	14	☾ 16.12
M	15	
D	16	
F	17	
S	18	
S	19	
M	20	
D	21	
M	22	● 14.47
D	23	
F	24	
S	25	
S	26	
M	27	
D	28	
M	29	
D	30	
F	31	☽ 13.04

August
Woche 32, 33, 34, 35, 36

S	1	
S	2	
M	3	
D	4	
M	5	
D	6	
F	7	
S	8	○ 03.07
S	9	
M	10	
D	11	
M	12	
D	13	
F	14	☾ 20.49
S	15	
S	16	
M	17	
D	18	
M	19	
D	20	
F	21	
S	22	● 03.03
S	23	
M	24	
D	25	
M	26	
D	27	
F	28	
S	29	
S	30	☽ 06.03
M	31	

September
Woche 37, 38, 39, 40

D	1	
M	2	
D	3	
F	4	
S	5	
S	6	○ 12.17
M	7	
D	8	
M	9	
D	10	
F	11	
S	12	
S	13	☾ 03.00
M	14	
D	15	
M	16	
D	17	
F	18	
S	19	
S	20	● 18.04
M	21	
D	22	
M	23	
D	24	
F	25	
S	26	
S	27	
M	28	☽ 22.07
D	29	
M	30	

Oktober
Woche 41, 42, 43, 44

D	1	
F	2	
S	3	
S	4	
M	5	○ 21.10
D	6	
M	7	
D	8	
F	9	
S	10	
S	11	
M	12	☾ 12.17
D	13	
M	14	
D	15	
F	16	
S	17	
S	18	
M	19	
D	20	● 11.09
M	21	
D	22	
F	23	
S	24	
S	25	
M	26	
D	27	
M	28	☽ 12.41
D	29	
F	30	
S	31	

November
Woche 45, 46, 47, 48, 49

S	1	
M	2	
D	3	
M	4	○ 06.19
D	5	
F	6	
S	7	
S	8	
M	9	
D	10	
M	11	☾ 01.29
D	12	
F	13	
S	14	
S	15	
M	16	
D	17	
M	18	
D	19	● 05.24
F	20	
S	21	
S	22	
M	23	
D	24	
M	25	
D	26	
F	27	☽ 01.22
S	28	
S	29	
M	30	

Dezember
Woche 50, 51, 52, 53

D	1	
M	2	
D	3	○ 16.21
F	4	
S	5	
S	6	
M	7	
D	8	
M	9	
D	10	☾ 18.56
F	11	
S	12	
S	13	
M	14	
D	15	
M	16	
D	17	
F	18	● 23.43
S	19	
S	20	
M	21	
D	22	
M	23	
D	24	
F	25	1. Weihnachtsfeiertag
S	26	☽ 11.42
S	27	
M	28	
D	29	
M	30	
D	31	

Legende
♈ Widder ♌ Löwe ♐ Schütze
♉ Stier ♍ Jungfrau ♑ Steinbock
♊ Zwillinge ♎ Waage ♒ Wassermann
♋ Krebs ♏ Skorpion ♓ Fische

○ Vollmond ● Neumond
☾ abn. Mond ☽ zun. Mond

Sommerzeiten sind nicht berücksichtigt

Erde ausheben mit sofortiger Drainage

1999

Januar

F	1	
S	2	○ 03.50
S	3	
M	4	
D	5	
M	6	
D	7	
F	8	
S	9	☾ 15.24
S	10	
M	11	
D	12	
M	13	
D	14	
F	15	
S	16	
S	17	● 16.44
M	18	
D	19	
M	20	
D	21	
F	22	☽ 20.14
S	23	
S	24	
M	25	
D	26	
M	27	
D	28	
F	29	
S	30	
S	31	○ 17.10

Wochen: 1, 2, 3, 4

Februar

M	1	
D	2	
M	3	
D	4	
F	5	
S	6	
S	7	
M	8	☾ 12.57
D	9	
M	10	
D	11	
F	12	
S	13	
S	14	
M	15	
D	16	● 07.35
M	17	
D	18	
F	19	
S	20	
S	21	
M	22	
D	23	
M	24	☽ 03.44
D	25	
F	26	
S	27	
S	28	

Wochen: 5, 6, 7, 8

März

M	1	
D	2	○ 08.00
M	3	
D	4	
F	5	
S	6	
S	7	
M	8	
D	9	
M	10	☾ 09.38
D	11	
F	12	
S	13	
S	14	
M	15	
D	16	
M	17	● 19.44
D	18	
F	19	
S	20	
S	21	
M	22	
D	23	
M	24	☽ 11.21
D	25	
F	26	
S	27	
S	28	
M	29	
D	30	
M	31	○ 23.50

Wochen: 9, 10, 11, 12, 13

April

D	1	
F	2	Karfreitag
S	3	
S	4	
M	5	Ostermontag
D	6	
M	7	
D	8	☾ 03.47
F	9	
S	10	
S	11	
M	12	
D	13	
M	14	
D	15	● 05.21
F	16	
S	17	
S	18	
M	19	
D	20	
M	21	
D	22	☽ 20.05
F	23	
S	24	
S	25	
M	26	
D	27	
M	28	
D	29	
F	30	○ 5.55

Wochen: 14, 15, 16, 17

Mai

S	1	
S	2	
M	3	
D	4	
M	5	
D	6	
F	7	
S	8	☾ 18.25
S	9	
M	10	
D	11	
M	12	
D	13	
F	14	
S	15	● 13.05
S	16	
M	17	
D	18	
M	19	
D	20	
F	21	
S	22	☽ 06.37
S	23	
M	24	Pfingstmontag
D	25	
M	26	
D	27	
F	28	
S	29	
S	30	○ 07.40
M	31	

Wochen: 18, 19, 20, 21, 22

Juni

D	1	
M	2	
D	3	
F	4	
S	5	
S	6	
M	7	☾ 05.16
D	8	
M	9	
D	10	
F	11	
S	12	
S	13	● 20.04
M	14	
D	15	
M	16	
D	17	
F	18	
S	19	
S	20	☽ 19.16
M	21	
D	22	
M	23	
D	24	
F	25	
S	26	
S	27	
M	28	● 22.35
D	29	
M	30	

Wochen: 23, 24, 25, 26

1999

Juli (27–30)

D	1	
F	2	
S	3	
S	4	
M	5	
D	6	☾ 12.52
M	7	
D	8	
F	9	
S	10	
S	11	
M	12	● 03.25
D	13	
M	14	
D	15	
F	16	
S	17	
S	18	
M	19	
D	20	◗ 10.02
M	21	
D	22	
F	23	
S	24	
S	25	
M	26	
D	27	
M	28	○ 12.20
D	29	
F	30	
S	31	

August (31–35)

S	1	
M	2	
D	3	
M	4	☾ 18.23
D	5	
F	6	
S	7	
S	8	
M	9	
D	10	
M	11	● 12.10
D	12	
F	13	
S	14	
S	15	
M	16	
D	17	
M	18	
D	19	◗ 02.47
F	20	
S	21	
S	22	
M	23	
D	24	
M	25	
D	26	
F	27	○ 00.46
S	28	
S	29	
M	30	
D	31	

September (36–39)

M	1	
D	2	☾ 23.18
F	3	
S	4	
S	5	
M	6	
D	7	
M	8	
D	9	● 23.03
F	10	
S	11	
S	12	
M	13	
D	14	
M	15	
D	16	
F	17	◗ 21.06
S	18	
S	19	
M	20	
D	21	
M	22	
D	23	
F	24	
S	25	○ 11.46
S	26	
M	27	
D	28	
M	29	
D	30	

Oktober (40–43)

F	1	
S	2	☾ 05.02
S	3	
M	4	
D	5	
M	6	
D	7	
F	8	
S	9	● 12.38
S	10	
M	11	
D	12	
M	13	
D	14	
F	15	
S	16	
S	17	◗ 15.56
M	18	
D	19	
M	20	
D	21	
F	22	
S	23	
S	24	○ 22.01
M	25	
D	26	
M	27	
D	28	
F	29	
S	30	
S	31	☾ 13.08

November (44–48)

M	1	
D	2	
M	3	
D	4	
F	5	
S	6	
S	7	
M	8	● 04.54
D	9	
M	10	
D	11	
F	12	
S	13	
S	14	
M	15	
D	16	◗ 09.57
M	17	
D	18	
F	19	
S	20	
S	21	
M	22	
D	23	○ 08.05
M	24	
D	25	
F	26	
S	27	
S	28	
M	29	
D	30	☾ 00.18

Dezember (49–52)

M	1	
D	2	
F	3	
S	4	
S	5	
M	6	
D	7	● 23.31
M	8	
D	9	
F	10	
S	11	
S	12	
M	13	
D	14	
M	15	
D	16	◗ 01.49
F	17	
S	18	
S	19	
M	20	
D	21	
M	22	○ 18.31
D	23	
F	24	
S	25	1. Weihnachtsfeiertag
S	26	
M	27	
D	28	
M	29	☾ 15.09
D	30	
F	31	

Legende

- ♈ Widder ♉ Stier
- ♊ Zwillinge ♋ Krebs
- ♌ Löwe ♍ Jungfrau
- ♎ Waage ♏ Skorpion
- ♐ Schütze ♑ Steinbock
- ♒ Wassermann ♓ Fische
- ○ Vollmond ☾ abn. Mond
- ● Neumond ◗ zun. Mond

Sommerzeiten sind nicht berücksichtigt

Erde ausheben mit sofortiger Drainage

2000

Legende: ■ sehr gut ■ gut ■ neutral ■ schlecht ■ sehr schlecht

Januar

S	1	
S	2	
M	3	
D	4	
M	5	
D	6	● 19.12
F	7	
S	8	
S	9	
M	10	
D	11	
M	12	
D	13	
F	14	☽ 14.28
S	15	
S	16	
M	17	
D	18	
M	19	
D	20	
F	21	○ 05.41
S	22	
S	23	
M	24	
D	25	
M	26	
D	27	
F	28	☾ 08.59
S	29	
S	30	
M	31	

Februar

D	1	
M	2	
D	3	
F	4	
S	5	● 14.00
S	6	
M	7	
D	8	
M	9	
D	10	
F	11	
S	12	
S	13	☽ 00.21
M	14	
D	15	
M	16	
D	17	
F	18	
S	19	○ 17.28
S	20	
M	21	
D	22	
M	23	
D	24	
F	25	
S	26	
S	27	☾ 04.55
M	28	
D	29	

März

M	1	
D	2	
F	3	
S	4	
S	5	
M	6	● 06.13
D	7	
M	8	
D	9	
F	10	
S	11	
S	12	
M	13	☽ 07.58
D	14	
M	15	
D	16	
F	17	
S	18	○ 05.46
S	19	
M	20	
D	21	
M	22	
D	23	
F	24	
S	25	
S	26	
M	27	
D	28	☾ 01.22
M	29	
D	30	
F	31	

April

S	1	
S	2	
M	3	
D	4	● 19.08
M	5	
D	6	
F	7	
S	8	
S	9	
M	10	
D	11	☽ 14.32
M	12	
D	13	
F	14	
S	15	
S	16	
M	17	
D	18	○ 18.44
M	19	
D	20	
F	21	Karfreitag
S	22	
S	23	
M	24	Ostermontag
D	25	
M	26	☾ 20.28
D	27	
F	28	
S	29	
S	30	

Mai

M	1	
D	2	
M	3	
D	4	● 05.11
F	5	
S	6	
S	7	
M	8	
D	9	
M	10	☽ 21.02
D	11	
F	12	
S	13	
S	14	
M	15	
D	16	
M	17	
D	18	○ 08.57
F	19	
S	20	
S	21	
M	22	
D	23	
M	24	
D	25	
F	26	☾ 12.43
S	27	
S	28	
M	29	
D	30	
M	31	

Juni

D	1	
F	2	● 13.13
S	3	
S	4	05.11
M	5	Pfingstmontag
D	6	
M	7	
D	8	
F	9	☽ 04.30
S	10	
S	11	
M	12	
D	13	
M	14	
D	15	
F	16	○ 23.27
S	17	
S	18	
M	19	
D	20	
M	21	
D	22	
F	23	
S	24	
S	25	☾ 01.59
M	26	
D	27	
M	28	
D	29	
F	30	

Wochennummern: 1–26

2000

Juli

	Tag	Woche	Zeit
S	1		20.18 ●
S	2		
M	3	27	
D	4		
M	5		
D	6		
F	7		☽ 13.59
S	8		
S	9		
M	10	28	
D	11		
M	12		
D	13		
F	14		
S	15		14.53 ●
S	16	29	
M	17		
D	18		
M	19		
D	20		
F	21		☾ 11.57
S	22		
S	23	30	
M	24		
D	25		
M	26		
D	27		
F	28		
S	29		
S	30	31	
M	31		● 03.25

August

	Tag	Woche	Zeit
D	1		
M	2		
D	3		
F	4		
S	5		
S	6		
M	7	32	☽ 02.02
D	8		
M	9		
D	10		
F	11		
S	12		
S	13	33	
M	14		
D	15		● 06.09
M	16		
D	17		
F	18		
S	19		
S	20	34	
M	21		
D	22		☾ 19.47
M	23		
D	24		
F	25		
S	26		
S	27	35	
M	28		
D	29		● 11.22
M	30		
D	31		

September

	Tag	Woche	Zeit
F	1		
S	2		
S	3	36	
M	4		
D	5		☽ 17.30
M	6		
D	7		
F	8		
S	9		
S	10	37	
M	11		
D	12		
M	13		● 20.34
D	14		
F	15		
S	16		
S	17	38	
M	18		
D	19		
M	20		☾ 02.29
D	21		
F	22		
S	23		
S	24	39	
M	25		
D	26		
M	27		● 20.53
D	28		
F	29		
S	30		

Oktober

	Tag	Woche	Zeit
S	1		
M	2		
D	3	40	
M	4		
D	5		☽ 11.59
F	6		
S	7		
S	8	41	
M	9		
D	10		
M	11		
D	12		
F	13		● 09.48
S	14		
S	15	42	
M	16		
D	17		
M	18		
D	19		
F	20		☾ 08.58
S	21		
S	22	43	
M	23		
D	24		
M	25		
D	26		
F	27		● 09.01
S	28		
S	29	44	
M	30		
D	31		

November

	Tag	Woche	Zeit
M	1		
D	2		
F	3		
S	4		☽ 08.24
S	5	45	
M	6		
D	7		
M	8		
D	9		
F	10		
S	11		● 22.14
S	12	46	
M	13		
D	14		
M	15		
D	16		
F	17		
S	18		☾ 16.26
S	19	47	
M	20		
D	21		
M	22		
D	23		
F	24		
S	25		
S	26	48	● 00.11
M	27		
D	28		
M	29		
D	30		

Dezember

	Tag	Woche	Zeit
F	1		
S	2		
S	3	49	
M	4		☽ 04.51
D	5		
M	6		
D	7		
F	8		
S	9		
S	10	50	
M	11		● 10.00
D	12		
M	13		
D	14		
F	15		
S	16		
S	17	51	
M	18		☾ 01.42
D	19		
M	20		
D	21		
F	22		
S	23		
S	24	52	
M	25		● 1.Weihnachts-tag
D	26		2.Weihnachtstag
M	27		
D	28		
F	29		
S	30		
S	31		

Flüssiger Stein:

Beton und Estrich gießen

»Es kommt darauf an, was man daraus macht« – so wirbt die Industrie, wenn sie uns die Verwendung von Beton nahelegen möchte, für welchen Zweck auch immer.

Stimmt.

Mit dem Beton ist es wie mit dem Penicillin. Nicht Penicillin ist »immer gut« oder »immer schlecht«, sondern wie man es verwendet und wofür. Wenn ein kleines Kind an einer bakteriellen Infektion leidet mit 41 Grad Fieber, dann ist Penicillin vielleicht sogar lebensrettend. Andererseits wollte kürzlich eine Zahnärztin einen unserer Freunde nicht behandeln und empfahl ihm *am Telefon* Penicillin gegen die Zahnschmerzen! Gutmütigkeit bewahrte sie davor, namentlich in einer großen Wochenzeitung zu erscheinen, in der Spalte »Der Irrsinn im Alltag«.

Mit dem Beton ist es wie mit der Schulmedizin. Nicht die Schulmedizin ist »immer gut« oder »immer schlecht«, sondern die Art und Weise, wie man sich ihrer Gesetze und Prinzipien bedient. Ein Unfallchirurg leistet unschätzbar Wertvolles, und zahllose gute Ärzte haben gelernt, Erfahrung vor Prinzip zu stellen. Ein Internist dagegen, der bei Verstopfung pharmazeutische Giftbrühen verschreibt statt Pflaumensaft und ein Glas lauwarmes Wasser, wird spätestens in fünfzig Jahren als Quacksalber und unbelehrbares Fossil gelten. Heute ist er leider noch der »Gott in Weiß«.

»Es kommt darauf an, was man daraus macht« – ja, Beton hat seine Berechtigung, ebenso wie Stein seine Berechtigung hat. Flüssiger Stein ist sinnvoll dort, wo er sinnvoll ist. Sie müssen selbst entscheiden, wo.

Wichtig ist die Information, daß Beton als Baustoff von Wänden und Decken im Wohnbereich eine eher negative Wirkung auf unsere Gesundheit hat, weil Beton »ziehend« wirkt. Was das genau bedeutet, ist schwer zu beschreiben (wir versuchen es auf Seite 85), aber leicht zu erleben und zu fühlen. Jeder, der beispielsweise tagsüber von Beton umgeben arbeitet und zu Hause in Holz oder Ziegel eingehüllt ist, hat erfahren, wovon wir sprechen. Diese ziehende und schwächende Kraft läßt sich glücklicherweise neutralisieren, allerdings um einen Preis: den Einbau einer Korkschicht. Fünf Zentimeter dicker Kork würde genügen. Je dünner die Schicht ist, desto geringer die Abschirmwirkung. Über die Korkschicht läßt sich streichen, tapezieren, verputzen. Eine etwas kostspielige Lösung, aber was ist Ihnen Gesundheit und Wohlbefinden wert? Eine Holzverkleidung wirkt ebenfalls abschirmend, aber nicht so stark wie Kork. Verzichten Sie von vornherein auf Beton, wo es möglich ist. Und verwenden Sie Beton nur, wo es nötig ist und niemandes Gesundheit untergräbt.

In manchen Fällen ist die Verwendung von Beton sinnvoller als von anderen Baustoffen. Zumindest stört er nicht überall, und noch sehr lange Zeit wird es dauern, bis wieder überall dort, wo es möglich ist, Holz verwendet wird statt Beton. Ein Keller beispielsweise ist nun mal kaum anders trockenzuhalten als in wasserdichten Sperrbeton gegossen. Und neben dem wasserdichten Dach über dem Kopf gehört ein trockener Keller zu den allerwichtigsten Dingen beim Hausbau. Wer hier spart, begeht langfristig einen großen Fehler. Jeder Hausbauer sollte sich von Anfang im klaren darüber sein, daß ein solide gebauter, trockener Keller – seine fachgerechte Isolierung und Drainage – eine Stange Geld kostet. Seien Sie nicht überrascht, wenn der Wunsch nach einem trockenen Keller Ihre finanziellen Möglichkeiten vorerst übersteigt.

Sollten Sie also Beton benötigen, etwa beim Kellerbau oder beim Gießen eines Schwimmbeckens, dann kommt dem richtigen Zeitpunkt dieser Arbeit eine ebenso tragende Bedeutung zu wie in vielen anderen Lebensbereichen. Hier sogar im wahrsten Sinne des Wortes.

Jeder Architekt, jeder Baumeister hat schon die Erfahrung gemacht, daß ohne jeden ersichtlichen Grund Betondecken reißen. Oder, was noch schlimmer ist, daß Feuchtigkeit in ein Bauwerk tritt, obwohl »wasserdicht« betoniert wurde. Meist werden daraufhin die »üblichen Verdächtigen« verhaftet – das Wetter, die Betonqualität, »Kältebrücken«, Schwarzarbeit, usw. Dem Bauherrn nutzt die Diskussion wenig, und selbst wenn nach einiger Zeit finanzieller Ausgleich geleistet wird, ist der Schaden nur schwer zu beheben.

Der Hauptursache für gerissene Bctonfundamente, -wände und -decken können Sie aus dem Weg gehen, wenn Sie folgende Grundregeln beachten:

Die Grundregeln für das Beton- und Estrichgießen

Sehr gut:	Bei abnehmendem Mond in den Tierkreiszeichen Stier, Jungfrau, Steinbock.
Gut:	Bei abnehmendem Mond, mit Ausnahme der Löwetage.
Schlecht:	Generell bei zunehmendem Mond, aber auch bei abnehmendem Mond im Löwen.
Sehr schlecht:	Generell bei Vollmond, besonders bei Vollmond im Löwen.

Die Folgen der Ausführung zum richtigen Zeitpunkt

Der Beton trocknet gleichmäßig und verbindet sich fest mit den Untergrund und anderen Flächen. Die Gefahr von Rißbildungen ist sehr gering. Holzschalungen, wenn zuvor fachgerecht eingeölt, lassen sich leichter lösen.

Die Folgen der Ausführung zum falschen Zeitpunkt

Bei Löwe trocknet der Beton zu rasch, die Gefahr der Rißbildung ist größer. Kurz vor Vollmond betonierte Flächen verbinden sich schlecht mit anderen Stoffen, auch mit schon getrockneten anderen Betonflächen. Selbst die Verwendung von Fugenbändern kann manchmal die Erwartungen nicht erfüllen.

Und nicht vergessen: Wenn beim Gießen von Betondecken zwar der richtige Zeitpunkt gewählt ist, aber große Hitze herrscht, sollten die Flächen alle paar Stunden mit Wasser besprengt werden, um ein gleichmäßiges Trocknen zu erzielen.

Auch beim Aufsetzen der Kellerwände wäre es von Vorteil, auf den richtigen Zeitpunkt zu achten. Die Arbeit bei zunehmendem Mond an einem Wasserzeichen (Krebs, Skorpion, Fische) durchgeführt, läßt die Wände sehr schlecht trocknen und führt zu hoher Raumluftfeuchte. Die Schaffung eines ständigen Nährbodens für Schimmel im Keller könnte die Folge sein.

Bei allen Decken und somit auch bei der Kellerdecke ist dagegen ein langsames Abtrocknen eher wünschenswert, um das Reißen zu vermeiden. Meist behilft man sich zu diesem Zweck mit einer Berieselung mit Wasser (ca. alle 2–3 Stunden die Decke mit einem Schlauch abspritzen). Die Arbeit zum richtigen Zeitpunkt kann das Ergebnis entscheidend verbessern.

Der Termin für das Gießen tragender Wände ist frei wählbar. Wenn es jedoch keinen größeren Aufwand mit sich bringt, auch bei dieser Arbeit auf den Zeitpunkt zu achten, dann wäre der abnehmende Mond etwas günstiger, weil die Trocknung des Rohbaus schneller verläuft. Insgesamt sollte man mit der Ausstattung von Wohnbereichen im Keller bis etwa ein Jahr nach Fertigstellung warten.

Da wir kürzlich selbst gebaut haben und um die Schwierigkeiten der Anwendung der Mondregeln wissen, wissen wir auch, daß es ohne Kompromisse nicht abgeht. Wir hatten das große Glück, einen verständigen Baumeister für den Keller zu finden, der bei Terminschwierigkeiten zumindest die »sehr schlechten« Tage ausließ (die »roten Tage« in den Kalendarien). Wenn Sie in der Planungsphase mit verschiedenen Baumeistern sprechen, werden auch Sie einen finden, der Ihnen entgegenkommt. Vergessen Sie nicht, daß fast alle Menschen, die beruflich mit Hausbau, Innenausbau und Holzverarbeitung zu tun haben, die *Erfahrung* der Gültigkeit der Mondregeln besitzen – oftmals ohne es zu wissen. Diese Menschen müßten nur das Datum merkwürdiger und unerklärlicher Erfahrungen aus der Vergangenheit mit einem Mondkalender vergleichen: Sehr schnell würden Sie den Zusammenhang zwischen Ereignis und Mondstand erfassen können. Tatsächlich ist dies genau der Weg, den viele anfangs skeptische Leser beschritten haben: Zahnärzte, Chirurgen, Landwirte, Gärtner, Architekten. Viele von ihnen haben vergangene Ereignisse mit dem Mondkalender verglichen und so in kurzer Zeit alle Zweifel beseitigt.

Unser Buch *Aus eigener Kraft* enthält zwar ein kleines Kapitel über gesundes Hausbauen, darin hatten wir aber noch nicht den Mut, so sehr in die Einzelheiten zu gehen. Heute wissen wir, daß die Menschen schon viel aufgeschlossener geworden sind und das Wissen um die Mondrhythmen gern umsetzen. Wir freuen uns heute schon darauf, unseren Lesern eines Tages noch mehr »belächelten Aberglauben« in die Hand geben zu können, für dessen Veröffentlichung die Zeit vielleicht erst in zehn Jahren reif ist.

Beton und Estrich gießen

1996

Legende: ■ sehr gut ■ gut ■ neutral ■ schlecht ■ sehr schlecht

Januar

Tag		Hinweis
M	1	
D	2	
M	3	
D	4	
F	5	● 21.50
S	6	
S	7	
M	8	
D	9	
M	10	
D	11	☾ 21.42
F	12	
S	13	
S	14	
M	15	
D	16	
M	17	
D	18	
F	19	
S	20	● 13.51
S	21	
M	22	
D	23	
M	24	
D	25	
F	26	
S	27	☽ 12.18
S	28	
M	29	
D	30	

Wochen: 1, 2, 3, 4, 5

Februar

Tag		Hinweis
D	1	
F	2	
S	3	
S	4	● 16.57
M	5	
D	6	
M	7	
D	8	
F	9	
S	10	
S	11	
M	12	☾ 09.33
D	13	
M	14	
D	15	
F	16	
S	17	
S	18	
M	19	● 00.28
D	20	
M	21	
D	22	
F	23	
S	24	
S	25	
M	26	☽ 06.54
D	27	
M	28	
D	29	

Wochen: 6, 7, 8, 9

März

Tag		Hinweis
F	1	
S	2	
S	3	
M	4	
D	5	● 10.18
M	6	
D	7	
F	8	
S	9	
S	10	
M	11	
D	12	☾ 18.13
M	13	
D	14	
F	15	
S	16	
S	17	
M	18	
D	19	● 11.48
M	20	
D	21	
F	22	
S	23	
S	24	
M	25	
D	26	
M	27	☽ 02.32
D	28	
F	29	
S	30	

Wochen: 10, 11, 12, 13

April

Tag		Hinweis
M	1	
D	2	
M	3	
D	4	● 01.05
F	5	Karfreitag
S	6	
S	7	
M	8	Ostermontag
D	9	
M	10	
D	11	☾ 00.34
F	12	
S	13	
S	14	
M	15	
D	16	
M	17	● 23.50
D	18	
F	19	
S	20	
S	21	
M	22	
D	23	
M	24	
D	25	☽ 21.39
F	26	
S	27	
S	28	
M	29	
D	30	

Wochen: 14, 15, 16, 17, 18

Mai

Tag		Hinweis
M	1	
D	2	
F	3	● 12.45
S	4	
S	5	
M	6	
D	7	
M	8	
D	9	
F	10	☾ 06.04
S	11	
S	12	
M	13	
D	14	
M	15	
D	16	
F	17	● 12.48
S	18	
S	19	
M	20	
D	21	
M	22	
D	23	
F	24	
S	25	☽ 15.09
S	26	
M	27	Pfingstmontag
D	28	
M	29	
D	30	
F	31	

Wochen: 19, 20, 21, 22

Juni

Tag		Hinweis
S	1	● 21.46
S	2	
M	3	
D	4	
M	5	
D	6	
F	7	
S	8	☾ 12.09
S	9	
M	10	
D	11	
M	12	
D	13	
F	14	
S	15	
S	16	● 02.37
M	17	
D	18	
M	19	
D	20	
F	21	
S	22	
S	23	☽ 06.19
M	24	
D	25	
M	26	
D	27	
F	28	
S	29	
S	30	

Wochen: 23, 24, 25, 26

1996

Juli

		Woche
M	1	○ 04.56 · 27
D	2	
M	3	
D	4	
F	5	
S	6	
S	7	☾ 19.59
M	8	28
D	9	
M	10	
D	11	
F	12	
S	13	
S	14	● 17.16
M	15	29
D	16	
M	17	
D	18	
F	19	
S	20	
S	21	
M	22	☽ 18.45 · 30
D	23	
M	24	
F	25	
S	26	
S	27	
S	28	
M	29	31
D	30	○ 11.35
M	31	

August

		Woche
D	1	
F	2	
S	3	
S	4	32
M	5	
D	6	☾ 06.28
M	7	
D	8	
F	9	
S	10	
S	11	33
M	12	
D	13	
M	14	● 08.32
D	15	
F	16	
S	17	
S	18	34
M	19	
D	20	
M	21	
D	22	☽ 04.33
F	23	
S	24	
S	25	35
M	26	
D	27	
M	28	○ 18.52
D	29	
F	30	
S	31	

September

		Woche
S	1	
M	2	36
D	3	
M	4	☾ 20.07
D	5	
F	6	
S	7	
S	8	37
M	9	
D	10	
M	11	
D	12	
F	13	● 00.09
S	14	
S	15	38
M	16	
D	17	
M	18	
D	19	
F	20	☽ 12.18
S	21	
S	22	39
M	23	
D	24	
M	25	
D	26	
F	27	○ 03.52
S	28	
S	29	40
M	30	

Oktober

		Woche
D	1	
M	2	
D	3	
F	4	☾ 13.07
S	5	
S	6	41
M	7	
D	8	
M	9	
D	10	
F	11	
S	12	● 15.10
S	13	42
M	14	
D	15	
M	16	
D	17	
F	18	
S	19	☽ 19.08
S	20	43
M	21	
D	22	
M	23	
D	24	
F	25	
S	26	○ 15.15
S	27	44
M	28	
D	29	
M	30	
D	31	

November

		Woche
F	1	
S	2	
S	3	☾ 08.51 · 45
M	4	
D	5	
M	6	
D	7	
F	8	
S	9	
S	10	● 05.15 · 46
M	11	
D	12	
M	13	
D	14	
F	15	
S	16	
S	17	☽ 02.09 · 47
M	18	
D	19	
M	20	
D	21	
F	22	
S	23	
S	24	48
M	25	○ 05.11
D	26	
M	27	
D	28	
F	29	
S	30	

Dezember

		Woche
S	1	49
M	2	
D	3	☾ 06.03
M	4	
D	5	
F	6	
S	7	
S	8	50
M	9	
D	10	● 17.52
M	11	
D	12	
F	13	
S	14	
S	15	51
M	16	
D	17	☽ 10.34
M	18	
D	19	
F	20	
S	21	
S	22	52
M	23	
D	24	○ 21.40
M	25	1. Weihnachtsfeiertag
D	26	
F	27	
S	28	
S	29	53
M	30	
D	31	

♈ Widder ♊ Zwillinge ♌ Löwe ♎ Waage ♐ Schütze ♒ Wassermann
♉ Stier ♋ Krebs ♍ Jungfrau ♏ Skorpion ♑ Steinbock ♓ Fische

○ Vollmond ☾ abn. Mond ● Neumond ☽ zun. Mond

Sommerzeiten sind nicht berücksichtigt

Beton und Estrich gießen — 1997

Legende: sehr gut | gut | neutral | schlecht | sehr schlecht

Januar

Tag	Notiz	Woche
M 1		1
D 2	☾ 02.43	
F 3		
S 4		
S 5		
M 6		2
D 7		
M 8		
D 9	● 05.25	
F 10		
S 11		
S 12		3
M 13		
D 14		
M 15	☽ 21.05	
D 16		
F 17		
S 18		
S 19		4
M 20		
D 21		
M 22		
D 23	○ 16.11	
F 24		
S 25		
S 26		5
M 27		
D 28		
M 29		
D 30		

Februar

Tag	Notiz	Woche
S 1		
S 2		6
M 3		
D 4		
M 5		
D 6		
F 7	● 16.05	
S 8		
S 9		7
M 10		
D 11		
M 12		
D 13		
F 14	☽ 10.02	
S 15		
S 16		8
M 17		
D 18		
M 19		
D 20		
F 21		
S 22	○ 11.26	
S 23		9
M 24		
D 25		
M 26		
D 27		
F 28		

März

Tag	Notiz	Woche
S 1		
S 2	☾ 10.32	10
M 3		
D 4		
M 5		
D 6		
F 7		
S 8		
S 9	● 02.15	11
M 10		
D 11		
M 12		
D 13		
F 14		
S 15		
S 16	☽ 01.06	12
M 17		
D 18		
M 19		
D 20		
F 21		
S 22		
S 23		13
M 24	○ 05.45	
D 25		
M 26		
D 27		
F 28	Karfreitag	
S 29		
S 30		
M 31	20.35 Ostermontag	

April

Tag	Notiz	Woche
D 1		14
M 2		
D 3		
F 4		
S 5		
S 6		
M 7	● 12.03	15
D 8		
M 9		
D 10		
F 11		
S 12		
S 13		16
M 14	☽ 18.02	
D 15		
M 16		
D 17		
F 18		
S 19		
S 20		17
M 21		
D 22	○ 21.31	
M 23		
D 24		
F 25		
S 26		
S 27		18
M 28		
D 29		
M 30		

Mai

Tag	Notiz	Woche
D 1		
F 2		
S 3		
S 4		19
M 5		
D 6	● 21.50	
M 7		
D 8		
F 9		
S 10		
S 11		20
M 12		
D 13		
M 14	☽ 11.57	
D 15		
F 16		
S 17		
S 18		21
M 19	Pfingstmontag	
D 20		
M 21		
D 22	○ 10.13	
F 23		
S 24		
S 25		22
M 26		
D 27		
M 28		
D 29	☾ 08.50	
F 30		
S 31		

Juni

Tag	Notiz	Woche
S 1		
M 2		23
D 3		
M 4		
D 5	● 08.06	
F 6		
S 7		
S 8		24
M 9		
D 10		
M 11		
D 12		
F 13	☽ 05.50	
S 14		
S 15		25
M 16		
D 17		
M 18		
D 19		
F 20	○ 20.07	
S 21		
S 22		26
M 23		
D 24		
M 25		
D 26		
F 27	☾ 13.44	
S 28		
S 29		27
M 30		

1997

Juli

D	1	
M	2	
D	3	
F	4	● 19.41
S	5	
S	6	
28	M 7	
D	8	
M	9	
D	10	
F	11	
S	12	☽ 22.42
29	S 13	
M	14	
D	15	
M	16	
D	17	
F	18	
S	19	
30	S 20	○ 04.19
M	21	
D	22	
M	23	
D	24	
F	25	☾ 19.32
S	26	
31	S 27	
M	28	
D	29	
M	30	
D	31	

August

F	1	
S	2	
32	S 3	● 09.15
M	4	
D	5	
M	6	
D	7	
F	8	
S	9	
33	S 10	
M	11	☽ 13.36
D	12	
M	13	
D	14	
F	15	
S	16	
34	S 17	
M	18	○ 11.53
D	19	
M	20	
D	21	
F	22	
S	23	
35	S 24	
M	25	☾ 03.24
D	26	
M	27	
D	28	
F	29	
S	30	
S	31	

September

36	M 1	
D	2	● 00.51
M	3	
D	4	
F	5	
S	6	
37	S 7	
M	8	
D	9	
M	10	☽ 02.30
D	11	
F	12	
S	13	
38	S 14	
M	15	
D	16	○ 19.49
M	17	
D	18	
F	19	
S	20	
39	S 21	
M	22	
D	23	☾ 14.41
M	24	
D	25	
F	26	
S	27	
40	S 28	
M	29	
D	30	

Oktober

M	1	● 17.50
D	2	
F	3	
S	4	
41	S 5	
M	6	
D	7	
M	8	
D	9	☽ 13.16
F	10	
S	11	
42	S 12	
M	13	
D	14	
M	15	
D	16	○ 04.48
F	17	
S	18	
43	S 19	
M	20	
D	21	
M	22	
D	23	☾ 05.52
F	24	
S	25	
44	S 26	
M	27	
D	28	
M	29	
D	30	
F	31	● 10.59

November

S	1	
45	S 2	
M	3	
D	4	
M	5	
D	6	
F	7	☽ 22.42
S	8	
46	S 9	
M	10	
D	11	
M	12	
D	13	
F	14	○ 15.14
S	15	
47	S 16	
M	17	
D	18	
M	19	
D	20	
F	21	
S	22	☾ 00.57
48	S 23	
M	24	
D	25	
M	26	
D	27	
F	28	
S	29	
S	30	● 03.13

Dezember

49	M 1	
D	2	
M	3	
D	4	
F	5	
S	6	
50	S 7	☽ 07.09
M	8	
D	9	
M	10	
D	11	
F	12	
S	13	
51	S 14	○ 03.39
M	15	
D	16	
M	17	
D	18	
F	19	
S	20	
52	S 21	
M	22	☾ 22.44
D	23	
M	24	
D	25	1. Weihnachtsfeiertag
F	26	
S	27	
53	S 28	
M	29	● 17.53
D	30	
M	31	

Legende

Widder · Stier · Zwillinge · Krebs · Löwe · Jungfrau · Waage · Skorpion · Schütze · Steinbock · Wassermann · Fische

● Neumond ☽ zun. Mond ○ Vollmond ☾ abn. Mond

Sommerzeiten sind nicht berücksichtigt

Beton und Estrich gießen

1998

Legende: sehr gut | gut | neutral | schlecht | sehr schlecht

Januar

D	1	
F	2	
S	3	
S	4	
M	5	☽ 15.18
D	6	
M	7	
D	8	
F	9	
S	10	
S	11	○ 18.26
M	12	
D	13	
M	14	
D	15	
F	16	
S	17	
S	18	
M	19	
D	20	☾ 20.39
M	21	
D	22	
F	23	
S	24	
S	25	
M	26	
D	27	
M	28	● 06.58
D	29	
F	30	

Wochen: 1, 2, 3, 4, 5

Februar

S	1	
M	2	
D	3	☽ 23.55
M	4	
D	5	
F	6	
S	7	
S	8	
M	9	
D	10	
M	11	○ 11.25
D	12	
F	13	
S	14	
S	15	
M	16	
D	17	
M	18	
D	19	☾ 16.22
F	20	
S	21	
S	22	
M	23	
D	24	
M	25	
D	26	● 18.23
F	27	
S	28	

Wochen: 6, 7, 8, 9

März

S	1	
M	2	
D	3	
M	4	
D	5	☽ 09.46
F	6	
S	7	
S	8	
M	9	
D	10	
M	11	
D	12	
F	13	○ 05.34
S	14	
S	15	
M	16	
D	17	
M	18	
D	19	
F	20	
S	21	☾ 08.33
S	22	
M	23	
D	24	
M	25	
D	26	
F	27	
S	28	● 04.13
S	29	
M	30	

Wochen: 10, 11, 12, 13, 14

April

M	1	
D	2	
F	3	☽ 21.21
S	4	
S	5	
M	6	
D	7	
M	8	
D	9	
F	10	Karfreitag
S	11	○ 23.22
S	12	
M	13	Ostermontag
D	14	
M	15	
D	16	
F	17	
S	18	
S	19	☾ 20.50
M	20	
D	21	
M	22	
D	23	
F	24	
S	25	
S	26	● 12.43
M	27	
D	28	
M	29	
D	30	

Wochen: 15, 16, 17, 18

Mai

F	1	
S	2	
S	3	☽ 11.09
M	4	
D	5	
M	6	
D	7	
F	8	
S	9	
S	10	○ 15.27
M	11	
D	12	
M	13	
D	14	
F	15	
S	16	
S	17	
M	18	
D	19	☾ 05.32
M	20	
D	21	
F	22	
S	23	
S	24	
M	25	● 20.34
D	26	
M	27	
D	28	
F	29	
S	30	
S	31	

Wochen: 19, 20, 21, 22

Juni

M	1	Pfingstmontag
D	2	☽ 02.46
M	3	
D	4	
F	5	
S	6	
S	7	
M	8	
D	9	
M	10	○ 05.17
D	11	
F	12	
S	13	
S	14	
M	15	
D	16	
M	17	☾ 11.34
D	18	
F	19	
S	20	
S	21	
M	22	
D	23	
M	24	● 04.53
D	25	
F	26	
S	27	
S	28	
M	29	
D	30	

Wochen: 23, 24, 25, 26, 27

1998

Juli

M	1	☽ 19.43
D	2	
F	3	
S	4	
S	5	
M	6	
D	7	
M	8	
D	9	● 16.58
F	10	
S	11	
S	12	
M	13	
D	14	☾ 16.12
M	15	
D	16	
F	17	
S	18	
S	19	
M	20	
D	21	
M	22	
D	23	● 14.47
F	24	
S	25	
S	26	
M	27	
D	28	
M	29	
D	30	
F	31	☽ 13.04

Week numbers: 28, 29, 30, 31

August

S	1	
S	2	
M	3	
D	4	
M	5	
D	6	
F	7	
S	8	● 03.07
S	9	
M	10	
D	11	
M	12	
D	13	☾ 20.49
F	14	
S	15	
S	16	
M	17	
D	18	
M	19	
D	20	
F	21	
S	22	● 03.03
S	23	
M	24	
D	25	
M	26	
D	27	
F	28	
S	29	
S	30	☽ 06.03
M	31	

Week numbers: 32, 33, 34, 35, 36

September

D	1	
M	2	
D	3	
F	4	
S	5	
S	6	● 12.17
M	7	
D	8	
M	9	
D	10	
F	11	
S	12	
S	13	☾ 03.00
M	14	
D	15	
M	16	
D	17	
F	18	
S	19	
S	20	● 18.04
M	21	
D	22	
M	23	
D	24	
F	25	
S	26	
S	27	
M	28	☽ 22.07
D	29	
M	30	

Week numbers: 37, 38, 39, 40

Oktober

D	1	
F	2	
S	3	
S	4	● 21.10
M	5	
D	6	
M	7	
D	8	
F	9	
S	10	
S	11	
M	12	☾ 12.17
D	13	
M	14	
D	15	
F	16	
S	17	
S	18	
M	19	
D	20	● 11.09
M	21	
D	22	
F	23	
S	24	
S	25	
M	26	
D	27	
M	28	☽ 12.41
D	29	
F	30	
S	31	

Week numbers: 41, 42, 43, 44

November

S	1	
M	2	
D	3	
M	4	● 06.19
D	5	
F	6	
S	7	
S	8	
M	9	
D	10	
M	11	☾ 01.29
D	12	
F	13	
S	14	
S	15	
M	16	
D	17	
M	18	
D	19	● 05.24
F	20	
S	21	
S	22	
M	23	
D	24	
M	25	
D	26	
F	27	☽ 01.22
S	28	
S	29	
M	30	

Week numbers: 45, 46, 47, 48, 49

Dezember

D	1	
M	2	
D	3	● 16.21
F	4	
S	5	
S	6	
M	7	
D	8	
M	9	
D	10	☾ 18.56
F	11	
S	12	
S	13	
M	14	
D	15	
M	16	
D	17	
F	18	● 23.43
S	19	
S	20	
M	21	
D	22	
M	23	
D	24	
F	25	1. Weihnachtsfeiertag
S	26	☽ 11.42
S	27	
M	28	
D	29	
M	30	
D	31	

Week numbers: 50, 51, 52, 53

Legende

♈ Widder ♉ Stier ♊ Zwillinge ♋ Krebs ♌ Löwe ♍ Jungfrau ♎ Waage ♏ Skorpion ♐ Schütze ♑ Steinbock ♒ Wassermann ♓ Fische

● Vollmond ☾ abn. Mond ● Neumond ☽ zun. Mond

Sommerzeiten sind nicht berücksichtigt

Beton und Estrich gießen

1999

Legend: sehr gut | gut | neutral | schlecht | sehr schlecht

Januar
- F 1
- S 2 ○ 03.50
- S 3
- M 4 — 1
- D 5
- M 6
- D 7
- F 8 ☾ 12.57
- S 9 ☾ 15.24
- S 10 — 2
- M 11
- D 12
- M 13
- D 14
- F 15
- S 16
- S 17 ● 16.44 — 3
- M 18
- D 19
- M 20
- D 21
- F 22
- S 23
- S 24 ☽ 20.14 — 4
- M 25
- D 26
- M 27
- D 28
- F 29
- S 30

Februar
- M 1 — 5
- D 2
- M 3
- D 4
- F 5
- S 6
- S 7 — 6
- M 8 ☾ 12.57
- D 9
- M 10
- D 11
- F 12
- S 13
- S 14 — 7
- M 15
- D 16 ● 07.35
- M 17
- D 18
- F 19
- S 20
- S 21 — 8
- M 22
- D 23 ☽ 03.44
- M 24
- D 25
- F 26
- S 27
- S 28

März
- M 1 — 9
- D 2 ○ 08.00
- M 3
- D 4
- F 5
- S 6
- S 7 — 10
- M 8
- D 9
- M 10 ☾ 09.38
- D 11
- F 12
- S 13
- S 14 — 11
- M 15
- D 16
- M 17 ● 19.44
- D 18
- F 19
- S 20
- S 21 — 12
- M 22
- D 23
- M 24 ☽ 11.21
- D 25
- F 26
- S 27
- S 28 — 13
- M 29
- D 30
- M 31 ○ 23.50

April
- D 1 — 14
- F 2 Karfreitag
- S 3
- S 4
- M 5 Ostermontag
- D 6
- M 7
- D 8
- F 9 ☾ 03.47
- S 10
- S 11 — 15
- M 12
- D 13
- M 14
- D 15
- F 16 ● 05.21
- S 17
- S 18 — 16
- M 19
- D 20
- M 21
- D 22 ☽ 20.05
- F 23
- S 24
- S 25 — 17
- M 26
- D 27
- M 28
- D 29
- F 30 ○ 15.55

Mai
- S 1 — 18
- S 2
- M 3
- D 4
- M 5
- D 6
- F 7
- S 8 ☾ 18.25
- S 9 — 19
- M 10
- D 11
- M 12
- D 13
- F 14
- S 15 ● 13.05
- S 16 — 20
- M 17
- D 18
- M 19
- D 20
- F 21
- S 22 ☽ 06.37
- S 23 — 21
- M 24 Pfingstmontag
- D 25
- M 26
- D 27
- F 28
- S 29
- S 30 — 22
- M 31 ○ 07.40

Juni
- D 1
- M 2
- D 3
- F 4
- S 5
- S 6 — 23
- M 7 ☾ 05.16
- D 8
- M 9
- D 10
- F 11
- S 12
- S 13 ● 20.04 — 24
- M 14
- D 15
- M 16
- D 17
- F 18
- S 19
- S 20 ☽ 19.16 — 25
- M 21
- D 22
- M 23
- D 24
- F 25
- S 26
- S 27 — 26
- M 28 ○ 22.35
- D 29
- M 30

1999

Juli
Wochen: 27, 28, 29, 30

D	1	
F	2	
S	3	
S	4	
M	5	
D	6	☾ 12.52
M	7	
D	8	
F	9	
S	10	
S	11	
M	12	
D	13	● 03.25
M	14	
D	15	
F	16	
S	17	
S	18	
M	19	
D	20	☽ 10.02
M	21	
D	22	
F	23	
S	24	
S	25	
M	26	
D	27	
M	28	○ 12.20
D	29	
F	30	
S	31	

August
Wochen: 31, 32, 33, 34, 35

S	1	
M	2	
D	3	
M	4	☾ 18.23
D	5	
F	6	
S	7	
S	8	
M	9	
D	10	
M	11	● 12.10
D	12	
F	13	
S	14	
S	15	
M	16	
D	17	
M	18	
D	19	☽ 02.47
F	20	
S	21	
S	22	
M	23	
D	24	
M	25	
D	26	
F	27	○ 00.46
S	28	
S	29	
M	30	
D	31	

September
Wochen: 36, 37, 38, 39

M	1	
D	2	☾ 23.18
F	3	
S	4	
S	5	
M	6	
D	7	
M	8	
D	9	● 23.03
F	10	
S	11	
S	12	
M	13	
D	14	
M	15	
D	16	
F	17	☽ 21.06
S	18	
S	19	
M	20	
D	21	
M	22	
D	23	
F	24	
S	25	○ 11.46
S	26	
M	27	
D	28	
M	29	
D	30	

Oktober
Wochen: 40, 41, 42, 43

F	1	
S	2	☾ 05.02
S	3	
M	4	
D	5	
M	6	
D	7	
F	8	
S	9	● 12.38
S	10	
M	11	
D	12	
M	13	
D	14	
F	15	
S	16	
S	17	☽ 15.56
M	18	
D	19	
M	20	
D	21	
F	22	
S	23	
S	24	○ 22.01
M	25	
D	26	
M	27	
D	28	
F	29	
S	30	
S	31	☾ 13.08

November
Wochen: 44, 45, 46, 47, 48

M	1	
D	2	
M	3	
D	4	
F	5	
S	6	
S	7	
M	8	● 04.54
D	9	
M	10	
D	11	
F	12	
S	13	
S	14	
M	15	
D	16	☽ 09.57
M	17	
D	18	
F	19	
S	20	
S	21	
M	22	
D	23	○ 08.05
M	24	
D	25	
F	26	
S	27	
S	28	
M	29	
D	30	☾ 00.18

Dezember
Wochen: 49, 50, 51, 52

M	1	
D	2	
F	3	
S	4	
S	5	
M	6	
D	7	● 23.31
M	8	
D	9	
F	10	
S	11	
S	12	
M	13	
D	14	
M	15	
D	16	☽ 01.49
F	17	
S	18	
S	19	
M	20	
D	21	
M	22	○ 18.31
D	23	
F	24	
S	25	1. Weihnachtsfeiertag
S	26	
M	27	
D	28	
M	29	☾ 15.09
D	30	
F	31	

Legende

Widder, Stier
Zwillinge, Krebs
Löwe, Jungfrau
Waage, Skorpion
Schütze, Steinbock
Wassermann, Fische

● Vollmond ☾ abn. Mond ● Neumond ☽ zun. Mond

Sommerzeiten sind nicht berücksichtigt

Beton und Estrich gießen

2000

Legende: sehr gut | gut | neutral | schlecht | sehr schlecht

Januar

Tag	Datum	Notiz
S	1	
S	2	
M	3	
D	4	
M	5	
D	6	19.12
F	7	
S	8	
S	9	
M	10	
D	11	
M	12	
D	13	
F	14	14.28
S	15	
S	16	
M	17	
D	18	
M	19	
D	20	
F	21	05.41
S	22	
S	23	
M	24	
D	25	
M	26	
D	27	
F	28	08.59
S	29	
S	30	

Wochen: 1, 2, 3, 4, 5

Februar

Tag	Datum	Notiz
D	1	
M	2	
D	3	
F	4	
S	5	14.00
S	6	
M	7	
D	8	
M	9	
D	10	
F	11	
S	12	
S	13	00.21
M	14	
D	15	
M	16	
D	17	
F	18	
S	19	17.28
S	20	
M	21	
D	22	
M	23	
D	24	
F	25	
S	26	
S	27	04.55
M	28	
D	29	

Wochen: 6, 7, 8, 9

März

Tag	Datum	Notiz
M	1	
D	2	
F	3	
S	4	
S	5	06.13
M	6	
D	7	
M	8	
D	9	
F	10	
S	11	
S	12	
M	13	07.58
D	14	
M	15	
D	16	
F	17	
S	18	05.46
S	19	
M	20	
D	21	
M	22	
D	23	
F	24	
S	25	
S	26	
M	27	
D	28	01.22
M	29	
D	30	
F	31	

Wochen: 10, 11, 12, 13

April

Tag	Datum	Notiz
S	1	
S	2	
M	3	
D	4	19.08
M	5	
D	6	
F	7	
S	8	
S	9	
M	10	
D	11	14.32
M	12	
D	13	
F	14	
S	15	
S	16	
M	17	
D	18	18.44
M	19	
D	20	
F	21	Karfreitag
S	22	
S	23	
M	24	Ostermontag
D	25	
M	26	20.28
D	27	
F	28	
S	29	
S	30	

Wochen: 14, 15, 16, 17

Mai

Tag	Datum	Notiz
M	1	
D	2	
M	3	
D	4	05.11
F	5	
S	6	
S	7	
M	8	
D	9	
M	10	21.02
D	11	
F	12	
S	13	
S	14	
M	15	
D	16	
M	17	
D	18	08.37
F	19	
S	20	
S	21	
M	22	
D	23	
M	24	
D	25	
F	26	12.49
S	27	
S	28	
M	29	
D	30	
M	31	

Wochen: 18, 19, 20, 21, 22

Juni

Tag	Datum	Notiz
D	1	
F	2	13.13
S	3	
S	4	
M	5	Pfingstmontag
D	6	
M	7	
D	8	
F	9	04.30
S	10	
S	11	
M	12	
D	13	
M	14	
D	15	
F	16	23.27
S	17	
S	18	
M	19	
D	20	
M	21	
D	22	
F	23	
S	24	
S	25	01.59
M	26	
D	27	
M	28	
D	29	
F	30	

Wochen: 23, 24, 25, 26

2000

Juli
Tag	Datum	Notiz	Woche
S	1	● 20.18	
S	2		
M	3		27
D	4		
M	5		
D	6		
F	7		
S	8	☽ 13.59	
S	9		
M	10		28
D	11		
M	12		
D	13		
F	14		
S	15		
S	16	○ 14.53	
M	17		29
D	18		
M	19		
D	20		
F	21		
S	22		
S	23		
M	24	☾ 11.57	
D	25		30
M	26		
D	27		
F	28		
S	29		
S	30		
M	31	● 03.25	31

August
Tag	Datum	Notiz	Woche
D	1		
M	2		
D	3		
F	4		
S	5		
S	6		
M	7	☽ 02.02	32
D	8		
M	9		
D	10		
F	11		
S	12		
S	13		33
M	14		
D	15	○ 06.09	
M	16		
D	17		
F	18		
S	19		
S	20		34
M	21		
D	22	☾ 19.47	
M	23		
D	24		
F	25		
S	26		
S	27		35
M	28		
D	29	● 11.22	
M	30		
D	31		

September
Tag	Datum	Notiz	Woche
F	1		
S	2		
S	3		36
M	4		
D	5	☽ 17.30	
M	6		
D	7		
F	8		
S	9		
S	10		37
M	11		
D	12		
M	13	○ 20.34	
D	14		
F	15		
S	16		
S	17		38
M	18		
D	19		
M	20	☾ 02.29	
D	21		
F	22		
S	23		
S	24		39
M	25		
D	26		
M	27	● 20.53	
D	28		
F	29		
S	30		

Oktober
Tag	Datum	Notiz	Woche
S	1		40
M	2		
D	3		
M	4		
D	5	☽ 11.59	
F	6		
S	7		
S	8		41
M	9		
D	10		
M	11		
D	12		
F	13	○ 09.48	
S	14		
S	15		42
M	16		
D	17		
M	18		
D	19		
F	20	☾ 08.58	
S	21		
S	22		43
M	23		
D	24		
M	25		
D	26		
F	27	● 09.01	
S	28		
S	29		44
M	30		
D	31		

November
Tag	Datum	Notiz	Woche
M	1		
D	2		
F	3		
S	4	☽ 08.24	
S	5		45
M	6		
D	7		
M	8		
D	9		
F	10		
S	11	○ 22.14	
S	12		46
M	13		
D	14		
M	15		
D	16		
F	17		
S	18	☾ 16.26	
S	19		47
M	20		
D	21		
M	22		
D	23		
F	24		
S	25		
S	26	● 00.11	48
M	27		
D	28		
M	29		
D	30		

Dezember
Tag	Datum	Notiz	Woche
F	1		
S	2		
S	3		49
M	4	☽ 04.51	
D	5		
M	6		
D	7		
F	8		
S	9		
S	10		50
M	11	○ 10.00	
D	12		
M	13		
D	14		
F	15		
S	16		
S	17		51
M	18	☾ 01.42	
D	19		
M	20		
D	21		
F	22		
S	23		
S	24		52
M	25	● 1. Weihnachts-	
D	26	18.22 Feiertag	
M	27		
D	28		
F	29		
S	30		
S	31		

Legende:

- ♈ Widder ♉ Stier
- ♊ Zwillinge ♋ Krebs
- ♌ Löwe ♍ Jungfrau
- ♎ Waage ♏ Skorpion
- ♐ Schütze ♑ Steinbock
- ♒ Wassermann ♓ Fische

- ○ Vollmond ☾ abn. Mond
- ● Neumond ☽ zun. Mond

Sommerzeiten sind nicht berücksichtigt

In Harmonie mit dem Wasser:

Drainagieren

Mit der richtigen Einstellung geplant kann sich ein Haus in die Umgebung so harmonisch und schön einfügen wie ein Vogelnest in eine Rosenhecke. Und in gewisser Weise ist das Drainagieren eines Gebäudes gleichbedeutend mit dem Versuch, den »Fremdkörper Haus« mit den vorhandenen natürlichen Gegebenheiten in Harmonie zu bringen.

Drainagieren – damit ist hier der Versuch gemeint, mit Hilfe bestimmter Techniken ein Gebäude von Bodenfeuchte und Grundwasser freizuhalten. In der Regel geschieht dies durch das Verlegen von feingelochten Kunststoffröhren mit ca. 12 cm Durchmesser, ca. 50 cm unterhalb der Fundamentplatte und um das ganze Haus herumgeführt. Sie weisen ein Gefälle auf und sind so eingebracht, daß das Wasser an der tiefsten Stelle abgeleitet wird, im Idealfall zum Versickern am Grundstück oder auch in den Regenwasserkanal. Eingehüllt werden diese Röhren meist in groben Kies, damit sich das Wasser ungehindert einen Weg zu ihnen bahnen kann. Feine Erde würde die Röhren verstopfen und unbrauchbar machen.

Das Drainagieren selbst dauert in der Regel nur wenige Stunden, die Qualität dieser Arbeit kann sich jedoch jahrzehntelang auswirken. Sie gehört zu den wichtigsten Arbeitsschritten beim Hausbau, und sie sollte sehr sorgfältig ausgeführt und kontrolliert werden. Überlassen Sie deshalb hier nichts dem Zufall.

Eine gute Drainage kann auch schwierigste Hauslagen zum Kinderspiel machen; Keller und Wände bleiben für die Lebensdauer des Hauses trocken. Eine schlechte Drainage, nach unserer Erfahrung im Hausbau leider eher die Regel als die Ausnahme, kann unter Umständen dazu führen, daß das Haus im Laufe von Jahrzehnten mehrfach den Besitzer wechselt. Wir haben erlebt, wie nach der Drainage eine Maschine den Kies über dem Drainagerohr feststampfte – und damit das Rohr plattwalzte.

Fast möchten wir Ihnen raten: Bleiben Sie anwesend, während die Drainage eingebaut wird. Wir sind sonst nicht dafür, allzuoft auf der Baustelle zu erscheinen, aber zu wichtig sind die Folgen der guten oder schlechten Ausführung dieser Arbeit. Die Drainage ist in Minutenschnelle zugeschüttet und kann nachträglich nur noch unter hohem Aufwand kontrolliert oder saniert werden.

Wenn Sie die Möglichkeit haben, Vögel beim Bau ihres Nestes zu beobachten, können Sie entdecken, daß sie sich dabei peinlich genau nach dem Mondstand richten, damit das Nest nach einem Regen rasch abtrocknet. Von der Ausführung zum richtigen Mondstand kann auch der Erfolg des Drainagierens in besonderem Maße profitieren.

Die Grundregeln des Drainagierens

Sehr gut: Bei zunehmendem Mond
in den Tierkreiszeichen Krebs, Skorpion und Fische.

Schlecht: Bei zunehmendem Mond, wenn der Mond gerade nicht in einem Wasserzeichen (Krebs, Skorpion, Fische) steht.

Sehr schlecht: Generell bei abnehmendem Mond.

Die Folgen der Ausführung zum richtigen Zeitpunkt
Das Wasser findet seinen Weg in die Röhren und nimmt die vom Haus wegführende »Umleitung« an. Ein Freundschaftsangebot an das Wasser.

Die Folgen der Ausführung zum falschen Zeitpunkt
Drainagieren bei abnehmendem Mond ist vergleichbar mit einem stauenden, blockierenden Impuls. Das Wasser sucht sich dann oft einen zufallsbestimmten neuen Weg, ähnlich wie beim verunglückten Tennisschlag: Der Ball landet entweder bei den Zuschauern oder auf der eigenen Nase. Das Wasser wandert vom Haus weg oder der Druck erhöht sich. Röhren können verstopfen oder versanden.

Und nicht vergessen: Eine sinnvolle Zusatzeinrichtung sind Drainageröhren, die durch die Schotterrollierung nach oben geführt werden und mit den höheren Punkten der eigentlichen Drainage in Verbindung ste-

70

hen. Durch sie läßt sich die Drainage von Zeit zu Zeit ausspülen. Das Ausspülen sollte natürlich auch zum richtigen Zeitpunkt erfolgen, nämlich bei abnehmendem Mond in einem Wasserzeichen (Krebs, Skorpion, Fiasche). Bei zunehmendem Mond erhöht sich die Gefahr, daß das Rohr versandet.

Drainagieren

1996

Legende: sehr gut | gut | neutral | schlecht | sehr schlecht

Januar

M	1	♐	
D	2	♐	
M	3	♑	
D	4	♑	
F	5	♒	○ 21.50
S	6	♒	
S	7	♒	
M	8	♓	
D	9	♓	
M	10	♈	
D	11	♈	☾ 21.42
F	12	♉	
S	13	♉	
S	14	♉	
M	15	♊	
D	16	♊	
M	17	♋	
D	18	♋	
F	19	♋	
S	20	♌	● 13.51
S	21	♌	
M	22	♍	
D	23	♍	
M	24	♍	
D	25	♎	
F	26	♎	☽ 12.18
S	27	♏	
S	28	♏	
M	29	♏	
D	30	♐	

Februar

D	1	♐	
F	2	♑	
S	3	♑	
S	4	♒	○ 16.57
M	5	♒	
D	6	♓	
M	7	♓	
D	8	♈	
F	9	♈	
S	10	♈	
S	11	♉	
M	12	♉	☾ 09.33
D	13	♊	
M	14	♊	
D	15	♋	
F	16	♋	
S	17	♋	
S	18	♌	
M	19	♌	● 00.28
D	20	♍	
M	21	♍	
D	22	♎	
F	23	♎	
S	24	♎	
S	25	♏	☽ 06.54
M	26	♏	
D	27	♐	
M	28	♐	
D	29	♑	

März

F	1	♒	
S	2	♒	
S	3	♓	
M	4	♓	
D	5	♈	○ 10.18
M	6	♈	
D	7	♉	
F	8	♉	
S	9	♉	
S	10	♊	
M	11	♊	
D	12	♋	☾ 18.13
M	13	♋	
D	14	♋	
F	15	♌	
S	16	♌	
S	17	♌	
M	18	♍	
D	19	♍	● 11.48
M	20	♎	
D	21	♎	
F	22	♏	
S	23	♏	
S	24	♏	
M	25	♐	
D	26	♐	
M	27	♑	☽ 02.32
D	28	♑	
F	29	♒	
S	30	♒	
S	31	♓	

April

M	1	♓	
D	2	♓	
M	3	♈	
D	4	♈	○ 01.05
F	5	♉	Karfreitag
S	6	♉	
S	7	♉	
M	8	♊	Ostermontag
D	9	♊	
M	10	♋	
D	11	♋	☾ 00.34
F	12	♋	
S	13	♌	
S	14	♌	
M	15	♍	
D	16	♍	
M	17	♍	● 23.50
D	18	♎	
F	19	♎	
S	20	♏	
S	21	♏	
M	22	♐	
D	23	♐	
M	24	♑	
D	25	♑	☽ 21.39
F	26	♒	
S	27	♒	
S	28	♓	
M	29	♓	
D	30	♓	

Mai

M	1	♈	
D	2	♈	
F	3	♉	○ 12.45
S	4	♉	
S	5	♊	
M	6	♊	
D	7	♊	
M	8	♋	
D	9	♋	
F	10	♋	☾ 06.04
S	11	♌	
S	12	♌	
M	13	♍	
D	14	♍	
M	15	♍	
D	16	♎	
F	17	♎	● 12.48
S	18	♏	
S	19	♏	
M	20	♏	
D	21	♐	
M	22	♐	
D	23	♑	
F	24	♑	
S	25	♒	☽ 15.09
S	26	♒	
M	27	♓	Pfingstmontag
D	28	♓	
M	29	♈	
D	30	♈	
F	31	♉	

Juni

S	1	♉	○ 21.46
S	2	♊	
M	3	♊	
D	4	♊	
M	5	♋	
D	6	♋	
F	7	♋	
S	8	♌	☾ 12.09
S	9	♌	
M	10	♍	
D	11	♍	
M	12	♍	
D	13	♎	
F	14	♎	
S	15	♏	
S	16	♏	● 02.37
M	17	♐	
D	18	♐	
M	19	♐	
D	20	♑	
F	21	♑	
S	22	♒	
S	23	♒	
M	24	♓	☽ 06.19
D	25	♓	
M	26	♓	
D	27	♈	
F	28	♈	
S	29	♉	
S	30	♉	

1996

Juli — 27

M	1	○ 04.56
D	2	
M	3	
D	4	
F	5	
S	6	
S	7	C 19.59
M	8	**28**
D	9	
M	10	
D	11	
F	12	
S	13	
S	14	● 17.16 **29**
M	15	
D	16	
M	17	
D	18	
F	19	
S	20	
S	21	**30**
M	22	
D	23	☽ 18.45
M	24	
D	25	
F	26	
S	27	
S	28	○ **31**
M	29	
D	30	○ 11.35
M	31	

August

D	1	
F	2	
S	3	
S	4	**32**
M	5	
D	6	C 06.28
M	7	
D	8	
F	9	
S	10	
S	11	**33**
M	12	
D	13	
M	14	● 08.32
D	15	
F	16	
S	17	
S	18	☽ 04.33 **34**
M	19	
D	20	
M	21	
D	22	
F	23	
S	24	
S	25	**35**
M	26	
D	27	
M	28	○ 18.52
D	29	
F	30	
S	31	

September

S	1	**36**
M	2	
D	3	
M	4	C 20.07
D	5	
F	6	
S	7	
S	8	**37**
M	9	
D	10	
M	11	
D	12	
F	13	● 00.09
S	14	
S	15	**38**
M	16	
D	17	
M	18	
D	19	
F	20	☽ 12.18
S	21	
S	22	**39**
M	23	
D	24	
M	25	
D	26	
F	27	○ 03.52
S	28	
S	29	**40**
M	30	

Oktober

D	1	
M	2	
D	3	
F	4	C 13.07
S	5	
S	6	**41**
M	7	
D	8	
M	9	
D	10	
F	11	
S	12	● 15.10
S	13	**42**
M	14	
D	15	
M	16	
D	17	
F	18	
S	19	☽ 19.08
S	20	**43**
M	21	
D	22	
M	23	
D	24	
F	25	
S	26	○ 15.15
S	27	**44**
M	28	
D	29	
M	30	
D	31	

November

F	1	
S	2	
S	3	C 08.51 **45**
M	4	
D	5	
M	6	
D	7	
F	8	
S	9	
S	10	● 05.15 **46**
M	11	
D	12	
M	13	
D	14	
F	15	
S	16	
S	17	☽ 02.09 **47**
M	18	
D	19	
M	20	
D	21	
F	22	
S	23	
S	24	○ 05.11 **48**
M	25	
D	26	
M	27	
D	28	
F	29	
S	30	

Dezember

S	1	**49**
M	2	
D	3	C 06.03
M	4	
D	5	
F	6	
S	7	
S	8	**50**
M	9	
D	10	● 17.52
M	11	
D	12	
F	13	
S	14	
S	15	**51**
M	16	
D	17	☽ 10.34
M	18	
D	19	
F	20	
S	21	
S	22	**52**
M	23	
D	24	○ 21.40
M	25	1. Weihnachtsfeiertag
D	26	
F	27	
S	28	
S	29	**53**
M	30	
D	31	

Widder Stier
Zwillinge Krebs
Löwe Jungfrau
Waage Skorpion
Schütze Steinbock
Wassermann Fische

○ Vollmond   C abn. Mond
● Neumond   ☽ zun. Mond

Sommerzeiten sind nicht berücksichtigt

Drainagieren

1997

Legende: sehr gut | gut | neutral | schlecht | sehr schlecht

Januar

M	1	
D	2	☾ 02.43
F	3	
S	4	
S	5	
M	6	
D	7	
M	8	
D	9	● 05.25
F	10	
S	11	
S	12	
M	13	
D	14	☽ 21.05
M	15	
D	16	
F	17	
S	18	
S	19	
M	20	
D	21	
M	22	
D	23	○ 16.11
F	24	
S	25	
S	26	
M	27	
D	28	
M	29	
D	30	

Februar

S	1	
S	2	
M	3	
D	4	
M	5	
D	6	
F	7	● 16.05
S	8	
S	9	
M	10	
D	11	
M	12	
D	13	☽ 10.02
F	14	
S	15	
S	16	
M	17	
D	18	
M	19	
D	20	
F	21	
S	22	○ 11.26
S	23	
M	24	
D	25	
M	26	
D	27	
F	28	

März

S	1	
S	2	☾ 10.32
M	3	
D	4	
M	5	
D	6	
F	7	
S	8	
S	9	● 02.15
M	10	
D	11	
M	12	
D	13	
F	14	
S	15	
S	16	☽ 01.06
M	17	
D	18	
M	19	
D	20	
F	21	
S	22	
S	23	
M	24	○ 05.45
D	25	
M	26	
D	27	
F	28	Karfreitag
S	29	
S	30	
M	31	☾ 20.35 Ostermontag

April

D	1	
M	2	
D	3	
F	4	
S	5	
S	6	● 12.03
M	7	
D	8	
M	9	
D	10	
F	11	
S	12	
S	13	
M	14	☽ 18.02
D	15	
M	16	
D	17	
F	18	
S	19	
S	20	
M	21	
D	22	○ 21.31
M	23	
D	24	
F	25	
S	26	
S	27	
M	28	
D	29	
M	30	☾ 03.36

Mai

D	1	
F	2	
S	3	
S	4	
M	5	
D	6	● 21.50
M	7	
D	8	
F	9	
S	10	
S	11	
M	12	
D	13	
M	14	☽ 11.57
D	15	
F	16	
S	17	
S	18	
M	19	Pfingstmontag
D	20	
M	21	
D	22	○ 10.10
F	23	
S	24	
S	25	
M	26	
D	27	
M	28	
D	29	☾ 08.50
F	30	
S	31	

Juni

S	1	
M	2	
D	3	
M	4	
D	5	● 08.06
F	6	
S	7	
S	8	
M	9	
D	10	
M	11	
D	12	
F	13	☽ 05.50
S	14	
S	15	
M	16	
D	17	
M	18	
D	19	
F	20	○ 20.07
S	21	
S	22	
M	23	
D	24	
M	25	
D	26	
F	27	☾ 13.44
S	28	
S	29	
M	30	

1997

Juli

D	1	
M	2	
D	3	
F	4	● 19.41
S	5	
S	6	
M	7	
D	8	
M	9	
D	10	
F	11	☽ 22.42
S	12	
S	13	
M	14	○ 04.19
D	15	
M	16	
D	17	
F	18	
S	19	
S	20	
M	21	
D	22	
M	23	
D	24	
F	25	☾ 19.32
S	26	
S	27	
M	28	
D	29	
M	30	
D	31	

Wochen: 28, 29, 30, 31

August

F	1	
S	2	
S	3	● 09.15
M	4	
D	5	
M	6	
D	7	
F	8	
S	9	
S	10	
M	11	☽ 13.36
D	12	
M	13	
D	14	
F	15	
S	16	
S	17	
M	18	○ 11.53
D	19	
M	20	
D	21	
F	22	
S	23	
S	24	
M	25	☾ 03.24
D	26	
M	27	
D	28	
F	29	
S	30	
S	31	

Wochen: 32, 33, 34, 35

September

M	1	
D	2	● 00.51
M	3	
D	4	
F	5	
S	6	
S	7	
M	8	
D	9	
M	10	☽ 02.30
D	11	
F	12	
S	13	
S	14	
M	15	
D	16	○ 19.49
M	17	
D	18	
F	19	
S	20	
S	21	
M	22	
D	23	☾ 14.41
M	24	
D	25	
F	26	
S	27	
S	28	
M	29	
D	30	

Wochen: 36, 37, 38, 39, 40

Oktober

M	1	● 17.50
D	2	
F	3	
S	4	
S	5	
M	6	
D	7	
M	8	
D	9	☽ 13.16
F	10	
S	11	
S	12	
M	13	
D	14	○ 04.48
M	15	
D	16	
F	17	
S	18	
S	19	
M	20	
D	21	
M	22	
D	23	☾ 05.52
F	24	
S	25	
S	26	
M	27	
D	28	
M	29	
D	30	
F	31	● 10.59

Wochen: 41, 42, 43, 44

November

S	1	
S	2	
M	3	
D	4	
M	5	
D	6	
F	7	☽ 22.42
S	8	
S	9	
M	10	
D	11	
M	12	
D	13	
F	14	○ 15.14
S	15	
S	16	
M	17	
D	18	
M	19	
D	20	
F	21	
S	22	☾ 00.57
S	23	
M	24	
D	25	
M	26	
D	27	
F	28	
S	29	
S	30	● 03.13

Wochen: 45, 46, 47, 48

Dezember

M	1	
D	2	
M	3	
D	4	
F	5	
S	6	
S	7	☽ 07.09
M	8	
D	9	
M	10	
D	11	
F	12	
S	13	
S	14	○ 03.39
M	15	
D	16	
M	17	
D	18	
F	19	
S	20	
S	21	☾ 22.44
M	22	
D	23	
M	24	
D	25	1. Weihnachtsfeiertag
F	26	
S	27	
S	28	● 17.53
M	29	
D	30	
M	31	

Wochen: 49, 50, 51, 52, 53

Legende

- ♈ Widder ♉ Stier
- ♊ Zwillinge ♋ Krebs
- ♌ Löwe ♍ Jungfrau
- ♎ Waage ♏ Skorpion
- ♐ Schütze ♑ Steinbock
- ♒ Wassermann ♓ Fische
- ● Neumond ☽ zun. Mond
- ○ Vollmond ☾ abn. Mond

Sommerzeiten sind nicht berücksichtigt

Drainagieren

1998

Legend: sehr gut | gut | neutral | schlecht | sehr schlecht

Januar

Tag	Mond
D 1	
F 2	
S 3	
S 4	
M 5	) 15.18
D 6	
M 7	
D 8	
F 9	
S 10	
S 11	○ 18.26
M 12	
D 13	
M 14	
D 15	
F 16	
S 17	
S 18	
M 19	
D 20	(20.39
M 21	
D 22	
F 23	
S 24	
S 25	
M 26	
D 27	
M 28	● 06.58
D 29	
F 30	

Wochen: 1, 2, 3, 4, 5

Februar

Tag	Mond
S 1	
M 2	
D 3	) 23.55
M 4	
D 5	
F 6	
S 7	
S 8	
M 9	
D 10	
M 11	○ 11.25
D 12	
F 13	
S 14	
S 15	
M 16	
D 17	
M 18	
D 19	(16.22
F 20	
S 21	
S 22	
M 23	
D 24	
M 25	
D 26	● 18.23
F 27	
S 28	

Wochen: 6, 7, 8, 9

März

Tag	Mond
S 1	
M 2	
D 3	
M 4	
D 5	) 09.46
F 6	
S 7	
S 8	
M 9	
D 10	
M 11	
D 12	
F 13	○ 05.34
S 14	
S 15	
M 16	
D 17	
M 18	
D 19	
F 20	
S 21	(08.33
S 22	
M 23	
D 24	
M 25	
D 26	
F 27	
S 28	● 04.13
S 29	
M 30	

Wochen: 10, 11, 12, 13, 14

April

Tag	Mond / Feiertag
M 1	
D 2	
F 3	) 21.21
S 4	
S 5	
M 6	
D 7	
M 8	
D 9	
F 10	Karfreitag
S 11	
S 12	○ 23.22
M 13	Ostermontag
D 14	
M 15	
D 16	
F 17	
S 18	
S 19	(20.50
M 20	
D 21	
M 22	
D 23	
F 24	
S 25	
S 26	● 12.43
M 27	
D 28	
M 29	
D 30	

Wochen: 15, 16, 17, 18

Mai

Tag	Mond
F 1	
S 2	
S 3	) 11.09
M 4	
D 5	
M 6	
D 7	
F 8	
S 9	
S 10	○ 15.27
M 11	
D 12	
M 13	
D 14	
F 15	
S 16	
S 17	
M 18	
D 19	(05.32
M 20	
D 21	
F 22	
S 23	
S 24	
M 25	● 20.34
D 26	
M 27	
D 28	
F 29	
S 30	

Wochen: 19, 20, 21, 22

Juni

Tag	Mond / Feiertag
M 1	Pfingstmontag
D 2	) 02.46
M 3	
D 4	
F 5	
S 6	
S 7	
M 8	
D 9	
M 10	○ 05.17
D 11	
F 12	
S 13	
S 14	
M 15	
D 16	
M 17	(11.34
D 18	
F 19	
S 20	
S 21	
M 22	
D 23	
M 24	● 04.53
D 25	
F 26	
S 27	
S 28	
M 29	
D 30	

Wochen: 23, 24, 25, 26, 27

1998

Juli

M	1	☽ 19.43 (zun. Mond)
D	2	
F	3	
S	4	
S	5	— KW 28
M	6	
D	7	
M	8	
D	9	● 16.58 (Vollmond)
F	10	
S	11	
S	12	— KW 29
M	13	
D	14	
M	15	
D	16	☾ 16.12 (abn. Mond)
F	17	
S	18	
S	19	— KW 30
M	20	
D	21	
M	22	
D	23	● 14.47 (Neumond)
F	24	
S	25	
S	26	— KW 31
M	27	
D	28	
M	29	
D	30	
F	31	☽ 13.04 (zun. Mond)

August

S	1	
S	2	
M	3	
D	4	
M	5	
D	6	
F	7	
S	8	● 03.07 (Vollmond)
S	9	— KW 32
M	10	
D	11	
M	12	
D	13	
F	14	☾ 20.49 (abn. Mond)
S	15	
S	16	— KW 33
M	17	
D	18	
M	19	
D	20	
F	21	
S	22	● 03.03 (Neumond)
S	23	— KW 34
M	24	
D	25	
M	26	
D	27	
F	28	
S	29	
S	30	☽ 06.03 (zun. Mond) — KW 35
M	31	

September

D	1	
M	2	
D	3	
F	4	
S	5	
S	6	● 12.17 (Vollmond) — KW 37
M	7	
D	8	
M	9	
D	10	
F	11	
S	12	
S	13	☾ 03.00 (abn. Mond) — KW 38
M	14	
D	15	
M	16	
D	17	
F	18	
S	19	
S	20	● 18.04 (Neumond) — KW 39
M	21	
D	22	
M	23	
D	24	
F	25	
S	26	
S	27	— KW 40
M	28	☽ 22.07 (zun. Mond)
D	29	
M	30	

Oktober

D	1	
F	2	
S	3	
S	4	— KW 41
M	5	● 21.10 (Vollmond)
D	6	
M	7	
D	8	
F	9	
S	10	
S	11	— KW 42
M	12	☾ 12.17 (abn. Mond)
D	13	
M	14	
D	15	
F	16	
S	17	
S	18	— KW 43
M	19	
D	20	● 11.09 (Neumond)
M	21	
D	22	
F	23	
S	24	
S	25	— KW 44
M	26	
D	27	
M	28	☽ 12.41 (zun. Mond)
D	29	
F	30	
S	31	

November

S	1	— KW 45
M	2	
D	3	
M	4	● 06.19 (Vollmond)
D	5	
F	6	
S	7	
S	8	— KW 46
M	9	
D	10	
M	11	☾ 01.29 (abn. Mond)
D	12	
F	13	
S	14	
S	15	— KW 47
M	16	
D	17	
M	18	
D	19	● 05.24 (Neumond)
F	20	
S	21	
S	22	— KW 48
M	23	
D	24	
M	25	
D	26	
F	27	☽ 01.22 (zun. Mond)
S	28	
S	29	— KW 49
M	30	

Dezember

D	1	
M	2	
D	3	● 16.21 (Vollmond)
F	4	
S	5	— KW 50
S	6	
M	7	
D	8	
M	9	
D	10	☾ 18.56 (abn. Mond)
F	11	
S	12	— KW 51
S	13	
M	14	
D	15	
M	16	
D	17	
F	18	● 23.43 (Neumond)
S	19	— KW 52
S	20	
M	21	
D	22	
M	23	
D	24	
F	25	1. Weihnachtsfeiertag
S	26	☽ 11.42 (zun. Mond) — KW 53
S	27	
M	28	
D	29	
M	30	
D	31	

Legende

- ♈ Widder
- ♉ Stier
- ♊ Zwillinge
- ♋ Krebs
- ♌ Löwe
- ♍ Jungfrau
- ♎ Waage
- ♏ Skorpion
- ♐ Schütze
- ♑ Steinbock
- ♒ Wassermann
- ♓ Fische

- ● Vollmond
- ☾ abn. Mond
- ● Neumond
- ☽ zun. Mond

Sommerzeiten sind nicht berücksichtigt

Drainagieren

1999

Legende: sehr gut | gut | neutral | schlecht | sehr schlecht

Januar

F	1	
S	2	○ 03.50
S	3	
M	4	**1**
D	5	
M	6	
D	7	
F	8	
S	9	☾ 15.24
S	10	**2**
M	11	
D	12	
M	13	
D	14	
F	15	
S	16	
S	17	● 16.44 · **3**
M	18	
D	19	
M	20	
D	21	
F	22	☽ 20.14
S	23	
S	24	**4**
M	25	
D	26	
M	27	
D	28	
F	29	
S	30	

Februar

M	1	**5**
D	2	
M	3	
D	4	
F	5	
S	6	
S	7	**6**
M	8	☾ 12.57
D	9	
M	10	
D	11	
F	12	
S	13	
S	14	**7**
M	15	
D	16	● 07.35
M	17	
D	18	
F	19	
S	20	
S	21	**8**
M	22	
D	23	☽ 03.44
M	24	
D	25	
F	26	
S	27	
S	28	

März

M	1	**9**
D	2	○ 08.00
M	3	
D	4	
F	5	
S	6	
S	7	**10**
M	8	
D	9	
M	10	☾ 09.38
D	11	
F	12	
S	13	
S	14	**11**
M	15	
D	16	
M	17	● 19.44
D	18	
F	19	
S	20	
S	21	**12**
M	22	
D	23	
M	24	☽ 11.21
D	25	
F	26	
S	27	
S	28	**13**
M	29	
D	30	

April

D	1	
F	2	Karfreitag
S	3	
S	4	**14**
M	5	Ostermontag
D	6	
M	7	
D	8	
F	9	☾ 03.47
S	10	
S	11	**15**
M	12	
D	13	
M	14	
D	15	
F	16	● 05.21
S	17	
S	18	**16**
M	19	
D	20	
M	21	
D	22	☽ 20.05
F	23	
S	24	
S	25	**17**
M	26	
D	27	
M	28	
D	29	
F	30	○ 15.55

Mai

S	1	
S	2	**18**
M	3	
D	4	
M	5	
D	6	
F	7	
S	8	☾ 18.25
S	9	**19**
M	10	
D	11	
M	12	
D	13	
F	14	
S	15	● 13.05
S	16	**20**
M	17	
D	18	
M	19	
D	20	
F	21	
S	22	☽ 06.37
S	23	**21**
M	24	Pfingstmontag
D	25	
M	26	
D	27	
F	28	
S	29	
S	30	**22**
M	31	○ 07.40

Juni

D	1	
M	2	
D	3	
F	4	
S	5	
S	6	**23**
M	7	☾ 05.16
D	8	
M	9	
D	10	
F	11	
S	12	
S	13	● 20.04 · **24**
M	14	
D	15	
M	16	
D	17	
F	18	
S	19	
S	20	☽ 19.16 · **25**
M	21	
D	22	
M	23	
D	24	
F	25	
S	26	
S	27	**26**
M	28	○ 22.35
D	29	
M	30	

1999

Juli

Tag		Woche	Mond
D	1		
F	2		
S	3		
S	4	27	
M	5		
D	6		(12.52
M	7		
D	8		
F	9		
S	10		
S	11	28	
M	12		
D	13		● 03.25
M	14		
D	15		
F	16		(12.52
S	17		
S	18	29	
M	19		
D	20		) 10.02
M	21		
D	22		
F	23		
S	24		
S	25	30	
M	26		
D	27		
M	28		○ 12.20
D	29		
F	30		
S	31		

August

Tag		Woche	Mond
S	1	31	
M	2		
D	3		
M	4		(18.23
D	5		
F	6		
S	7		
S	8	32	
M	9		
D	10		
M	11		● 12.10
D	12		
F	13		
S	14		
S	15	33	
M	16		
D	17		
M	18		
D	19		) 02.47
F	20		
S	21		
S	22	34	
M	23		
D	24		
M	25		
D	26		
F	27		○ 00.46
S	28		
S	29	35	
M	30		
D	31		

September

Tag		Woche	Mond
M	1		
D	2		(23.18
F	3		
S	4		
S	5	36	
M	6		
D	7		
M	8		
D	9		● 23.03
F	10		
S	11		
S	12	37	
M	13		
D	14		
M	15		
D	16		
F	17		) 21.06
S	18		
S	19	38	
M	20		
D	21		
M	22		
D	23		
F	24		
S	25		○ 11.46
S	26	39	
M	27		
D	28		
M	29		
D	30		

Oktober

Tag		Woche	Mond
F	1		
S	2		(05.02
S	3	40	
M	4		
D	5		
M	6		
D	7		
F	8		
S	9		● 12.38
S	10	41	
M	11		
D	12		
M	13		
D	14		
F	15		
S	16		) 15.56
S	17	42	
M	18		
D	19		
M	20		
D	21		
F	22		
S	23		
S	24	43	○ 22.01
M	25		
D	26		
M	27		
D	28		
F	29		
S	30		
S	31		(13.08

November

Tag		Woche	Mond
M	1	44	
D	2		
M	3		
D	4		
F	5		
S	6		
S	7	45	
M	8		● 04.54
D	9		
M	10		
D	11		
F	12		
S	13		
S	14	46	
M	15		
D	16		) 09.57
M	17		
D	18		
F	19		
S	20		
S	21	47	
M	22		
D	23		○ 08.05
M	24		
D	25		
F	26		
S	27		
S	28	48	
M	29		
D	30		(00.18

Dezember

Tag		Woche	Mond
M	1		
D	2		
F	3		
S	4		
S	5	49	
M	6		
D	7		● 23.31
M	8		
D	9		
F	10		
S	11		
S	12	50	
M	13		
D	14		
M	15		
D	16		) 01.49
F	17		
S	18		
S	19	51	
M	20		
D	21		
M	22		○ 18.31
D	23		
F	24		
S	25		1. Weihnachtsfeiertag
S	26	52	
M	27		
D	28		
M	29		(15.09
D	30		
F	31		

Widder · Stier · Zwillinge · Krebs · Löwe · Jungfrau · Waage · Skorpion · Schütze · Steinbock · Wassermann · Fische

○ Vollmond (abn. Mond ● Neumond) zun. Mond

Sommerzeiten sind nicht berücksichtigt

Drainagieren

2000

Legende: sehr gut | gut | neutral | schlecht | sehr schlecht

Januar

S 1	
S 2	
M 3	
D 4	
M 5	
D 6	● 19.12
F 7	
S 8	
S 9	
M 10	
D 11	☽ 14.28
M 12	
D 13	
F 14	
S 15	
S 16	
M 17	
D 18	
M 19	
D 20	
F 21	○ 05.41
S 22	
S 23	
M 24	
D 25	
M 26	
D 27	☾ 08.59
F 28	
S 29	
S 30	

Februar

D 1	
M 2	
D 3	
F 4	
S 5	● 14.00
S 6	
M 7	
D 8	
M 9	
D 10	
F 11	
S 12	
S 13	☽ 00.21
M 14	
D 15	
M 16	
D 17	
F 18	
S 19	○ 17.28
S 20	
M 21	
D 22	
M 23	
D 24	
F 25	
S 26	
S 27	☾ 04.55
M 28	
D 29	

März

M 1	
D 2	
F 3	
S 4	
S 5	
M 6	● 06.13
D 7	
M 8	
D 9	
F 10	
S 11	
S 12	
M 13	☽ 07.58
D 14	
M 15	
D 16	
F 17	
S 18	○ 05.46
S 19	
M 20	
D 21	
M 22	
D 23	
F 24	
S 25	
S 26	☾ 01.22
M 27	
D 28	
M 29	
D 30	

April

S 1	
S 2	
M 3	
D 4	● 19.08
M 5	
D 6	
F 7	
S 8	
S 9	
M 10	
D 11	☽ 14.32
M 12	
D 13	
F 14	
S 15	
S 16	
M 17	
D 18	○ 18.44
M 19	
D 20	
F 21	Karfreitag
S 22	
S 23	
M 24	Ostermontag
D 25	
M 26	☾ 20.28
D 27	
F 28	
S 29	
S 30	

Mai

M 1	
D 2	
M 3	
D 4	● 05.11
F 5	
S 6	
S 7	
M 8	
D 9	
M 10	☽ 21.02
D 11	
F 12	
S 13	
S 14	
M 15	
D 16	
M 17	
D 18	○ 08.37
F 19	
S 20	
S 21	
M 22	
D 23	
M 24	
D 25	
F 26	☾ 12.49
S 27	
S 28	
M 29	
D 30	
M 31	

Juni

D 1	
F 2	● 13.13
S 3	
S 4	
M 5	Pfingstmontag
D 6	
M 7	
D 8	
F 9	☽ 04.30
S 10	
S 11	
M 12	
D 13	
M 14	
D 15	
F 16	○ 23.27
S 17	
S 18	
M 19	
D 20	
M 21	
D 22	
F 23	
S 24	
S 25	☾ 01.59
M 26	
D 27	
M 28	
D 29	
F 30	

Wochennummern: 1–26

2000

August

	Tag		Woche
D	1	♐	
M	2	♑	
D	3	♑	
F	4	♒	
S	5	♒	
S	6	♓	
M	7	♓ ◑ 02.02	32
D	8	♈	
M	9	♈	
D	10	♉	
F	11	♉	
S	12	♊	
S	13	♊ ○ 06.09	
M	14	♋	33
D	15	♋	
M	16	♌	
D	17	♌	
F	18	♍	
S	19	♍	
S	20	♎	
M	21	♎	34
D	22	♏ ◐ 19.47	
M	23	♐	
D	24	♐	
F	25	♑	
S	26	♑	
S	27	♒	
M	28	♒	35
D	29	♓ ● 11.22	
M	30	♓	
D	31	♈	

September

	Tag		Woche
F	1	♈	
S	2	♉	
S	3	♉	
M	4	♊	36
D	5	♊ ◑ 17.30	
M	6	♋	
D	7	♋	
F	8	♌	
S	9	♌	
S	10	♍	
M	11	♍	37
D	12	♎	
M	13	♎ ○ 20.34	
D	14	♏	
F	15	♏	
S	16	♐	
S	17	♐	
M	18	♑	38
D	19	♑	
M	20	♒ ◐ 02.29	
D	21	♒	
F	22	♓	
S	23	♓	
S	24	♈	
M	25	♈	39
D	26	♉	
M	27	♉ ● 20.53	
D	28	♊	
F	29	♊	
S	30	♋	

Oktober

	Tag		Woche
S	1	♋	
M	2	♌	40
D	3	♌	
M	4	♍	
D	5	♍ ◑ 11.59	
F	6	♎	
S	7	♎	
S	8	♏	
M	9	♏	41
D	10	♐	
M	11	♐	
D	12	♑	
F	13	♑ ○ 09.48	
S	14	♒	
S	15	♒	
M	16	♓	42
D	17	♓	
M	18	♈	
D	19	♈	
F	20	♉ ◐ 08.58	
S	21	♉	
S	22	♊	
M	23	♊	43
D	24	♋	
M	25	♋	
D	26	♌	
F	27	♌ ● 09.01	
S	28	♍	
S	29	♍	
M	30	♎	44
D	31	♎	

November

	Tag		Woche
M	1	♏	
D	2	♏	
F	3	♐	
S	4	♐ ◑ 08.24	
S	5	♑	
M	6	♑	45
D	7	♒	
M	8	♒	
D	9	♓	
F	10	♓	
S	11	♈ ○ 22.14	
S	12	♈	
M	13	♉	46
D	14	♉	
M	15	♊	
D	16	♊	
F	17	♋	
S	18	♋ ◐ 16.26	
S	19	♌	
M	20	♌	47
D	21	♍	
M	22	♍	
D	23	♎	
F	24	♎	
S	25	♏ ● 00.11	
S	26	♏	
M	27	♐	48
D	28	♐	
M	29	♑	
D	30	♑	

Dezember

	Tag		Woche
F	1	♒	
S	2	♒	
S	3	♓	
M	4	♓ ◑ 04.51	49
D	5	♈	
M	6	♈	
D	7	♉	
F	8	♉	
S	9	♊	
S	10	♊	
M	11	♋ ○ 10.00	50
D	12	♋	
M	13	♌	
D	14	♌	
F	15	♍	
S	16	♍	
S	17	♎	
M	18	♎ ◐ 01.42	51
D	19	♏	
M	20	♏	
D	21	♐	
F	22	♐	
S	23	♑	
S	24	♑	
M	25	♒ ● 1.Weihnachts- 18.22 Feiertag	52
D	26	♒	
M	27	♓	
D	28	♓	
F	29	♈	
S	30	♈	
S	31	♉	

Legende

♈ Widder   ♊ Zwillinge   ♌ Löwe   ♎ Waage   ♐ Schütze   ♒ Wassermann
♉ Stier   ♋ Krebs   ♍ Jungfrau   ♏ Skorpion   ♑ Steinbock   ♓ Fische

○ Vollmond   ◑ abn. Mond   ● Neumond   ◐ zun. Mond

Sommerzeiten sind nicht berücksichtigt

Türen, Fenster und Wintergärten fertigen

Machen Sie mit, beginnen wir in diesem Kapitel gemeinsam die Reise in eine neue Welt – mit einem Stück Holz in der Hand. Bevor Sie in einer ruhigen Minute dieses Kapitel durchlesen, suchen Sie sich ein Stück Holz. Irgendeinen hölzernen Gegenstand: Kochlöffel, Kleiderbügel, Bauklötzchen, Holzscheit, ein Rest Wandverkleidung, was auch immer. Wenn möglich, nicht lackiert oder lasiert, muß aber nicht sein.

Nehmen Sie das hölzerne Etwas in Ihre Hand, und betrachten Sie es. Von allen Seiten. Fühlen Sie es mit den Augen und mit den Händen. Lassen Sie sich dafür Zeit . . .

Und nun stellen Sie sich, mit dem Stück Holz in der Hand, der Reihe nach in Ruhe drei Fragen:

- Was bedeutet Holz, was bedeuten Bäume, was bedeutet der Wald für mich?
- Welche Erinnerungen verbinde ich mit Holz, Baum und Wald?
- Was wird Holz, was werden Bäume, was wird der Wald in Zukunft für mich bedeuten?

Meditieren Sie ein wenig über die Antworten. Denken Sie nach. Fühlen Sie in Ihre Vergangenheit, Gegenwart und Zukunft hinein, in bezug auf Holz, Baum und Wald. Das sind keine Prüfungsfragen, Sie werden nicht benotet, Sie können sich mit der Antwort Monate Zeit lassen. Wenn Sie nach Sekunden zu dem Ergebnis kommen »Holz hat nichts Besonderes für mich« – gut! Wenn Sie eine Stunde lang die Erinnerung genießen an fröhliche Nächte in Berghütten, an Wanderungen in Eichenwäldern, an ein romantisches Holzfeuer vor 25 Jahren – auch gut! Wenn Holz für Sie nur ein Baustoff ist – prima!

Wenn Sie die Antworten gefunden haben, möchten wir Ihnen sagen, warum wir dieses Kapitel für Sie geschrieben haben: *Wenn Sie nach der*

Lektüre Holz, Baum und Wald mit anderen Augen sehen, haben wir unser Ziel erreicht und freuen uns – mit Ihnen. Die Zeit dafür ist reif.

In diesem Kapitel möchten wir Sie mit der Vorstellung vertraut machen, daß jeder Ihrer ganz persönlichen Gedanken und Gefühle, die Sie um den lebendigen Stoff Holz fließen lassen, darüber mitbestimmt, ob wir eines Tages wieder im Einklang mit unserer Lebensgrundlage, der Natur, leben oder ob wir an unseren selbstgemachten Giften zugrundegehen.

Allein durch Art und Prägung Ihrer Gedanken und Gefühle rund um das Holz *entscheiden Sie mit*, ob wir eines unserer Lebenselixiere, die reine Luft, in Zukunft wieder atmen können oder ob wir am Würgegriff unserer eigenen Hände ersticken.

Ihr inneres Bild vom Holz legt fest, ob das Waldtöten fortschreitet oder ob wir uns wieder daran erinnern, wer uns die Luft zum Atmen schenkt. Sie entscheiden, ob der Stoff, aus dem unsere Heimstätten, Möbel, Werkzeuge und Spielzeuge gemacht sind, aus lebensspendendem Holz, aus festem Licht, gemacht oder aus lichtscheuen, den Tiefen der Erde entstammenden Elementen gefertigt sind, die wir niemals so leichtfertig ihrer Heimat hätten berauben dürfen.

Ihre Gedanken und Gefühle befehlen darüber, ob Holz in seinem naturgegebenen, lebendigen Zustand Ihr Leben betritt und es heller macht oder ob es mit Gift versiegelt, »geschützt« oder »verschönert« wird – mit Gift vermischt als Preßspanplatte, mit Gift verleimt als Sondermüll unsere Müllhalden überquellen läßt, im Verbrennen unseren Himmel verdunkelt und im Verrotten unsere Erde vergiftet, den sinnreichen Kreisläufen der Natur entrissen.

All das liegt in Ihrer Hand.

Jahrtausendelang hat Holz uns Menschen gedient und uns über die Meisterschaft kundiger Hände eine Vielzahl von Geschenken gemacht.
- *Das Heim* – unser Dach über dem Kopf, Wände und Böden aus Holz, Schutz vor Frost und Sonnenglut, jahrhundertelang überdauernd, ohne jeglichen Giftstoff zu seinem Schutz.
- *Vom Stuhl bis zum Pfeiler* – sinnreich entworfene, chemisch unbehandelte Holzmöbel, durch die Maserung und Farben des Holzes ein jedes ein Einzelstück, dauerhaftes, federleichtes Holz für Werkzeuge, Holz-

brücken und -pfeiler, die, im Wasser stehend, jahrhundertelang halten, ohne jede wasservergiftende Imprägnierung.

- *Das Feuer* – Wärme, dic angenehmer und gesünder nicht sein könnte, ausgestrahlt von trockenem Holz, das zu Asche und Rauch wird, nur so viel Kohlendioxid verbrennt, wie es zuvor gespeichert hat, und sofort wieder in den Kreislauf der Natur zurückkehrt.
- *Die Kunst* – undenkbar die schönste Musik, die jemals an unsere Ohren drang, ohne die wunderbaren Instrumente aus Holz, die sie hervorbrachten. Und die Wohltaten für Auge und Herz in Form der Meisterwerke der Schnitzkunst, versehen mit Naturfarben, die auch nach Jahrhunderten, obwohl verblaßt, stärker von innen leuchten als jede chemische Lackfarbe.

Der Erinnerung an Holz, dieses Geschenk des Himmels, ist ein großer Teil unserer Arbeit gewidmet. Vor allem an eine besondere Gabe möchten wir erinnern, die wir vom Wald bekommen, das schönste und wichtigste Geschenk von allen: *sein inneres Licht.*

Unsere Vorfahren wußten noch um sie, diese wichtigste Gabe des Holzes. So sehr ist sie in Vergessenheit geraten und den meisten unbekannt, auch denen, die heute damit leben und arbeiten, daß kein Wort in unserer Sprache existiert, um dieses Geschenk, diese Aufgabe, die Holz in unserem Leben erfüllen könnte, zu beschreiben. Diese Holzeigenschaft ist wissenschaftlich nicht erfaßbar, sie ist mit Worten nur schwer auszudrücken. Einzig und allein das genaueste Meßinstrument, das wir Menschen besitzen – unser inneres Gespür –, ist geeignet, um diese Eigenschaft zu erfassen. Wir versuchen es dennoch mit Worten, vielleicht um Ihr Gespür zu wecken:

Lebten Sie schon einmal längere Zeit in einem Holzhaus? Oder verbrachten Sie einen Urlaub darin? Erinnern Sie sich noch an diese Zeit? Mit welchen Gefühlen?

Oder leben Sie heute in einem Holzhaus und haben schon einmal längere Zeit in einem Haus aus Beton und Stahl verbracht? Fühlten Sie einen Unterschied?

Verbrennt man Holz, dann besteht die Asche nur zu weniger als einem Zehntel aus Elementen, die der Baum der *Erde* entnommen hat. Fast der gesamte Baum besteht aus Stoffen, die er über die Blätter aus Licht, Luft und Sonne gewonnen hat. Langsam und schleichend schwächen uns Behausungen, wenn sie vorwiegend aus Stoffen bestehen, die unterirdisch gewonnen wurden. Alle Stoffe, mit denen wir uns kleiden – vom Hemd bis zu Mauer und Dach –, sollten aus oberirdisch entstandenen und gewachsenen Elementen bestehen, wenn sie uns Kraft geben, statt Kraft kosten sollen.

Jedes tief aus der Erde stammende oder aus Erdöl gewonnene Produkt – Metalle, Beton, Farben, Lacke, Kunstfaserkleidung, Kunststoffe usw. – übt auf uns Menschen eine schwächende Wirkung aus, wenn wir uns diesem Produkt über längere Zeit aussetzen, als Kleidung, als Wandfarbe, als Behausung. Holz mit chemischen, aus Erdöl gewonnenen Farben oder Lasuren zu behandeln ist deshalb nicht nur gleichbedeutend mit einer Verwandlung des Holzes in zukünftigen Giftmüll, sondern es nimmt dem Holz das Licht und das Leben. Es schaltet die aus Licht gewonnene Energie im Holz aus, die auf uns heilsam und kräftigend wirkt.

So genau achteten unsere Vorfahren auf die besondere Kraft, die vom Holz ausgeht, daß sie sogar nur ganz bestimmte Verlege- oder Einbaurichtungen wählten, der jeweiligen Aufgabe des Holzes angepaßt. Bei Böden etwa sorgten sie dafür, daß die Baumspitzen abwechselnd nach hinten, dann wieder nach vorn gerichtet nebeneinander zu liegen kamen. Niemals verlegten sie Bodenbretter quer zum Eingang (es sei denn, sie hätten *jedem* Eintretenden zu verstehen geben wollen, daß er unerwünscht ist). Heute können manche Schreiner am Holzbrett nicht einmal mehr erkennen, wo ursprünglich Wurzel und Wipfel waren.

Mit einem Satz: Es ist, als ob Holz eine Form gerichteter und nährender Kraft besitzt, die uns vor zahllosen negativen Umwelteinflüssen und Strahlungen schützen kann. Es stärkt den Organismus des Menschen – ein Lebewesen ebenso wie das Lebewesen Baum. Oberirdisch wachsendes Holz ist ein Stoff des Lebens, nicht des Sterbens. Beton, Erdöl, Metall, sogar das unterirdische Wurzelholz nehmen uns Kraft.

Warum verzichten wir seit kurzer Zeit weitgehend und leichten Herzens auf diesen wunderbaren Stoff und ersetzen ihn durch andere, die uns krank machen und manchmal noch nach Jahrtausenden nicht in den Kreislauf der Natur zurückfinden? Mit einem Teil unserer Arbeit wollen wir den Weg ebnen zu einer neuen Einsicht, zur Erinnerung daran, *worauf* wir verzichten, wenn wir den Wald und seine Geschenke weiterhin so behandeln wie derzeit: entweder als eintönige, verwahrloste Rohstofffabrik auf der Grundlage von Monokulturen oder wie eine alte Ruine, die langsam vor sich hin stirbt, weil niemand sie wirklich braucht und pflegt, oder als Zufluchtsort einer bis zur Unberührbarkeit verklärten Natur, die es um jeden Preis zu schützen gilt – auch um den Preis der Vernunft. Die Wälder der Erde, die Quellen eines fast vergessenen Reichtums, zu schützen und zu pflegen ist eine der wichtigsten Aufgaben unserer Zeit.

Der Umgang mit dem Lebensmittel Holz ist heutzutage in fast allen Bereichen kein Kreislauf mehr, wie es die Natur eigentlich vorgesehen hat, sondern eine Einbahnstraße: vom Wald über die industrielle Ausbeutung zur Sondermülldeponie. Kaum ein Verwendungszweck, bei dem Holz heute nicht mit den Produkten der Chemie in Berührung kommt, die über Schutz- und Pflegemittel das Holz in Giftmüll verwandeln.

Viele unserer Leser wissen inzwischen: Eine sinnvolle und giftfreie Holzverarbeitung wird erst durchführbar durch die Wahl des richtigen Zeitpunkts bei Holzernte und Verarbeitung. Vielfach macht das Achten auf den Mondstand den Verzicht auf Chemie überhaupt erst möglich, sowohl bei der Waldpflege (Schädlingsbekämpfung, Düngung usw.) als auch bei der Holzverarbeitung. So kann beispielsweise der Wildverbiß von Jungpflanzen schon durch das Pflanzen bei Jungfrau fast gestoppt werden. Allein durch die Wahl des richtigen Zeitpunkts beim Holzfällen und bei der Umwandlung in Bauholz, Brücken, Dachstühle, Fenster, Möbel usw. gewinnt das Holz eine Festigkeit und Beständigkeit, die es Generationen überdauern läßt – *ohne jeden Holzschutz*. Wer ohne Beweise nicht leben kann: Wir empfehlen ihm, sich einmal fast ein Jahrtausend alte Bauernhäuser anzuschauen, die ohne chemischen Holzschutz fortbestehen.

Wir wissen heute schon so viel über die krankmachenden Eigenschaften zahlreicher moderner Farben, Bau- und Dämmstoffe. Und auch wenn wir die Schadwirkung noch nicht »bewiesen« bekamen, so fühlen wir sie doch. Was tun? Welcher Weg führt aus der Sackgasse? Womit all diese Stoffe ersetzen? Holz kann zumindest *eine* Antwort auf diese Fragen geben. Daß man schon bald überall an Holz, Bauholz oder Möbel gelangt, die giftfrei herangewachsen und verarbeitet sind und deren Haltbarkeit jedem Bedarf gerecht wird, an diesem Ziel wollen wir uns beteiligen. In Österreich haben wir bisher zwar Waldbauern, aber noch keinen *zuver-*

lässigen Holzhändler oder Sägewerksbesitzer gefunden, der Ihnen solches Holz zur Verfügung stellt, aber wir hoffen, schon bald mit unserer Suche Erfolg zu haben (siehe auch Seite 268).

In Zeiten wie heute, in denen umweltbewußter Waldbau, naturgemäßer Hausbau und generell der Schutz von Mensch und Natur bei vielen wieder in den Vordergrund des Denkens und Handels treten, kann das Wissen um die Mondrhythmen in der Holzgewinnung und -verarbeitung einen großen Beitrag leisten. Es ist einfach undenkbar, daß unsere Vorfahren Häuser, Kirchen, Brücken und Möbel gebaut hätten, die, giftfrei errichtet und gepflegt, jahrhundertelang bis heute allen Umwelteinflüssen widerstanden haben, ohne das Wissen, wie man den Wald pflegt, wie man den richtigen Zeitpunkt für die Ernte wählt und wann man welches Holz für welchen Zweck verwendet.

Vielleicht können bald wieder viele Menschen den Unterschied zwischen einer handgefertigten Hausbank und einem industriell hergestellten Möbel erkennen. Oder den Unterschied zwischen sommer- und wintergefälltem Holz am Lagerplatz: Das eine wird von Holzwespen umschwirrt und riecht süßlich, das andere wird von Schädlingen in Ruhe gelassen und riecht eher herb-aromatisch. Vielleicht kommen bald wieder die alten Holzverbindungstechniken »in Mode«: ohne ein Milligramm Metall, ohne ein Milligramm Leim, ohne ein Milligramm Gift – im ganzen Haus.

Für Sie haben wir dieses Kapitel geschrieben. Für einen Menschen, der noch den Unterschied *fühlt* zwischen einem liebevoll und von Hand gefertigten Holzmöbel und dem gleichen Möbel vom Fließband. Der fühlt, daß die lebendige Strahlung dieses Möbels noch nach Generationen spürbar ist. Der fühlt, daß er mit diesem Stück Holz sein Zuhause lichter und lebendiger gemacht hat.

Für Sie, der noch ein Gefühl dafür bewahrt hat, was Leben ist. Der weiß, daß jede Form von Arbeit, Hingabe und Anstrengung nur Sinn gibt und von Dauer ist, wenn sie mit Liebe gemacht wird und nicht unter Zeitdruck oder im Akkord.

Für Sie, dem es nicht gleichgültig ist, ob wir uns weiterhin vergiften, ob wir in Vergessenheit geraten lassen, was uns überhaupt erst eine lebenswerte Zukunft ermöglicht, ob das Holz, das wir in welcher Form auch immer erwerben, Raubbau an unserer Natur bedeutet oder sinnerfüllte Arbeit für viele, die heute untätig zu Hause sitzen und deren Talente und Wissen brachliegen.

Für Sie haben wir dieses Kapitel geschrieben.

Im Umgang mit Holz offenbart sich eine sehr menschliche Denkweise: Wenn etwas gut funktioniert und seinen Dienst tut, dann vergißt man es schnell und hält es schließlich für selbstverständlich oder normal. Läuft dagegen etwas schief, dann muß man es *bekämpfen*. Mit dieser Einstellung werden wir dafür sorgen, daß dieser kleine blaue Planet spätestens in ein paar Jahrzehnten aufhört, uns eine Heimat zu geben. Und diese Einstellung ist es auch, die Aluminium- und Kunststoffenstern eine Chance gegeben hat. Die Kostenwahrheit eines Aluminiumfensters beträgt zwar das weit über Hundertfache seines Preises, aber dafür hält es »garantiert« eine Ewigkeit . . .

Fensterrahmen, Türen, Wintergärten aus mondphasengeerntetem Holz, zum richtigen Zeitpunkt verarbeitet, bei abnehmendem Mond mit natürlichen Farben lasiert und zum richtigen Zeitpunkt verglast und eingebaut – das ist eine endlose Freude. Und gleichzeitig ein lebendiger, atmender Bestandteil des Hauses. Wie alles wirklich Gute, reibungslos Funktionierende und Schöne, wie alles Lebendige bedarf es der *Pflege und Zuwendung*. Aktiv und bewußt. Ohne Pflege folgt Verfall. Muskeln, die ich nicht pflege durch maßvollen Gebrauch, verkommen.

- Meine fünf Sinne, die ich nicht pflege durch Gebrauch und Schärfung, machen mich blind, taub und stumm.
- Liebe, die ich nicht pflege durch Zeigen und Schenken und Bedingungslosigkeit, macht mich einsam und läßt mich absterben.
- Holz, das ich nicht pflege, und sei es nur durch gute Gedanken, verrottet.

So ist es mit allen Dingen im Leben: Holz, das seine Aufgaben erfüllt, ist »normal«, ein verzogener Fensterrahmen dagegen ist ein Versicherungsfall, der »Schuldige« muß gesucht, die Garantiebestimmungen müssen verschärft werden. Dabei weiß jeder Autokäufer, daß sein Fahrzeug regelmäßige Pflege, zum Beispiel in Form von Ölwechsel, braucht. Merkwürdig, daß wir in bezug auf einen viel wichtigeren Bestandteil unseres Lebens, unser Zuhause, anders denken. Da wäre es vielen Menschen am liebsten, der Lack am Fenster, der Putz an der Außenwand, hielte bis in alle Ewigkeit. Pflege? Am besten die Fenster nur einmal im Leben streichen, wenn überhaupt . . .

Wenn Sie gesund und menschenfreundlich bauen, ausbauen und heimwerken wollen, sollten Sie also nicht vergessen, daß Sie das Ergebnis Ihrer Arbeit – vom Möbelstück über den Dachstuhl bis zum Gartenhäuschen – pflegen müssen. Nicht als lästige Pflicht, sondern aus Liebe zu den Dingen der Natur in Ihrer nächsten Umgebung, die für Sie da sind. Eine Hand wäscht die andere, eine Hand pflegt und schützt die andere. Sie haben ja die Wahl, womit Sie sich umgeben. Auch als Mieter haben Sie die Wahl, womit Sie streichen und lasieren und basteln.

Womit wollen Sie sich umgeben? Mit Zeugnissen der Dummheit und Gier der Wirtschaft und Industrie? Oder mit Zeugnissen Ihrer eigenen Liebe zum Leben und zur Natur? In diesem und im nächsten Kapitel erfahren Sie, wie Ihnen die Mondregeln helfen können, ohne jedes Gift Fenster, Wintergärten und Türen fertigen zu lassen.

Die Grundregeln für die Fertigung von Holztüren, Fenstern und Wintergärten

Sehr gut: Bei abnehmendem Mond im Tierkreiszeichen Steinbock.
Gut: Bei abnehmendem Mond,
                   mit Ausnahme der Löwe-, Schütze- und Krebstage.
Schlecht: Generell bei zunehmendem Mond, aber auch bei
                   abnehmendem Mond in Löwe, Schütze und Krebs.
Sehr schlecht: Bei zunehmendem Mond in Löwe, Schütze und Krebs
                   und bei Vollmond.

Die Folgen der Ausführung zum richtigen Zeitpunkt
Das Holz bleibt ruhig, verzieht sich nicht. Fensterrahmen und Türblätter bleiben ruhig, schließen dicht. Im Fensterfalz bildet sich keine Feuchtigkeit, die zum Verrotten oder Abblättern von Farbe führen könnte. Nach Regengüssen trocknen sie rasch ab.

Die Folgen der Ausführung zum falschen Zeitpunkt
Fenster verziehen sich leichter, die Feuchtigkeit bleibt im Holz, es wird leichter morsch. Türen schließen schlechter im Laufe der Zeit.

90

Und nicht vergessen: Äste in Fensterrahmen sollten Sie unbedingt bei abnehmendem Mond ausbessern lassen, weil sie sonst im Laufe der Zeit hcrausfallen könnten. Wenn möglich, nicht mit Holzkitt, sondern mit Holzdübeln arbeiten. Wenn Sie Fenster gründlich waschen, dann immer allseitig und bei abnehmendem Mond. Sie werden sehen, daß dann beispielsweise ein Wintergarten viel mehr Freude macht, weil seine Glasflächen viel seltener gesäubert werden müssen. Das entkräftet gleichzeitig eines der Argumente gegen Wintergärten.

Türen, Fenster und Wintergärten fertigen

1996

Legend: sehr gut | gut | neutral | schlecht | sehr schlecht

Januar

Tag		Woche
M	1	1
D	2	
M	3	
D	4	
F	5 ○ 21.50	
S	6	
S	7	
M	8	2
D	9	
M	10	
D	11 ☾ 21.42	
F	12	
S	13	
S	14	3
M	15	
D	16	
M	17	
D	18	
F	19	
S	20 ● 13.51	4
S	21	
M	22	
D	23	
M	24	
D	25	
F	26	
S	27 ☽ 12.18	5
S	28	
M	29	
D	30	

Februar

Tag		Woche
D	1	
F	2	
S	3	
S	4 ○ 16.57	6
M	5	
D	6	
M	7	
D	8	
F	9	
S	10	
S	11 ☾ 09.33	7
M	12	
D	13	
M	14	
D	15	
F	16	
S	17	
S	18	8
M	19 ● 00.28	
D	20	
M	21	
D	22	
F	23	
S	24	
S	25	9
M	26 ☽ 06.54	
D	27	
M	28	
D	29	

März

Tag		Woche
F	1	
S	2	
S	3	10
M	4	
D	5 ○ 10.18	
M	6	
D	7	
F	8	
S	9	
S	10	11
M	11	
D	12 ☾ 18.13	
M	13	
D	14	
F	15	
S	16	
S	17	12
M	18	
D	19 ● 11.48	
M	20	
D	21	
F	22	
S	23	
S	24	13
M	25	
D	26	
M	27 ☽ 02.32	
D	28	
F	29	
S	30	

April

Tag		Woche
M	1	14
D	2	
M	3	
D	4 ○ 01.05	
F	5 Karfreitag	
S	6	
S	7	
M	8 Ostermontag	15
D	9	
M	10	
D	11 ☾ 00.34	
F	12	
S	13	
S	14	16
M	15	
D	16	
M	17 ● 23.50	
D	18	
F	19	
S	20	
S	21	17
M	22	
D	23	
M	24	
D	25 ☽ 21.39	
F	26	
S	27	
S	28	18
M	29	
D	30	

Mai

Tag		Woche
M	1	
D	2	
F	3 ○ 12.45	
S	4	
S	5	19
M	6	
D	7	
M	8	
D	9	
F	10 ☾ 06.04	
S	11	
S	12	20
M	13	
D	14	
M	15	
D	16	
F	17 ● 12.48	
S	18	
S	19	21
M	20	
D	21	
M	22	
D	23	
F	24	
S	25 ☽ 15.09	
S	26	22
M	27 Pfingstmontag	
D	28	
M	29	
D	30	
F	31	

Juni

Tag		Woche
S	1 ○ 21.46	
S	2	23
M	3	
D	4	
M	5	
D	6	
F	7	
S	8 ☾ 12.09	
S	9	24
M	10	
D	11	
M	12	
D	13	
F	14	
S	15	
S	16 ● 02.37	25
M	17	
D	18	
M	19	
D	20	
F	21	
S	22	
S	23	26
M	24 ☽ 06.19	
D	25	
M	26	
D	27	
F	28	
S	29	
S	30	

1996

Juli — KW 27, 28, 29, 30, 31

M	1	● 04.56
D	2	
M	3	
D	4	
F	5	
S	6	
S	7	☾ 19.59
M	8	
D	9	
M	10	
D	11	
F	12	
S	13	
S	14	
M	15	● 17.16
D	16	
M	17	
D	18	
F	19	
S	20	
S	21	
M	22	
D	23	☽ 18.45
M	24	
D	25	
F	26	
S	27	
S	28	
M	29	
D	30	● 11.35
M	31	

August — KW 32, 33, 34, 35

D	1	
F	2	
S	3	
S	4	
M	5	
D	6	☾ 06.28
M	7	
D	8	
F	9	
S	10	
S	11	
M	12	
D	13	
M	14	● 08.32
D	15	
F	16	
S	17	
S	18	
M	19	
D	20	
M	21	
D	22	☽ 04.33
F	23	
S	24	
S	25	
M	26	
D	27	
M	28	● 18.52
D	29	
F	30	
S	31	

September — KW 36, 37, 38, 39, 40

S	1	
M	2	
D	3	
M	4	☾ 20.07
D	5	
F	6	
S	7	
S	8	
M	9	
D	10	
M	11	
D	12	
F	13	● 00.09
S	14	
S	15	
M	16	
D	17	
M	18	
D	19	
F	20	☽ 12.18
S	21	
S	22	
M	23	
D	24	
M	25	
D	26	
F	27	● 03.52
S	28	
S	29	
M	30	

Oktober — KW 41, 42, 43, 44

D	1	
M	2	
D	3	
F	4	☾ 13.07
S	5	
S	6	
M	7	
D	8	
M	9	
D	10	
F	11	
S	12	● 15.10
S	13	
M	14	
D	15	
M	16	
D	17	
F	18	
S	19	☽ 19.08
S	20	
M	21	
D	22	
M	23	
D	24	
F	25	
S	26	● 15.15
S	27	
M	28	
D	29	
M	30	
D	31	

November — KW 45, 46, 47, 48

F	1	
S	2	
S	3	☾ 08.51
M	4	
D	5	
M	6	
D	7	
F	8	
S	9	
S	10	
M	11	● 05.15
D	12	
M	13	
D	14	
F	15	
S	16	
S	17	☽ 02.09
M	18	
D	19	
M	20	
D	21	
F	22	
S	23	
S	24	
M	25	● 05.11
D	26	
M	27	
D	28	
F	29	
S	30	

Dezember — KW 49, 50, 51, 52, 53

S	1	
M	2	
D	3	☾ 06.03
M	4	
D	5	
F	6	
S	7	
S	8	
M	9	
D	10	● 17.52
M	11	
D	12	
F	13	☽ 10.34
S	14	
S	15	
M	16	
D	17	
M	18	
D	19	
F	20	
S	21	
S	22	
M	23	
D	24	● 21.40
M	25	1. Weihnachtsfeiertag
D	26	
F	27	
S	28	
S	29	
M	30	
D	31	

Legende

♈ Widder	♊ Zwillinge	♌ Löwe	♎ Waage	♐ Schütze	♒ Wassermann
♉ Stier	♋ Krebs	♍ Jungfrau	♏ Skorpion	♑ Steinbock	♓ Fische

● Vollmond   ☾ abn. Mond
● Neumond   ☽ zun. Mond

Sommerzeiten sind nicht berücksichtigt

Türen, Fenster und Wintergärten fertigen

1997

Legende: sehr gut | gut | neutral | schlecht | sehr schlecht

Januar
M 1 ● 02.43 · D 2 · F 3 · S 4 · S 5 · M 6 · D 7 · M 8 · D 9 ○ 05.25 · F 10 · S 11 · S 12 · M 13 · D 14 · M 15 ☾ 21.05 · D 16 · F 17 · S 18 · S 19 · M 20 · D 21 · M 22 · D 23 ○ 16.11 · F 24 · S 25 · S 26 · M 27 · D 28 · M 29 · D 30

Februar
S 1 · S 2 · M 3 · D 4 · M 5 · D 6 · F 7 ● 16.05 · S 8 · S 9 · M 10 · D 11 · M 12 · D 13 · F 14 ☾ 10.02 · S 15 · S 16 · M 17 · D 18 · M 19 · D 20 · F 21 · S 22 ○ 11.26 · S 23 · M 24 · D 25 · M 26 · D 27 · F 28

März
S 1 · S 2 ☾ 10.32 · M 3 · D 4 · M 5 · D 6 · F 7 · S 8 · S 9 ● 02.15 · M 10 · D 11 · M 12 · D 13 · F 14 · S 15 · S 16 ☾ 01.06 · M 17 · D 18 · M 19 · D 20 · F 21 · S 22 · S 23 · M 24 ○ 05.45 · D 25 · M 26 · D 27 · F 28 Karfreitag · S 29 · S 30 · M 31 ☾ 20.35 Ostermontag

April
D 1 · M 2 · D 3 · F 4 · S 5 · S 6 · M 7 ● 12.03 · D 8 · M 9 · D 10 · F 11 · S 12 · S 13 · M 14 ☾ 18.02 · D 15 · M 16 · D 17 · F 18 · S 19 · S 20 · M 21 · D 22 ○ 21.31 · M 23 · D 24 · F 25 · S 26 · S 27 · M 28 · D 29 · M 30

Mai
D 1 · F 2 · S 3 · S 4 · M 5 · D 6 ● 21.50 · M 7 · D 8 · F 9 · S 10 · S 11 · M 12 · D 13 · M 14 ☾ 11.57 · D 15 · F 16 · S 17 · S 18 · M 19 Pfingstmontag · D 20 · M 21 · D 22 ○ 10.10 · F 23 · S 24 · S 25 · M 26 · D 27 · M 28 · D 29 ☾ 08.50 · F 30 · S 31

Juni
S 1 · M 2 · D 3 · M 4 · D 5 ● 08.06 · F 6 · S 7 · S 8 · M 9 · D 10 · M 11 · D 12 · F 13 ☾ 05.50 · S 14 · S 15 · M 16 · D 17 · M 18 · D 19 · F 20 ○ 20.07 · S 21 · S 22 · M 23 · D 24 · M 25 · D 26 · F 27 ☾ 13.44 · S 28 · S 29 · M 30

Wochennummern: 1 – 27

1997

Juli

	KW
D 1	
M 2	
D 3	
F 4 ● 19.41	
S 5	
S 6	
M 7	28
D 8	
M 9	
D 10	
F 11	
S 12 ☽ 22.42	
S 13	
M 14	29
D 15	
M 16	
D 17	
F 18	
S 19	
S 20 ○ 04.19	
M 21	30
D 22	
M 23	
D 24	
F 25 ☾ 19.32	
S 26	
S 27	
M 28	31
D 29	
M 30	
D 31	

August

	KW
F 1	
S 2	
S 3 ● 09.15	
M 4	32
D 5	
M 6	
D 7	
F 8	
S 9	
S 10	33
M 11 ☽ 13.36	
D 12	
M 13	
D 14	
F 15	
S 16	
S 17	34
M 18 ○ 11.53	
D 19	
M 20	
D 21	
F 22	
S 23	
S 24	35
M 25 ☾ 03.24	
D 26	
M 27	
D 28	
F 29	
S 30	
S 31	

September

	KW
M 1	36
D 2 ● 00.51	
M 3	
D 4	
F 5	
S 6	
S 7	37
M 8	
D 9	
M 10 ☽ 02.30	
D 11	
F 12	
S 13	
S 14	38
M 15	
D 16 ○ 19.49	
M 17	
D 18	
F 19	
S 20	
S 21	39
M 22	
D 23 ☾ 14.41	
M 24	
D 25	
F 26	
S 27	
S 28	40
M 29	
D 30	

Oktober

	KW
M 1	
D 2	
F 3	
S 4	
S 5	
M 6	41
D 7	
M 8	
D 9 ☽ 13.16	
F 10	
S 11	
S 12	42
M 13	
D 14	
M 15	
D 16 ○ 04.48	
F 17	
S 18	
S 19	43
M 20	
D 21	
M 22	
D 23 ☾ 05.52	
F 24	
S 25	
S 26	44
M 27	
D 28	
M 29	
D 30	
F 31 ● 10.59	

November

	KW
S 1	
S 2	45
M 3	
D 4	
M 5	
D 6	
F 7 ☽ 22.42	
S 8	
S 9	46
M 10	
D 11	
M 12	
D 13	
F 14 ○ 15.14	
S 15	
S 16	47
M 17	
D 18	
M 19	
D 20	
F 21	
S 22 ☾ 00.57	
S 23	48
M 24	
D 25	
M 26	
D 27	
F 28	
S 29	
S 30 ● 03.13	

Dezember

	KW
M 1	
D 2	
M 3	
D 4	
F 5	
S 6	
S 7 ☽ 07.09	49
M 8	
D 9	
M 10	
D 11	
F 12	
S 13	
S 14 ○ 03.39	51
M 15	
D 16	
M 17	
D 18	
F 19	
S 20	
S 21 ☾ 22.44	52
M 22	
D 23	
M 24	
D 25 1. Weihnachtsfeiertag	
F 26	
S 27	
S 28 ● 17.53	53
M 29	
D 30	
M 31	

(Wochen: 50 = Dez 8–14, 53 = Dez 28–31)

Legende

♈ Widder ♉ Stier
Zwillinge Krebs
Löwe Jungfrau
Waage Skorpion
Schütze Steinbock
Wassermann Fische

● Neumond ☽ zun. Mond
○ Vollmond ☾ abn. Mond

Sommerzeiten sind nicht berücksichtigt

Türen, Fenster und Wintergärten fertigen

1998

Legende: sehr gut | gut | neutral | schlecht | sehr schlecht

Januar

D	1	
F	2	
S	3	
S	4	
M	5	☽ 15.18
D	6	
M	7	
D	8	
F	9	
S	10	
S	11	
M	12	● 18.26
D	13	
M	14	
D	15	
F	16	
S	17	
S	18	
M	19	
D	20	☾ 20.39
M	21	
D	22	
F	23	
S	24	
S	25	
M	26	
D	27	
M	28	● 06.58
D	29	
F	30	

Wochen: 1, 2, 3, 4, 5

Februar

S	1	
M	2	
D	3	☽ 23.55
M	4	
D	5	
F	6	
S	7	
S	8	
M	9	
D	10	
M	11	○ 11.25
D	12	
F	13	
S	14	
S	15	
M	16	
D	17	
M	18	
D	19	☾ 16.22
F	20	
S	21	
S	22	
M	23	
D	24	
M	25	
D	26	● 18.23
F	27	
S	28	

Wochen: 6, 7, 8, 9

März

S	1	
M	2	
D	3	
M	4	
D	5	☽ 09.46
F	6	
S	7	
S	8	
M	9	
D	10	
M	11	
D	12	
F	13	○ 05.34
S	14	
S	15	
M	16	
D	17	
M	18	
D	19	
F	20	
S	21	☾ 08.33
S	22	
M	23	
D	24	
M	25	
D	26	
F	27	
S	28	● 04.13
S	29	
M	30	
D	31	

Wochen: 10, 11, 12, 13, 14

April

M	1	
D	2	
F	3	☽ 21.21
S	4	
S	5	
M	6	
D	7	
M	8	
D	9	
F	10	Karfreitag
S	11	○ 23.22
S	12	
M	13	Ostermontag
D	14	
M	15	
D	16	
F	17	
S	18	
S	19	☾ 20.50
M	20	
D	21	
M	22	
D	23	
F	24	
S	25	
S	26	● 12.43
M	27	
D	28	
M	29	
D	30	

Wochen: 15, 16, 17, 18

Mai

F	1	
S	2	
S	3	☽ 11.09
M	4	
D	5	
M	6	
D	7	
F	8	
S	9	
S	10	○ 15.27
M	11	
D	12	
M	13	
D	14	
F	15	
S	16	
S	17	
M	18	
D	19	☾ 05.32
M	20	
D	21	
F	22	
S	23	
S	24	
M	25	● 20.34
D	26	
M	27	
D	28	
F	29	
S	30	
S	31	

Wochen: 19, 20, 21, 22

Juni

M	1	Pfingstmontag
D	2	☽ 02.46
M	3	
D	4	
F	5	
S	6	
S	7	
M	8	
D	9	
M	10	○ 05.17
D	11	
F	12	
S	13	
S	14	
M	15	
D	16	
M	17	☾ 11.34
D	18	
F	19	
S	20	
S	21	
M	22	
D	23	
M	24	● 04.53
D	25	
F	26	
S	27	
S	28	
M	29	
D	30	

Wochen: 23, 24, 25, 26, 27

1998

Juli

Tag	Datum	Mondphase	KW
M	1	☽ 19.43	
D	2		
F	3		
S	4		
S	5		
M	6		28
D	7		
M	8	○ 16.58	
D	9		
F	10		
S	11		
S	12		29
M	13		
D	14	☾ 16.12	
M	15		
D	16		
F	17		
S	18		
S	19		30
M	20		
D	21		
M	22	● 14.47	
D	23		
F	24		
S	25		
S	26		31
M	27		
D	28		
M	29		
D	30		
F	31	☽ 13.04	

August

Tag	Datum	Mondphase	KW
S	1		
S	2		
M	3		32
D	4		
M	5		
D	6		
F	7		
S	8	○ 03.07	
S	9		
M	10		33
D	11		
M	12		
D	13		
F	14	☾ 20.49	
S	15		
S	16		
M	17		34
D	18		
M	19		
D	20		
F	21		
S	22	● 03.03	
S	23		35
M	24		
D	25		
M	26		
D	27		
F	28		
S	29		
S	30	☽ 06.03	36
M	31		

September

Tag	Datum	Mondphase	KW
D	1		
M	2		
D	3		
F	4		
S	5		
S	6	○ 12.17	37
M	7		
D	8		
M	9		
D	10		
F	11		
S	12		
S	13	☾ 03.00	38
M	14		
D	15		
M	16		
D	17		
F	18		
S	19		
S	20	● 18.04	39
M	21		
D	22	☽ 22.07	
M	23		
D	24		
F	25		
S	26		
S	27		40
M	28		
D	29		
M	30		

Oktober

Tag	Datum	Mondphase	KW
D	1		
F	2		
S	3		
S	4		
M	5	○ 21.10	41
D	6		
M	7		
D	8		
F	9		
S	10		
S	11		42
M	12	☾ 12.17	
D	13		
M	14		
D	15		
F	16		
S	17		
S	18		43
M	19		
D	20	● 11.09	
M	21		
D	22		
F	23		
S	24		
S	25		44
M	26		
D	27		
M	28	☽ 12.41	
D	29		
F	30		
S	31		

November

Tag	Datum	Mondphase	KW
S	1		
M	2		45
D	3		
M	4	○ 06.19	
D	5		
F	6		
S	7		
S	8		46
M	9		
D	10		
M	11	☾ 01.29	
D	12		
F	13		
S	14		
S	15		47
M	16		
D	17		
M	18		
D	19	● 05.24	
F	20		
S	21		
S	22		48
M	23		
D	24		
M	25		
D	26		
F	27	☽ 01.22	
S	28		
S	29		49
M	30		

Dezember

Tag	Datum	Mondphase	KW
D	1		
M	2		
D	3	○ 16.21	
F	4		
S	5		
S	6		50
M	7		
D	8		
M	9		
D	10	☾ 18.56	
F	11		
S	12		
S	13		51
M	14		
D	15		
M	16		
D	17		
F	18	● 23.43	
S	19		
S	20		52
M	21		
D	22		
M	23		
D	24		
F	25	1. Weihnachtsfeiertag	
S	26	☽ 11.42	
S	27		53
M	28		
D	29		
M	30		
D	31		

Legende

♈ Widder ♉ Stier ♊ Zwillinge ♋ Krebs ♌ Löwe ♍ Jungfrau ♎ Waage ♏ Skorpion ♐ Schütze ♑ Steinbock ♒ Wassermann ♓ Fische

○ Vollmond   ☾ abn. Mond   ● Neumond   ☽ zun. Mond

Sommerzeiten sind nicht berücksichtigt

Türen, Fenster und Wintergärten fertigen

1999

Legende: sehr gut | gut | neutral | schlecht | sehr schlecht

Januar

F	1	
S	2	03.50
S	3	
M	4	
D	5	
M	6	
D	7	
F	8	
S	9	15.24
S	10	
M	11	
D	12	
M	13	
D	14	
F	15	
S	16	
S	17	16.44
M	18	
D	19	
M	20	
D	21	
F	22	
S	23	
S	24	20.14
M	25	
D	26	
M	27	
D	28	
F	29	
S	30	

Februar

M	1	
D	2	
M	3	
D	4	
F	5	
S	6	
S	7	
M	8	12.57
D	9	
M	10	
D	11	
F	12	
S	13	
S	14	
M	15	
D	16	07.35
M	17	
D	18	
F	19	
S	20	
S	21	
M	22	
D	23	03.44
M	24	
D	25	
F	26	
S	27	
S	28	

März

M	1	
D	2	08.00
M	3	
D	4	
F	5	
S	6	
S	7	
M	8	
D	9	
M	10	09.38
D	11	
F	12	
S	13	
S	14	
M	15	
D	16	
M	17	19.44
D	18	
F	19	
S	20	
S	21	
M	22	
D	23	
M	24	11.21
D	25	
F	26	
S	27	
S	28	
M	29	
D	30	
M	31	02.50

April

D	1	
F	2	Karfreitag
S	3	
S	4	
M	5	Ostermontag
D	6	
M	7	
D	8	
F	9	03.47
S	10	
S	11	
M	12	
D	13	
M	14	
D	15	
F	16	05.21
S	17	
S	18	
M	19	
D	20	
M	21	
D	22	20.05
F	23	
S	24	
S	25	
M	26	
D	27	
M	28	
D	29	
F	30	15.55

Mai

S	1	
S	2	
M	3	
D	4	
M	5	
D	6	
F	7	
S	8	18.25
S	9	
M	10	
D	11	
M	12	
D	13	
F	14	
S	15	13.05
S	16	
M	17	
D	18	
M	19	
D	20	
F	21	
S	22	06.37
S	23	
M	24	Pfingstmontag
D	25	
M	26	
D	27	
F	28	
S	29	
S	30	
M	31	07.40

Juni

D	1	
M	2	
D	3	
F	4	
S	5	
S	6	
M	7	05.16
D	8	
M	9	
D	10	
F	11	
S	12	
S	13	20.04
M	14	
D	15	
M	16	
D	17	
F	18	
S	19	
S	20	19.16
M	21	
D	22	
M	23	
D	24	
F	25	
S	26	
S	27	
M	28	22.35
D	29	
M	30	

Kalenderwochen: 1–26

1999

Juli
Tag	Datum	Mondphase	KW
D	1		
F	2		
S	3		
S	4		27
M	5		
D	6	☾ 12.52	
M	7		
D	8		
F	9		
S	10		
S	11		28
M	12		
D	13	● 03.25	
M	14		
D	15		
F	16		
S	17		
S	18		29
M	19		
D	20	☽ 10.02	
M	21		
D	22		
F	23		
S	24		
S	25		30
M	26		
D	27		
M	28	● 12.20	
D	29		
F	30		
S	31		

August
Tag	Datum	Mondphase	KW
S	1		31
M	2		
D	3		
M	4	☾ 18.23	
D	5		
F	6		
S	7		
S	8		32
M	9		
D	10		
M	11	● 12.10	
D	12		
F	13		
S	14		
S	15		33
M	16		
D	17		
M	18		
D	19	☽ 02.47	
F	20		
S	21		
S	22		34
M	23		
D	24		
M	25		
D	26		
F	27	● 00.46	
S	28		
S	29		35
M	30		
D	31		

September
Tag	Datum	Mondphase	KW
M	1		
D	2	☾ 23.18	
F	3		
S	4		
S	5		36
M	6		
D	7		
M	8		
D	9	● 23.03	
F	10		
S	11		
S	12		37
M	13		
D	14		
M	15		
D	16		
F	17	☽ 21.06	
S	18		
S	19		38
M	20		
D	21		
M	22		
D	23		
F	24		
S	25	● 11.46	
S	26		39
M	27		
D	28		
M	29		
D	30		

Oktober
Tag	Datum	Mondphase	KW
F	1		
S	2	☾ 05.02	
S	3		40
M	4		
D	5		
M	6		
D	7		
F	8		
S	9	● 12.38	
S	10		41
M	11		
D	12		
M	13		
D	14		
F	15		
S	16		
S	17	☽ 15.56	42
M	18		
D	19		
M	20		
D	21		
F	22		
S	23		
S	24	● 22.01	43
M	25		
D	26		
M	27		
D	28		
F	29		
S	30		
S	31	☾ 13.08	

November
Tag	Datum	Mondphase	KW
M	1		44
D	2		
M	3		
D	4		
F	5		
S	6		
S	7		45
M	8	● 04.54	
D	9		
M	10		
D	11		
F	12		
S	13		
S	14		46
M	15		
D	16	☽ 09.57	
M	17		
D	18		
F	19		
S	20		
S	21		47
M	22		
D	23	● 08.05	
M	24		
D	25		
F	26		
S	27		
S	28		48
M	29		
D	30	☾ 00.18	

Dezember
Tag	Datum	Mondphase	Hinweis	KW
M	1			
D	2			
F	3			
S	4			
S	5			49
M	6			
D	7	● 23.31		
M	8			
D	9			
F	10			
S	11			
S	12			50
M	13			
D	14			
M	15			
D	16	☽ 01.49		
F	17			
S	18			
S	19			51
M	20			
D	21			
M	22	● 18.31		
D	23			
F	24			
S	25		1. Weihnachtsfeiertag	
S	26			52
M	27			
D	28			
M	29	☾ 15.09		
D	30			
F	31			

Legende
- Widder, Stier
- Zwillinge, Krebs
- Löwe, Jungfrau
- Waage, Skorpion
- Schütze, Steinbock
- Wassermann, Fische
- ● Vollmond ☾ abn. Mond
- ● Neumond ☽ zun. Mond

Sommerzeiten sind nicht berücksichtigt

Türen, Fenster und Wintergärten fertigen

2000

Legende: sehr gut · gut · neutral · schlecht · sehr schlecht

Januar

Tag	Datum	Notiz
S	1	
S	2	
M	3	
D	4	
M	5	
D	6	19.12
F	7	
S	8	
S	9	
M	10	
D	11	
M	12	
D	13	
F	14	14.28
S	15	
S	16	
M	17	
D	18	
M	19	
D	20	
F	21	05.41
S	22	
S	23	
M	24	
D	25	
M	26	
D	27	
F	28	08.59
S	29	
S	30	

Wochen: 1, 2, 3, 4

Februar

Tag	Datum	Notiz
D	1	
M	2	
D	3	
F	4	
S	5	14.00
S	6	
M	7	
D	8	
M	9	
D	10	
F	11	
S	12	
S	13	00.21
M	14	
D	15	
M	16	
D	17	
F	18	
S	19	17.28
S	20	
M	21	
D	22	
M	23	
D	24	
F	25	04.55
S	26	
S	27	
M	28	
D	29	

Wochen: 5, 6, 7, 8, 9

März

Tag	Datum	Notiz
M	1	
D	2	
F	3	
S	4	
S	5	
M	6	06.13
D	7	
M	8	
D	9	
F	10	
S	11	
S	12	
M	13	07.58
D	14	
M	15	
D	16	
F	17	
S	18	05.46
S	19	
M	20	
D	21	
M	22	
D	23	
F	24	
S	25	
S	26	
M	27	
D	28	01.22
M	29	
D	30	

Wochen: 10, 11, 12, 13

April

Tag	Datum	Notiz
S	1	
S	2	
M	3	
D	4	19.08
M	5	
D	6	
F	7	
S	8	
S	9	
M	10	
D	11	14.32
M	12	
D	13	
F	14	
S	15	
S	16	
M	17	
D	18	18.44
M	19	
D	20	
F	21	Karfreitag
S	22	
S	23	
M	24	Ostermontag
D	25	
M	26	20.28
D	27	
F	28	
S	29	
S	30	

Wochen: 14, 15, 16, 17

Mai

Tag	Datum	Notiz
M	1	
D	2	
M	3	
D	4	05.11
F	5	
S	6	
S	7	
M	8	
D	9	
M	10	21.02
D	11	
F	12	
S	13	
S	14	
M	15	
D	16	
M	17	
D	18	08.37
F	19	
S	20	
S	21	
M	22	
D	23	
M	24	
D	25	
F	26	12.49
S	27	
S	28	
M	29	
D	30	
M	31	

Wochen: 18, 19, 20, 21, 22

Juni

Tag	Datum	Notiz
D	1	
F	2	13.13
S	3	
S	4	
M	5	Pfingstmontag
D	6	
M	7	
D	8	
F	9	04.30
S	10	
S	11	
M	12	
D	13	
M	14	
D	15	
F	16	23.27
S	17	
S	18	
M	19	
D	20	
M	21	
D	22	
F	23	
S	24	
S	25	01.59
M	26	
D	27	
M	28	
D	29	
F	30	

Wochen: 23, 24, 25, 26

2000

Juli (Wochen 27–31)

S 1 · S 2 ● 20.18 · M 3 · D 4 · M 5 · D 6 · F 7 · S 8 ☽ 13.59 · S 9 · M 10 · D 11 · M 12 · F 13 · S 14 · S 15 · S 16 ○ 14.53 · M 17 · D 18 · M 19 · D 20 · F 21 · S 22 · S 23 · M 24 ☾ 11.57 · D 25 · M 26 · D 27 · F 28 · S 29 · S 30 · M 31 ● 03.25

August (Wochen 32–35)

D 1 · M 2 · D 3 · F 4 · S 5 · S 6 · M 7 ☾ 02.02 · D 8 · M 9 · D 10 · F 11 · S 12 · S 13 · M 14 · D 15 ○ 06.09 · M 16 · D 17 · F 18 · S 19 · S 20 · M 21 · D 22 ☾ 19.47 · M 23 · D 24 · F 25 · S 26 · S 27 · M 28 · D 29 ● 11.22 · M 30 · D 31

September (Wochen 36–39)

F 1 · S 2 · S 3 · M 4 · D 5 ☽ 17.30 · M 6 · D 7 · F 8 · S 9 · S 10 · M 11 · D 12 · M 13 ○ 20.34 · D 14 · F 15 · S 16 · S 17 · M 18 · D 19 · M 20 · D 21 ☾ 02.29 · F 22 · S 23 · S 24 · M 25 · D 26 · M 27 ● 20.53 · D 28 · F 29 · S 30

Oktober (Wochen 40–44)

S 1 · M 2 · D 3 · M 4 · D 5 ☽ 11.59 · F 6 · S 7 · S 8 · M 9 · D 10 · M 11 · D 12 · F 13 ○ 09.48 · S 14 · S 15 · M 16 · D 17 · M 18 · D 19 · F 20 ☾ 08.58 · S 21 · S 22 · M 23 · D 24 · M 25 · D 26 · F 27 ● 09.01 · S 28 · S 29 · M 30 · D 31

November (Wochen 45–48)

M 1 · D 2 · F 3 · S 4 ☽ 08.24 · S 5 · M 6 · D 7 · M 8 · D 9 · F 10 · S 11 ○ 22.14 · S 12 · M 13 · D 14 · M 15 · D 16 · F 17 · S 18 ☾ 16.26 · S 19 · M 20 · D 21 · M 22 · D 23 · F 24 · S 25 · S 26 ● 00.11 · M 27 · D 28 · M 29 · D 30

Dezember (Wochen 49–52)

F 1 · S 2 · S 3 · M 4 ☽ 04.51 · D 5 · M 6 · D 7 · F 8 · S 9 · S 10 ○ 10.00 · M 11 · D 12 · M 13 · D 14 · F 15 · S 16 · S 17 · M 18 ☾ 01.42 · D 19 · M 20 · D 21 · F 22 · S 23 · S 24 · M 25 ● 1. Weihnachtsfeiertag 18.22 · D 26 2. Weihnachtsfeiertag · M 27 · D 28 · F 29 · S 30 · S 31

Legende

♈ Widder   ♉ Stier
♊ Zwillinge   ♋ Krebs
♌ Löwe   ♍ Jungfrau
♎ Waage   ♏ Skorpion
♐ Schütze   ♑ Steinbock
♒ Wassermann   ♓ Fische

● Neumond   ☽ zun. Mond
○ Vollmond   ☾ abn. Mond

Sommerzeiten sind nicht berücksichtigt

Fenster verglasen
und einsetzen

Die Einführung von Gütezeichen auf dem Markt ist an sich eine gute Sache: Der Kunde erhält in gewissem Umfang eine Garantie für Beständigkeit und gleichbleibende Qualität von Waren und Dienstleistungen. Wie aber *genau* diese Qualität beschaffen ist, unter welchen Bedingungen die Anbieter ein Gütesiegel führen dürfen, das herauszufinden ist oftmals nicht so einfach. Wer genauer nachforscht, macht in vielen Fällen die Entdeckung, daß Gütesiegel schon bei Einhaltung von Standards und Grenzwerten erteilt werden, die alles andere als »gesund«, »biologisch« und »natürlich« sind. Der »grüne Punkt« ist hier ein Beispiel.

Speziell was die Lebensdauer bestimmter Dinge betrifft – Holzbauteile, Isolierungen usw. –, werden Gütesiegel erst verliehen, wenn unter Einsatz von viel Chemie die Voraussetzungen erfüllt sind.

Die Gütebezeichnung ist zudem ein Mittel zur Normung. »Normen« werden jedoch nach dem jeweiligen »neuesten Stand der Wissenschaft« aufgestellt, was zwar ganz beeindruckend klingt, aber letztlich absolut gar nichts aussagt. Höchstens, daß der »neueste Stand der Wissenschaft« übermorgen ein alter Hut ist.

Am Beispiel der Fenstertechnik: Holzfenster sehen heutzutage so kalt wie Plastikfenster aus, sie fühlen sich so an und sie *sind* auch so: glatt und kalt wie Metall, jedes Leben herausgefräst, herauslackiert, herausvergiftet. Der Grund dafür ist, daß sich nur noch Großfirmen jene Maschinen leisten können, mit denen sich Fenster schnell und »wirtschaftlich« herstellen lassen. Diese Firmen fühlen sich gezwungen – aufgrund von Garantieversprechen und von Auflagen, die aus der Führung eines Gütesiegels erwachsen –, nur noch astfreies Holz zu verwenden (damit keine Astlöcher entstehen), das Holz zu vergiften (damit es nicht verrottet oder von Schädlingen befallen wird) und Kunstharzfarben zu verwenden (damit sich das Holz nicht verfärbt). Das alles nur, weil bei der Holzernte und Verarbeitung nicht auf den richtigen Zeitpunkt geachtet wird. Verständlich, daß sich diese Firmen damit entschuldigen, daß »der Kunde es so will«. Mag stimmen, aber das sind nur die *nicht informierten* Kunden.

Kleine Firmen können sich weder solche Maschinen leisten, noch können sie Gütesiegel führen, weil die nötigen Gutachten viel zu teuer sind. Genau hier beißt sich die Katze in den Schwanz: Kleine Firmen sind unsere Zukunft, was Natürlichkeit und Gesundheitswert vieler Dinge des Alltags betrifft – von Lebensmitteln über gesundes Bauen und Wohnen bis zum biologisch lasierten Fenster. Und genau diese Firmen erhalten keine Gütesiegel!

Jeder Betrieb, jede Firma, jedes Geschäft, das sich über ein bestimmtes Maß hinaus vergrößert, tut dies aus einem *einzigen Grund,* gleichgültig, was in ihren Werbeschriften steht: nicht aus Streben nach Qualität, sondern nach Profit. Fühlen Sie den Unterschied zwischen der Übernachtung in einem 500-Betten-Viersterne-Hotel und einer kleinen Frühstückspension im Bayrischen Wald? Den Unterschied zwischen dem Großhandels-Möbel und demselben Möbel handgefertigt vom Tischler um die Ecke?

Großbetriebe können (oder wollen) nicht auf umweltfreundliche Qualität achten, weil Massenfertigung und Massenabfertigung das Individuelle, dem einzelnen Kunden Angepaßte, ausschließt, und weil sich Haltbarkeit nicht auszahlt. Kleinbetriebe dagegen haben die Möglichkeit, die Freude an der Selbsverantwortung zu entdecken, am engen Kontakt mit dem Kunden und seinem individuellen Bedarf und vor allem an der Tatsache, welche Befriedigung das Denken und Handeln in naturgemäßen Zusammenhängen bringt. Von der Produktion bis zur Beratung des Kunden in Bezug auf die richtige Pflege, etwa eines Holzbodens, können sie alles unter einem Dach halten, gemeinsam mit anderen Kleinbetrieben. Sie können das Kleinklima des Ortes, an dem sie angesiedelt sind, viel bessser betreuen. Lange Transportwege und die damit verbunden Belastung der Umwelt ließen sich vermeiden. Kleine Betriebe arbeiten zu teuer? Lesen Sie das Kapitel über *Kostenwahrheit* (Seite 15) noch einmal!

Wir haben Ihnen diese Informationen gegeben, weil Sie Gütesiegel nicht brauchen und leicht auf diese Garantien verzichten können: Wenn der richtige Zeitpunkt beachtet wird – bei der Holzernte, bei Verarbeitung und Einbau –, ist ein Fenster teilweise viel länger haltbar als mit heute üblichen Methoden hergestellt und verarbeitet. Sie müssen sich nur ein wenig umschauen. Es gibt diese Firmen und Handwerker, und sie freuen sich schon darauf, Fenster für Sie herstellen zu dürfen – und noch viele andere Dinge, die von den Mondregeln profitieren.

Auch das Verglasen von Fenstern gehört zu diesen Dingen. Manche Familien müssen sich ständig über trübe, angelaufene Fenster ärgern, obwohl die Fenster scheinbar wie ein Ei dem anderen denen des Nachbarn gleichen, womöglich bei derselben Firma hergestellt wurden. Diese Firma könnte in Zukunft der Gefahr von Regreßforderungen aus dem Weg gehen.

War es bislang Glückssache, daß Doppelfenster einige Jahrzehnte lang klar blieben, so haben Sie es heute in der Hand, dafür zu sorgen. Der Zeitpunkt des Verglasens und Einsetzens ist in hohem Maße ausschlaggebend dafür, ob Sie Freude an Ihren Fenstern haben oder nicht. Wer später zusätzlich noch beim Putzen auf den richtigen Zeitpunkt achtet, wird für seine Fenster immer Bewunderung ernten. Warum Fenster dadurch schöner, klarer und sauberer werden, können auch wir Ihnen nicht begründen. Wir bekräftigen, daß es so ist, und möchten Ihnen empfehlen, es einfach auszuprobieren.

Bei zunehmendem Mond oder in einem Wasserzeichen (Krebs, Skorpion, Fische) verglaste Holzfenster und Wintergärten können sich verziehen, schlecht schließen und durch eindringende Feuchtigkeit vorzeitig morsch werden; dafür ist schlicht ein Naturgesetz verantwortlich. Es ist Zeichen dafür, daß man nicht einkalkuliert hat, Holz als lebendiges Wesen zu betrachten, das nicht einfach irgendwann geerntet werden und nicht zu beliebigen Zeiten maschinell und gewaltsam getrocknet und in Form gebracht werden darf. Holz ist dann in gewissem Sinne »beleidigt« und versucht, aus seiner mißlichen Lage auszubrechen. So entstehen unruhige, nicht schließende, angelaufene Fenster. Natürlich ist ein guter oder schlechter Fensterhersteller auch von Bedeutung.

Wenn Sie sichergehen wollen und vor allem wenn Sie nicht wissen, ob das Holz für Türen und Fenster zum rechten Zeitpunkt geschlagen wurde, achten Sie auf bestimmte Regeln.

Die Grundregeln
für das Verglasen und Einsetzen von Fenstern

Sehr gut: In den Tierkreiszeichen Wassermann und Zwillinge.
Gut: Bei abnehmendem Mond,
        mit Ausnahme von Krebs, Skorpion und Fische.
Schlecht: Bei abnehmendem Mond in Krebs, Skorpion und Fische.
Sehr schlecht: Bei zunehmendem Mond in Krebs, Skorpion und Fische
        und bei Vollmond.

Die Folgen der Ausführung zum richtigen Zeitpunkt
Die Fenster bleiben klar.

Die Folgen der Ausführung zum falschen Zeitpunkt
Bei Krebs, Skorpion und Fische faulen Ihnen die Fenster. Bei zunehmendem Mond bewegen sie sich stärker. Bei Schütze und Löwe knacken sie laut.

Und nicht vergessen: Auch beim Wiedereinsetzen herausnehmbarer Winterfenster entscheidet der Zeitpunkt darüber, ob sie im Winter ständig schwitzen oder beschlagen. Es gelten die gleichen Regeln wie für das Einsetzen neuer Fenster. (Wann Fenster gestrichen werden sollten und warum gerade dann, erfahren Sie im entsprechenden Kapitel auf Seite 177).

Wenn Sie das Pech hatten, bei der Verglasung Ihrer Fenster den falschen Zeitpunkt erwischt zu haben, können Sie durch das Putzen zum richtigen Zeitpunkt im Laufe der Zeit einiges wiedergutmachen. Vielleicht haben Sie es schon bemerkt: Oftmals bleiben beim Fensterputzen Streifen und Schlieren zurück, obwohl Sie nach genau derselben Methode vorgegangen sind wie sonst. Probieren Sie es einfach aus: Wenn Sie auf den abnehmenden Mond und einen Licht- oder Wärmetag (Zwillinge, Waage,

Wassermann und Widder, Löwe, Schütze) achten, genügen schon Wasser mit einem Schuß Spiritus und Zeitungspapier, um freie Sicht zu schaffen. Scharfe und hochkonzentrierte Mittel sind überflüssig.

Bei der Reinigung stark verschmutzter Fensterrahmen würden Sie übrigens bei abnehmendem Mond und an einem Wassertag (Krebs, Skorpion, Fische) noch bessere Ergebnisse erzielen. An diesen Tagen sollten Sie das Holz jedoch hinterher sehr gut trocknen. Fensterstöcke keinesfalls bei zunehmendem Mond reinigen und niemals nur von einer Seite. Immer von beiden Seiten waschen, damit das Holz nicht einseitig aufquillt. Früher wurden die Fenster ausgehängt und von beiden Seiten nur mit dem Wasserschlauch abgespritzt, volles Rohr. Erst später dann, mit den »modernen« Fenstern, bekam man es mit verzogenen Rahmen zu tun.

Fenster verglasen und einsetzen

1996

■ sehr gut   ■ gut   ■ neutral   ■ schlecht   ■ sehr schlecht

Januar

Tag	Mond/Notiz	Woche
M 1		1
D 2		
M 3		
D 4		
F 5	☉ 21.50	
S 6		
S 7		
M 8		2
D 9		
M 10		
D 11	☾ 21.42	
F 12		
S 13		
S 14		
M 15		3
D 16		
M 17		
D 18		
F 19		
S 20	● 13.51	
S 21		
M 22		4
D 23		
M 24		
D 25		
F 26		
S 27	☽ 12.18	
S 28		5
M 29		
D 30		

Februar

Tag	Mond/Notiz	Woche
D 1		
F 2		
S 3		
S 4	☉ 16.57	
M 5		6
D 6		
M 7		
D 8		
F 9		
S 10		
S 11		7
M 12	☾ 09.33	
D 13		
M 14		
D 15		
F 16		
S 17		
S 18		8
M 19	● 00.28	
D 20		
M 21		
D 22		
F 23		
S 24		
S 25		9
M 26	☽ 06.54	
D 27		
M 28		
D 29		

März

Tag	Mond/Notiz	Woche
F 1		
S 2		
S 3		
M 4		10
D 5	☉ 10.18	
M 6		
D 7		
F 8		
S 9		
S 10		11
M 11		
D 12	☾ 18.13	
M 13		
D 14		
F 15		
S 16		
S 17		12
M 18		
D 19	● 11.48	
M 20		
D 21		
F 22		
S 23		
S 24		13
M 25		
D 26		
M 27	☽ 02.32	
D 28		
F 29		
S 30		

April

Tag	Mond/Notiz	Woche
M 1		14
D 2		
M 3		
D 4	☉ 01.05	
F 5	Karfreitag	
S 6		
S 7		
M 8	Ostermontag	15
D 9		
M 10		
D 11	☾ 00.34	
F 12		
S 13		
S 14		16
M 15		
D 16		
M 17	● 23.50	
D 18		
F 19		
S 20		
S 21		17
M 22		
D 23		
M 24		
D 25	☽ 21.39	
F 26		
S 27		
S 28		18
M 29		
D 30		

Mai

Tag	Mond/Notiz	Woche
M 1		
D 2		
F 3	☉ 12.45	
S 4		
S 5		19
M 6		
D 7		
M 8		
D 9		
F 10	☾ 06.04	
S 11		
S 12		20
M 13		
D 14		
M 15		
D 16		
F 17	● 12.48	
S 18		
S 19		21
M 20		
D 21		
M 22		
D 23		
F 24		
S 25	☽ 15.09	
S 26		22
M 27	Pfingstmontag	
D 28		
M 29		
D 30		
F 31		

Juni

Tag	Mond/Notiz	Woche
S 1	☉ 21.46	
S 2		23
M 3		
D 4		
M 5		
D 6		
F 7		
S 8	☾ 12.09	
S 9		24
M 10		
D 11		
M 12		
D 13		
F 14		
S 15		
S 16	● 02.37	25
M 17		
D 18		
M 19		
D 20		
F 21		
S 22		
S 23		26
M 24	☽ 06.19	
D 25		
M 26		
D 27		
F 28		
S 29		
S 30		

Juli

Tag	Mondphase
M 1	○ 04.56
D 2	
M 3	
D 4	
F 5	
S 6	
S 7	☾ 19.59
M 8	
D 9	
M 10	
D 11	
F 12	
S 13	
S 14	
M 15	● 17.16
D 16	
M 17	
D 18	
F 19	
S 20	
S 21	
M 22	
D 23	☽ 18.45
M 24	
D 25	
F 26	
S 27	
S 28	
M 29	
D 30	○ 11.35
M 31	

Wochen: 27, 28, 29, 30, 31

August

Tag	Mondphase
D 1	
F 2	
S 3	
S 4	
M 5	
D 6	☾ 06.28
M 7	
D 8	
F 9	
S 10	
S 11	
M 12	
D 13	
M 14	● 08.32
D 15	
F 16	
S 17	
S 18	
M 19	
D 20	
M 21	
D 22	☽ 04.33
F 23	
S 24	
S 25	
M 26	
D 27	
M 28	○ 18.52
D 29	
F 30	
S 31	

Wochen: 32, 33, 34, 35

September

Tag	Mondphase
S 1	
M 2	
D 3	
M 4	☾ 20.07
D 5	
F 6	
S 7	
S 8	
M 9	
D 10	
M 11	
D 12	
F 13	● 00.09
S 14	
S 15	
M 16	
D 17	
M 18	
D 19	
F 20	☽ 12.18
S 21	
S 22	
M 23	
D 24	
M 25	
D 26	
F 27	○ 03.52
S 28	
S 29	
M 30	

Wochen: 36, 37, 38, 39, 40

Oktober

Tag	Mondphase
D 1	
M 2	
D 3	
F 4	☾ 13.07
S 5	
S 6	
M 7	
D 8	
M 9	
D 10	
F 11	
S 12	● 15.10
S 13	
M 14	
D 15	
M 16	
D 17	
F 18	
S 19	☽ 19.08
S 20	
M 21	
D 22	
M 23	
D 24	
F 25	
S 26	○ 15.15
S 27	
M 28	
D 29	
M 30	
D 31	

Wochen: 41, 42, 43, 44

November

Tag	Mondphase
F 1	
S 2	
S 3	☾ 08.51
M 4	
D 5	
M 6	
D 7	
F 8	
S 9	
S 10	
M 11	● 05.15
D 12	
M 13	
D 14	
F 15	
S 16	
S 17	
M 18	☽ 02.09
D 19	
M 20	
D 21	
F 22	
S 23	
S 24	
M 25	○ 05.11
D 26	
M 27	
D 28	
F 29	
S 30	

Wochen: 45, 46, 47, 48

Dezember

Tag	Mondphase / Anmerkung
S 1	
M 2	
D 3	☾ 06.03
M 4	
D 5	
F 6	
S 7	
S 8	
M 9	
D 10	● 17.52
M 11	
D 12	
F 13	
S 14	
S 15	
M 16	
D 17	☽ 10.34
M 18	
D 19	
F 20	
S 21	
S 22	
M 23	
D 24	○ 21.40
M 25	1. Weihnachtsfeiertag
D 26	
F 27	
S 28	
S 29	
M 30	
D 31	

Wochen: 49, 50, 51, 52, 53

Legende

Sternzeichen	
♈ Widder	♊ Zwillinge
♉ Stier	♋ Krebs
♌ Löwe	♎ Waage
♍ Jungfrau	♏ Skorpion
♐ Schütze	♒ Wassermann
♑ Steinbock	♓ Fische

Mondphasen	
○ Vollmond	● Neumond
☾ abn. Mond	☽ zun. Mond

Sommerzeiten sind nicht berücksichtigt

Fenster verglasen und einsetzen

1997

Legend: sehr gut | gut | neutral | schlecht | sehr schlecht

Januar — 1, 2, 3, 4, 5

- M 1
- D 2 (02.43
- F 3
- S 4
- S 5
- M 6
- D 7
- M 8
- D 9 ● 05.25
- F 10
- S 11
- S 12
- M 13
- D 14
- M 15) 21.05
- D 16
- F 17
- S 18
- S 19
- M 20
- D 21
- M 22
- D 23 ○ 6.11
- F 24
- S 25
- S 26
- M 27
- D 28
- M 29
- D 30

Februar — 6, 7, 8, 9

- S 1
- S 2
- M 3
- D 4
- M 5
- D 6
- F 7 ● 16.05
- S 8
- S 9
- M 10
- D 11
- M 12
- D 13
- F 14) 10.02
- S 15
- S 16
- M 17
- D 18
- M 19
- D 20
- F 21
- S 22 ○ 11.26
- S 23
- M 24
- D 25
- M 26
- D 27
- F 28

März — 10, 11, 12, 13

- S 1
- S 2 (10.32
- M 3
- D 4
- M 5
- D 6
- F 7
- S 8
- S 9 ● 02.15
- M 10
- D 11
- M 12
- D 13) 01.06
- F 14
- S 15
- S 16
- M 17
- D 18
- M 19
- D 20
- F 21
- S 22
- S 23
- M 24 ○ 05.45
- D 25
- M 26
- D 27
- F 28 Karfreitag
- S 29
- S 30

April — 14, 15, 16, 17, 18

- D 1
- M 2
- D 3
- F 4
- S 5
- S 6
- M 7 ● 12.03
- D 8
- M 9
- D 10
- F 11
- S 12
- S 13
- M 14) 18.02
- D 15
- M 16
- D 17
- F 18
- S 19
- S 20
- M 21
- D 22 ○ 21.31
- M 23
- D 24
- F 25
- S 26
- S 27
- M 28
- D 29
- M 30 (03.36

Mai — 19, 20, 21, 22

- D 1
- F 2
- S 3
- S 4
- M 5
- D 6 ● 21.50
- M 7
- D 8
- F 9
- S 10
- S 11
- M 12
- D 13
- M 14) 11.57
- D 15
- F 16
- S 17
- S 18
- M 19 Pfingstmontag
- D 20
- M 21
- D 22 ○ 10.10
- F 23
- S 24
- S 25
- M 26
- D 27
- M 28
- D 29 (08.50
- F 30

Juni — 23, 24, 25, 26, 27

- S 1
- M 2
- D 3
- M 4
- D 5 ● 08.06
- F 6
- S 7
- S 8
- M 9
- D 10
- M 11
- D 12
- F 13) 05.50
- S 14
- S 15
- M 16
- D 17
- M 18
- D 19
- F 20 ○ 20.07
- S 21
- S 22
- M 23
- D 24
- M 25
- D 26
- F 27 (13.44
- S 28
- S 29
- M 30

1997

Juli
	Tag	Mondphase
D	1	
M	2	
D	3	
F	4	● 19.41
S	5	
S	6	
M	7	
D	8	
M	9	
D	10	
F	11	
S	12	☽ 22.42
S	13	
M	14	
D	15	
M	16	
D	17	
F	18	
S	19	
S	20	○ 04.19
M	21	
D	22	
M	23	
D	24	
F	25	
S	26	☾ 19.32
S	27	
M	28	
D	29	
M	30	
D	31	

Wochen: 28, 29, 30, 31

August
	Tag	Mondphase
F	1	
S	2	
S	3	● 09.15
M	4	
D	5	
M	6	
D	7	
F	8	
S	9	
S	10	☽ 13.36
M	11	
D	12	
M	13	
D	14	
F	15	
S	16	
S	17	
M	18	○ 11.53
D	19	
M	20	
D	21	
F	22	
S	23	
S	24	
M	25	☾ 03.24
D	26	
M	27	
D	28	
F	29	
S	30	
S	31	

Wochen: 32, 33, 34, 35

September
	Tag	Mondphase
M	1	● 00.51
D	2	
M	3	
D	4	
F	5	
S	6	
S	7	
M	8	
D	9	
M	10	☽ 02.30
D	11	
F	12	
S	13	
S	14	
M	15	
D	16	○ 19.49
M	17	
D	18	
F	19	
S	20	
S	21	
M	22	
D	23	☾ 14.41
M	24	
D	25	
F	26	
S	27	
S	28	
M	29	
D	30	

Wochen: 36, 37, 38, 39, 40

Oktober
	Tag	Mondphase
M	1	● 17.50
D	2	
F	3	
S	4	
S	5	
M	6	
D	7	
M	8	
D	9	☽ 13.16
F	10	
S	11	
S	12	
M	13	
D	14	
M	15	
D	16	○ 04.48
F	17	
S	18	
S	19	
M	20	
D	21	
M	22	
D	23	☾ 05.52
F	24	
S	25	
S	26	
M	27	
D	28	
M	29	
D	30	
F	31	● 10.59

Wochen: 41, 42, 43, 44

November
	Tag	Mondphase
S	1	
S	2	
M	3	
D	4	
M	5	
D	6	
F	7	☽ 22.42
S	8	
S	9	
M	10	
D	11	
M	12	
D	13	
F	14	○ 15.14
S	15	
S	16	
M	17	
D	18	
M	19	
D	20	
F	21	
S	22	☾ 00.57
S	23	
M	24	
D	25	
M	26	
D	27	
F	28	
S	29	
S	30	● 03.13

Wochen: 45, 46, 47, 48

Dezember
	Tag	Mondphase
M	1	
D	2	
M	3	
D	4	
F	5	
S	6	
S	7	☽ 07.09
M	8	
D	9	
M	10	
D	11	
F	12	
S	13	
S	14	○ 03.39
M	15	
D	16	
M	17	
D	18	
F	19	
S	20	
S	21	☾ 22.44
M	22	
D	23	
M	24	
D	25	1. Weihnachtsfeiertag
F	26	
S	27	
S	28	
M	29	● 17.53
D	30	
M	31	

Wochen: 49, 50, 51, 52, 53

Legende

♈ Widder ♌ Löwe ♐ Schütze ♒ Wassermann
♉ Stier ♍ Jungfrau ♑ Steinbock ♓ Fische
♊ Zwillinge ♎ Waage
♋ Krebs ♏ Skorpion

○ Vollmond ● Neumond ☽ zun. Mond ☾ abn. Mond

Sommerzeiten sind nicht berücksichtigt

Fenster verglasen und einsetzen

1998

Legende: sehr gut | gut | neutral | schlecht | sehr schlecht

Januar

D	1	
F	2	
S	3	
S	4	
M	5	15.18
D	6	
M	7	
D	8	
F	9	
S	10	
S	11	18.26
M	12	
D	13	
M	14	
D	15	
F	16	
S	17	
S	18	
M	19	
D	20	20.39
M	21	
D	22	
F	23	
S	24	
S	25	
M	26	
D	27	
M	28	06.58
D	29	
F	30	

Wochen: 1, 2, 3, 4, 5

Februar

S	1	
M	2	
D	3	23.55
M	4	
D	5	
F	6	
S	7	
S	8	
M	9	
D	10	
M	11	11.25
D	12	
F	13	
S	14	
S	15	
M	16	
D	17	
M	18	
D	19	16.22
F	20	
S	21	
S	22	
M	23	
D	24	
M	25	
D	26	18.23
F	27	
S	28	

Wochen: 6, 7, 8, 9

März

S	1	
M	2	
D	3	
M	4	
D	5	09.46
F	6	
S	7	
S	8	
M	9	
D	10	
M	11	
D	12	
F	13	05.34
S	14	
S	15	
M	16	
D	17	
M	18	
D	19	
F	20	
S	21	08.33
S	22	
M	23	
D	24	
M	25	
D	26	
F	27	
S	28	04.13
S	29	
M	30	

Wochen: 10, 11, 12, 13, 14

April

M	1	
D	2	
F	3	21.21
S	4	
S	5	
M	6	
D	7	
M	8	
D	9	
F	10	Karfreitag
S	11	23.22
S	12	
M	13	Ostermontag
D	14	
M	15	
D	16	
F	17	
S	18	
S	19	20.50
M	20	
D	21	
M	22	
D	23	
F	24	
S	25	
S	26	12.43
M	27	
D	28	
M	29	
D	30	

Wochen: 15, 16, 17, 18

Mai

F	1	
S	2	
S	3	11.09
M	4	
D	5	
M	6	
D	7	
F	8	
S	9	
S	10	
M	11	15.27
D	12	
M	13	
D	14	
F	15	
S	16	
S	17	
M	18	
D	19	05.32
M	20	
D	21	
F	22	
S	23	
S	24	
M	25	
D	26	20.34
M	27	
D	28	
F	29	
S	30	
S	31	

Wochen: 19, 20, 21, 22

Juni

M	1	Pfingstmontag
D	2	02.46
M	3	
D	4	
F	5	
S	6	
S	7	
M	8	
D	9	
M	10	05.17
D	11	
F	12	
S	13	
S	14	
M	15	
D	16	
M	17	11.34
D	18	
F	19	
S	20	
S	21	
M	22	
D	23	
M	24	04.53
D	25	
F	26	
S	27	
S	28	
M	29	
D	30	

Wochen: 23, 24, 25, 26, 27

1998

Juli (28–31)

- M 1 · ☽ 19.43 (zun. Mond)
- D 9 · ○ 16.58 (Vollmond)
- D 16 · ☾ 16.12 (abn. Mond)
- D 23 · ● 14.47 (Neumond)
- F 31 · ☽ 13.04 (zun. Mond)

August (32–36)

- S 8 · ○ 03.07 (Vollmond)
- F 14 · ☾ 20.49 (abn. Mond)
- S 22 · ● 03.03 (Neumond)
- S 30 · ☽ 06.03 (zun. Mond)

September (37–40)

- S 6 · ○ 12.17 (Vollmond)
- S 12 · ☾ 03.00 (abn. Mond)
- S 20 · ● 18.04 (Neumond)
- M 28 · ☽ 22.07 (zun. Mond)

Oktober (41–44)

- M 5 · ○ 21.10 (Vollmond)
- M 12 · ☾ 12.17 (abn. Mond)
- D 20 · ● 11.09 (Neumond)
- M 28 · ☽ 12.41 (zun. Mond)

November (45–49)

- M 4 · ○ 06.19 (Vollmond)
- M 11 · ☾ 01.29 (abn. Mond)
- D 19 · ● 05.24 (Neumond)
- F 27 · ☽ 01.22 (zun. Mond)

Dezember (50–53)

- D 3 · ○ 16.21 (Vollmond)
- D 10 · ☾ 18.56 (abn. Mond)
- F 18 · ● 23.43 (Neumond)
- F 25 · 1. Weihnachtsfeiertag
- S 26 · ☽ 11.42 (zun. Mond)

Legende

- ♈ Widder   ♉ Stier
- ♊ Zwillinge   ♋ Krebs
- ♌ Löwe   ♍ Jungfrau
- ♎ Waage   ♏ Skorpion
- ♐ Schütze   ♑ Steinbock
- ♒ Wassermann   ♓ Fische
- ○ Vollmond   ☾ abn. Mond
- ● Neumond   ☽ zun. Mond

Sommerzeiten sind nicht berücksichtigt

Fenster verglasen und einsetzen

1999

Januar

F	1	
S	2	○ 03.50
S	3	
M	4	
D	5	
M	6	
D	7	
F	8	☾ 15.24
S	9	
S	10	
M	11	
D	12	
M	13	
D	14	
F	15	
S	16	
S	17	● 16.44
M	18	
D	19	
M	20	
D	21	
F	22	
S	23	
S	24	☽ 20.14
M	25	
D	26	
M	27	
D	28	
F	29	
S	30	

Wochen: 1, 2, 3, 4

Februar

M	1	
D	2	
M	3	
D	4	
F	5	
S	6	
S	7	
M	8	☾ 12.57
D	9	
M	10	
D	11	
F	12	
S	13	
S	14	
M	15	
D	16	● 07.35
M	17	
D	18	
F	19	
S	20	
S	21	
M	22	☽ 03.44
D	23	
M	24	
D	25	
F	26	
S	27	
S	28	

Wochen: 5, 6, 7, 8

März

M	1	
D	2	○ 08.00
M	3	
D	4	
F	5	
S	6	
S	7	
M	8	
D	9	
M	10	☾ 09.38
D	11	
F	12	
S	13	
S	14	
M	15	
D	16	● 19.44
M	17	
D	18	
F	19	
S	20	
S	21	
M	22	
D	23	
M	24	☽ 11.21
D	25	
F	26	
S	27	
S	28	
M	29	
D	30	

Wochen: 9, 10, 11, 12, 13

April

D	1	
F	2	Karfreitag
S	3	
S	4	
M	5	Ostermontag
D	6	
M	7	
D	8	
F	9	☾ 03.47
S	10	
S	11	
M	12	
D	13	
M	14	
D	15	
F	16	● 05.21
S	17	
S	18	
M	19	
D	20	
M	21	
D	22	☽ 20.05
F	23	
S	24	
S	25	
M	26	
D	27	
M	28	
D	29	
F	30	○ 15.55

Wochen: 14, 15, 16, 17

Mai

S	1	
S	2	
M	3	
D	4	
M	5	
D	6	
F	7	
S	8	☾ 18.25
S	9	
M	10	
D	11	
M	12	
D	13	
F	14	
S	15	● 13.05
S	16	
M	17	
D	18	
M	19	
D	20	
F	21	
S	22	☽ 06.37
S	23	
M	24	Pfingstmontag
D	25	
M	26	
D	27	
F	28	
S	29	
S	30	
M	31	○ 07.40

Wochen: 18, 19, 20, 21, 22

Juni

D	1	
M	2	
D	3	
F	4	
S	5	
S	6	
M	7	☾ 05.16
D	8	
M	9	
D	10	
F	11	
S	12	
S	13	● 20.04
M	14	
D	15	
M	16	
D	17	
F	18	
S	19	
S	20	☽ 19.16
M	21	
D	22	
M	23	
D	24	
F	25	
S	26	
S	27	
M	28	○ 22.35
D	29	
M	30	

Wochen: 23, 24, 25, 26

1999

August
Woche 31, 32, 33, 34, 35

S	1	
M	2	
D	3	
M	4	☾ 18.23
D	5	
F	6	
S	7	
S	8	
M	9	
D	10	
M	11	● 12.10
D	12	
F	13	
S	14	
S	15	
M	16	
D	17	
M	18	
D	19	☽ 02.47
F	20	
S	21	
S	22	
M	23	
D	24	
M	25	
D	26	
F	27	○ 00.46
S	28	
S	29	
M	30	
D	31	

September
Woche 36, 37, 38, 39

M	1	
D	2	☾ 23.18
F	3	
S	4	
S	5	
M	6	
D	7	
M	8	
D	9	● 23.03
F	10	
S	11	
S	12	
M	13	
D	14	
M	15	
D	16	
F	17	☽ 21.06
S	18	
S	19	
M	20	
D	21	
M	22	
D	23	
F	24	
S	25	○ 11.46
S	26	
M	27	
D	28	
M	29	
D	30	

Oktober
Woche 40, 41, 42, 43

F	1	
S	2	☾ 05.02
S	3	
M	4	
D	5	
M	6	
D	7	
F	8	
S	9	● 12.38
S	10	
M	11	
D	12	
M	13	
D	14	
F	15	
S	16	
S	17	☽ 15.56
M	18	
D	19	
M	20	
D	21	
F	22	
S	23	
S	24	○ 22.01
M	25	
D	26	
M	27	
D	28	
F	29	
S	30	
S	31	☾ 13.08

November
Woche 44, 45, 46, 47, 48

M	1	
D	2	
M	3	
D	4	
F	5	
S	6	
S	7	
M	8	● 04.54
D	9	
M	10	
D	11	
F	12	
S	13	
S	14	
M	15	
D	16	☽ 09.57
M	17	
D	18	
F	19	
S	20	
S	21	
M	22	
D	23	○ 08.05
M	24	
D	25	
F	26	
S	27	
S	28	
M	29	
D	30	☾ 00.18

Dezember
Woche 49, 50, 51, 52

M	1	
D	2	
F	3	
S	4	
S	5	
M	6	
D	7	☾ 23.31
M	8	
D	9	
F	10	
S	11	
S	12	
M	13	
D	14	
M	15	
D	16	☽ 01.49
F	17	
S	18	
S	19	
M	20	
D	21	
M	22	○ 18.31
D	23	
F	24	
S	25	1. Weihnachtsfeiertag
S	26	
M	27	
D	28	
M	29	☾ 15.09
D	30	
F	31	

Legende

- Widder, Stier
- Zwillinge, Krebs
- Löwe, Jungfrau
- Waage, Skorpion
- Schütze, Steinbock
- Wassermann, Fische
- ○ Vollmond, ☾ abn. Mond
- ● Neumond, ☽ zun. Mond

Sommerzeiten sind nicht berücksichtigt

Fenster verglasen und einsetzen

2000

Legend: ■ sehr gut ■ gut ■ neutral ■ schlecht ■ sehr schlecht

Januar

S	1	
S	2	
M	3	
D	4	
M	5	
D	6	● 19.12
F	7	
S	8	
S	9	
M	10	(2)
D	11	
M	12	
D	13	☽ 14.28
F	14	
S	15	
S	16	
M	17	(3)
D	18	
M	19	
D	20	
F	21	○ 05.41
S	22	
S	23	
M	24	(4)
D	25	
M	26	
D	27	
F	28	☾ 08.59
S	29	
S	30	

Februar

D	1	
M	2	
D	3	
F	4	
S	5	● 14.00
S	6	(6)
M	7	
D	8	
M	9	
D	10	
F	11	
S	12	
S	13	☽ 00.21 (7)
M	14	
D	15	
M	16	
D	17	
F	18	
S	19	○ 17.28
S	20	(8)
M	21	
D	22	
M	23	
D	24	
F	25	
S	26	
S	27	☾ 04.55 (9)
M	28	
D	29	

März

M	1	
D	2	
F	3	
S	4	
S	5	
M	6	● 06.13
D	7	
M	8	
D	9	(10)
F	10	
S	11	
S	12	(11)
M	13	☽ 07.58
D	14	
M	15	
D	16	
F	17	
S	18	○ 05.46
S	19	(12)
M	20	
D	21	
M	22	
D	23	
F	24	
S	25	
S	26	☾ 01.22 (13)
M	27	
D	28	
M	29	
D	30	

April

S	1	
S	2	
M	3	
D	4	● 19.08
M	5	
D	6	
F	7	
S	8	
S	9	(14)
M	10	
D	11	☽ 14.32
M	12	
D	13	
F	14	
S	15	
S	16	(15)
M	17	
D	18	○ 18.44
M	19	
D	20	
F	21	Karfreitag
S	22	
S	23	(16)
M	24	Ostermontag
D	25	
M	26	☾ 20.28
D	27	
F	28	
S	29	
S	30	(17)

Mai

M	1	
D	2	
M	3	
D	4	● 05.11
F	5	
S	6	
S	7	
M	8	
D	9	
M	10	☽ 21.32
D	11	
F	12	
S	13	
S	14	(19)
M	15	
D	16	
M	17	
D	18	○ 08.37
F	19	
S	20	
S	21	(21)
M	22	
D	23	
M	24	
D	25	
F	26	☾ 12.49
S	27	
S	28	(22)
M	29	
D	30	
D	31	

Juni

D	1	
F	2	● 13.13
S	3	
S	4	
M	5	Pfingstmontag
D	6	
M	7	
D	8	
F	9	☽ 04.30
S	10	
S	11	
M	12	
D	13	
M	14	
D	15	
F	16	○ 23.27
S	17	
S	18	(25)
M	19	
D	20	
M	21	
D	22	
F	23	
S	24	
S	25	☾ 01.59 (26)
M	26	
D	27	
M	28	
D	29	
F	30	

2000

Juli

S	1	● 20.18
S	2	
M	3	
D	4	
M	5	
D	6	
F	7	
S	8	) 13.59
S	9	
M	10	
D	11	
M	12	
D	13	
F	14	
S	15	
S	16	○ 14.53
M	17	
D	18	
M	19	
D	20	
F	21	
S	22	
S	23	
M	24	☾ 11.57
D	25	
M	26	
D	27	
F	28	
S	29	
S	30	
M	31	● 03.25

Wochen: 27, 28, 29, 30, 31

August

D	1	
M	2	
D	3	
F	4	
S	5	
S	6	
M	7	) 02.02
D	8	
M	9	
D	10	
F	11	
S	12	
S	13	
M	14	
D	15	○ 06.09
M	16	
D	17	
F	18	
S	19	
S	20	
M	21	
D	22	☾ 19.47
M	23	
D	24	
F	25	
S	26	
S	27	
M	28	
D	29	● 11.22
M	30	
D	31	

Wochen: 32, 33, 34, 35

September

F	1	
S	2	
S	3	
M	4	
D	5	) 17.30
M	6	
D	7	
F	8	
S	9	
S	10	
M	11	
D	12	
M	13	○ 20.34
D	14	
F	15	
S	16	
S	17	
M	18	
D	19	
M	20	☾ 02.29
D	21	
F	22	
S	23	
S	24	
M	25	
D	26	
M	27	● 20.53
D	28	
F	29	
S	30	

Wochen: 36, 37, 38, 39

Oktober

S	1	
M	2	
D	3	
M	4	
D	5	) 11.59
F	6	
S	7	
S	8	
M	9	
D	10	
M	11	
D	12	
F	13	○ 09.48
S	14	
S	15	
M	16	
D	17	
M	18	
D	19	
F	20	☾ 08.58
S	21	
S	22	
M	23	
D	24	
M	25	
D	26	
F	27	● 09.01
S	28	
S	29	
M	30	
D	31	

Wochen: 40, 41, 42, 43, 44

November

M	1	
D	2	
F	3	
S	4	) 08.24
S	5	
M	6	
D	7	
M	8	
D	9	
F	10	
S	11	○ 22.14
S	12	
M	13	
D	14	
M	15	
D	16	
F	17	
S	18	☾ 16.26
S	19	
M	20	
D	21	
M	22	
D	23	
F	24	
S	25	
S	26	● 00.11
M	27	
D	28	
M	29	
D	30	

Wochen: 45, 46, 47, 48

Dezember

F	1	
S	2	
S	3	
M	4	) 04.51
D	5	
M	6	
D	7	
F	8	
S	9	
S	10	
M	11	○ 10.00
D	12	
M	13	
D	14	
F	15	
S	16	
S	17	
M	18	☾ 01.42
D	19	
M	20	
D	21	
F	22	
S	23	
S	24	
M	25	● 1. Weihnachtsfeiertag 18.22
D	26	2. Feiertag
M	27	
D	28	
F	29	
S	30	
S	31	

Wochen: 49, 50, 51, 52

Legende

Widder · Stier · Zwillinge · Krebs · Löwe · Jungfrau · Waage · Skorpion · Schütze · Steinbock · Wassermann · Fische

○ Vollmond   ☾ abn. Mond   ● Neumond   ) zun. Mond

Sommerzeiten sind nicht berücksichtigt

Holztreppen und Dachstühle fertigen und aufstellen

Holz arbeitet. Selbst das beste wintergeschlagene Eichenholz, das in mancher Hinsicht bessere Eigenschaften als Stahl besitzt, selbst dieses Holz arbeitet, bewegt sich, dehnt sich aus, zieht sich zusammen. Diese Eigenschaft von Holz zu bekämpfen heißt, es zu töten. Wo absolute Starre und Unbeweglichkeit gefordert sind, sollte man lieber gleich Stein, Metall oder Kunststoff verwenden. Statt Holz einzusperren, mit Kunstharzlack abzudichten oder in Metallkonstruktionen zu zwängen.

Holz mit Chemie oder Metall zur Ruhe zu zwingen, weil man nicht auf den Zeitpunkt geachtet hat, ist dasselbe wie das unmenschliche »Ruhigstellen« in Nervenheilanstalten oder das Benotungssystem an Schule/Universität. Beides zerstört. Erst durch diese Zwangsmaßnahmen kommen die Giftstoffe zu uns. Unnatürlich hohe Erträge in der Landwirtschaft bedürfen der Pflanzengifte und chemischen Düngemittel. Unnatürlich lange Lebensdauer bei welchem Produkt auch immer bedarf der Gifte. Die Erfüllung aller überspannten Wünsche kann nur durch überspannte, unnatürliche Mittel erreicht werden, die wiederum nur um einen langfristig viel zu hohen Preis zu erhalten sind.

Haltbar, resistent, unverwüstlich, dauerhaft, langlebig – jede dieser werbewirksamen Eigenschaften eines Produkts sollte Sie zu der Frage führen: Läßt sich das Produkt ohne Aufwand in den Kreislauf der Natur zurückführen? Oder sollen Archäologen in tausend Jahren unsere Unvernunft am Inhalt unserer Müllhalden und am Giftgehalt unserer Knochen messen?

Warum kann sich dieser Zustand so lange halten?

Weil die Industrie die Mittel hat, uns weiszumachen, das alles sei notwendig; weil sie vom Verkauf der Gifte und ihrer Entsorgung gut lebt. Deshalb wird auch so viel für Wiederverwertung geworben und so wenig für Gift- und Müllvermeidung.

Die gesetzlichen Grenzwerte für die Menge der Schadstoffe in Baustoffen, Lacken usw. sind festgelegt nach Maßstäben, die vielleicht im Labor gut aussehen, aber niemals im Einzelfall gültig sind, und das ist Ihr Fall oder der Ihrer Kinder. Grenzwerte sollen in erster Linie Hersteller und Industrie schützen, nicht aber den Menschen. Davon können Sie getrost ausgehen. Der Staat legt Grenzwerte fest. Derselbe Staat schützt das Holz in den Forsthäusern seiner Forstbeamten *von innen* mit völlig überflüssigen, giftigen Holzschutzmitteln, so daß Hunderte von ihnen schwere körperliche Schäden davontragen. Derselbe Staat soll uns vor giftigen Holzschutzmitteln schützen?

Lange, lange nachdem einzelne von uns Wirtschaft und Staat bewiesen haben, daß irgendein Stoff uns zu Hunderten umbringt, geschieht etwas. Wir dürfen nicht auf Staat, Wirtschaft und Versicherungen hoffen, sonst sind wir verlassen. Wir müssen unser Schicksal selbst in die Hand nehmen.

Traurig ist, daß auch die moderne Wissenschaft viel dazu beigetragen hat, falsche Wege einzuschlagen. Der Zwang, alles erst beweisen zu müssen, bevor man es anwendet, hat so viel Gutes zerstört und Schaden angerichtet, daß man manchmal angesichts der Überheblichkeit von seiten der studierten Titelträger verzweifeln könnte.

Trotz all dieser Arroganz gegenüber dem Erfahrungswissen einfacher Menschen ignoriert die Wissenschaft seltsamerweise dort, wo es angebracht wäre, die eigenen Spielregeln. Etwa im Bereich von Gentechnologie und Atomkraft. Beide Bereiche bringen ausnahmslos Verderben über die Menschen. Ihr Schaden ist heute schon tausendfach größer als ihr vermeintlicher Nutzen. Viele Menschen wissen das genau, auch unter den Wissenschaftlern. Fast alle sind jedoch zu stolz, zu gierig oder zu ängstlich, dies zuzugeben. Entscheidend ist, daß einerseits die Wissenschaft auf altes Erfahrungswissen verzichtet, weil »es keine Beweise gibt«, andererseits aber den Wahnsinn der Gentechnologie und Atomkraft weiterverfolgt, obwohl es keine Beweise dafür gibt, daß sie dem Menschen auch nur einen Schritt weiterhelfen.

Einfache Menschen fühlen oft genau, was richtig und falsch ist, spüren genau, daß hinter Gentechnologie und Atomkraft ausschließlich »wirtschaftliches Interesse« sprich: Geldgier, steckt, niemals jedoch ein liebevolles Interesse am Wohlergehen der Mitmenschen.

Kunststoffe, Metall und Beton hatten in vielen Bereichen nur deshalb eine Chance, Holz als Baustoff zu ersetzen, weil man fast über Nacht altes Erfahrungswissen ins Reich des Aberglaubens verbannte – aus Geldgier, Expertenarroganz oder falschem Stolz. Glücklicherweise gibt es viele Menschen, die im Laufe der Zeit immun geworden sind gegen den Vorwurf der »Primitivität«, wenn sie nach alten Regeln arbeiteten und Häuser bauten und renovierten.

Wir möchten es wiederholen: Nach den Mondphasen geerntetes und verarbeitetes Holz ist ein unschätzbar wertvoller und langlebiger Baustoff für eine Vielfalt von Anwendungsbereichen – vom Möbelstück über Straßenbrücken bis zur Schwimmhalle. Wie steht es denn mit Ihrer eigenen Erfahrung? Vielleicht gehören Sie zu den zahlreichen Menschen, die ihre ganz persönliche Erfahrung mit der Dauerhaftigkeit von Beton machen durften, etwa wenn in Ihrer Nähe Betonbrücken nach wenigen Jahrzehnten zerbröselten und monatelang Baustellen für Staus ohne Ende sorgten. Oder wenn einbetonierte Holzpfosten locker wurden – Holz intakt, Betonsockel zerstört.

Wer noch Zweifel hat, sollte einmal ein Museumsdorf besuchen und sich die vierhundert Jahre alten Bauernhäuser anschauen, deren Holz ohne jede Chemie überdauert hat. Leider sind inzwischen manche von ihnen aus Unwissenheit vergiftet worden, um sie zu »schützen«. Wovor?

Nach den Natur- und Mondrhythmen verarbeitet und eingebaut, gibt sich Holz zufrieden und bleibt ruhig, es hat Raum. Besondere Schutzmittel sind meist überflüssig, in Innenräumen ohnehin. Für seine (im Außenbereich notwendige) Pflege ist Überstreichen mit natürlichen Ölen, Lasuren und Farben im Abstand von fünf Jahren völlig ausreichend. Wenn Sie solch »zufriedenes« Holz in Ihren Treppen und im Dachstuhl wünschen, dann sollten Sie sich an die Grundregeln halten.

Die Grundregeln für das Fertigen und Aufrichten von Dachstühlen und Holztreppen

Sehr gut: Bei abnehmendem Mond im Tierkreiszeichen Steinbock.

Gut: Bei abnehmendem Mond, mit Ausnahme der Löwe-, Schütze- und Krebstage.

Schlecht:	Generell bei zunehmendem Mond, aber auch bei abnehmendem Mond in Löwe, Schütze und Krebs.
Sehr schlecht:	Bei zunehmendem Mond in Löwe, Schütze und Krebs und bei Vollmond.

Die Folgen der Ausführung zum richtigen Zeitpunkt
Der Dachstuhl bleibt ruhig. Kein Reißen oder Heben der Balken und Unterlatten. Holztreppen knarren nicht. Hohe Haltbarkeit.

Die Folgen der Ausführung zum falschen Zeitpunkt
Holztreppen gleiten leichter aus den Fugen, bei Schütze starkes Arbeiten und Knarren. Bei Löwe trocknet das Holz zu schnell, etwa nach hoher Luftfeuchtigkeit, daher springt es leichter. Der Dachstuhl kann sich heben oder verziehen.

Und nicht vergessen: Sollten Sie die Möglichkeit haben, ein Schindeldach zu errichten, achten Sie auf die Drehrichtung des Lärchenholzes. Es sollte gerade oder leicht nach links laufen. Bei feuchter Witterung streckt sich dann die Schindel, in der Sonne dagegen krümmt sie sich leicht und läßt Luft zur Trocknung unter die Oberfläche dringen.

Auch das Dacheindecken kann vom richtigen Zeitpunkt profitieren. Allerdings war das Achten darauf früher wichtiger als heute, weil die Dachziegel und -platten aufgrund der Verarbeitungstechniken leichter brechen konnten (unter starken Schneelasten oder bei starken Temperaturschwankungen). Nur zur Sicherheit also, aber heute nicht mehr unbedingt notwendig: Der abnehmende Mond, idealerweise bei Steinbock, ist die beste Zeit für das Dachdecken. Bei zunehmendem Mond eingedeckt, halten die Dachziegel manchmal nicht gut zusammen und können sich verschieben. Wassertagen (Krebs, Skorpion, Fische) sollte man aus dem Weg gehen, weil das Dach sonst leichter verschmutzt und die Moosbildung gefördert wird.

Bei *Stroh- und Schindeldächern* ist es allerdings auch heute noch von Vorteil, den Mondkalender zu konsultieren: Das Stroh sollte bei zunehmendem Mond geerntet und vorbereitet werden, damit es füllig bleibt (wie bei einem Federbett!). Das Eindecken sollte dann bei abnehmendem Mond erfolgen, nicht jedoch in den Zeichen Widder, Löwe und Schütze, weil dann wegen starker Austrocknung die Brandgefahr wächst.

Und noch ein Tip, bei dem man zu Recht von »kleiner Ursache mit großer Wirkung« sprechen kann: So manche etwa durch Laub verstopfte Dachrinne hat schon große Wasserschäden an Hausfassaden und in Innenräumen angerichtet. Auf den richtigen Zeitpunkt ihrer Reinigung zu achten ist sehr sinnvoll. Dachrinnen verstopfen nicht so leicht und bleiben länger sauber, wenn man sie bei abnehmendem Mond reinigt.

Sollten Sie ein Ziegeldach haben, das von Moos bedeckt ist, achten Sie bitte ebenfalls auf den Tag der Reinigung: bei abnehmendem Mond im Steinbock. Dann haben Sie lange Zeit Ruhe vor dem Moos. Ausbesserungen an Ziegeln ebenfalls bei abnehmendem Mond, aber das Tierkreiszeichen ist dann nicht so wichtig, wenn Sie nur dem Krebs aus dem Weg gehen. Besonders nach starken Schneefällen ist es ratsam, das Dach zu kontrollieren. Am anfälligsten sind Ziegel im Frühling nach längeren Kälteperioden, wenn sich pausenlos Schneeschmelze tagsüber mit nächtlicher Vereisung abwechseln.

Holztreppen und Dachstühle fertigen und aufstellen

1996

Legende: sehr gut | gut | neutral | schlecht | sehr schlecht

Januar
M 1	
D 2	
M 3	
D 4	
F 5	○ 21.50
S 6	
S 7	
M 8	2
D 9	
M 10	
D 11	
F 12	☾ 21.42
S 13	
S 14	3
M 15	
D 16	
M 17	
D 18	
F 19	● 13.51
S 20	4
S 21	
M 22	
D 23	
M 24	
D 25	
F 26	☽ 12.18
S 27	
S 28	5
M 29	
D 30	

Februar
D 1	
F 2	
S 3	
S 4	○ 16.57
M 5	6
D 6	
M 7	
D 8	
F 9	
S 10	
S 11	7
M 12	☾ 09.33
D 13	
M 14	
D 15	
F 16	
S 17	
S 18	8
M 19	● 00.28
D 20	
M 21	
D 22	
F 23	
S 24	
S 25	9
M 26	☽ 06.54
D 27	
M 28	
D 29	

März
F 1	
S 2	
S 3	10
M 4	
D 5	○ 10.18
M 6	
D 7	
F 8	
S 9	
S 10	11
M 11	
D 12	☾ 18.13
M 13	
D 14	
F 15	
S 16	
S 17	12
M 18	
D 19	● 11.48
M 20	
D 21	
F 22	
S 23	
S 24	13
M 25	
D 26	
M 27	☽ 02.32
D 28	
F 29	
S 30	
S 31	

April
M 1	14
D 2	
M 3	
D 4	○ 01.05
F 5	Karfreitag
S 6	
S 7	15
M 8	Ostermontag
D 9	
M 10	
D 11	☾ 00.34
F 12	
S 13	
S 14	16
M 15	
D 16	
M 17	● 23.50
D 18	
F 19	
S 20	
S 21	17
M 22	
D 23	
M 24	
D 25	☽ 21.39
F 26	
S 27	
S 28	18
M 29	
D 30	

Mai
M 1	
D 2	
F 3	○ 12.45
S 4	
S 5	19
M 6	
D 7	
M 8	
D 9	
F 10	☾ 06.04
S 11	
S 12	20
M 13	
D 14	
M 15	
D 16	
F 17	● 12.48
S 18	
S 19	21
M 20	
D 21	
M 22	
D 23	
F 24	
S 25	☽ 15.09
S 26	22
M 27	Pfingstmontag
D 28	
M 29	
D 30	
F 31	

Juni
S 1	○ 21.46
S 2	23
M 3	
D 4	
M 5	
D 6	
F 7	
S 8	☾ 12.09
S 9	24
M 10	
D 11	
M 12	
D 13	
F 14	
S 15	
S 16	● 02.37
M 17	25
D 18	
M 19	
D 20	
F 21	
S 22	
S 23	26
M 24	☽ 06.19
D 25	
M 26	
D 27	
F 28	
S 29	
S 30	

1996

Juli (Weeks 27–31)

Tag		Mond
M 1		○ 04.56
D 2		
M 3		
D 4		
F 5		
S 6		
S 7		C 19.59
M 8		
D 9		
M 10		
D 11		
F 12		
S 13		
S 14		
M 15		● 17.16
D 16		
M 17		
D 18		
F 19		
S 20		
S 21		
M 22		
D 23		) 18.45
M 24		
D 25		
F 26		
S 27		
S 28		
M 29		
D 30		○ 11.35
M 31		

August (Weeks 32–35)

Tag	Mond
D 1	
F 2	
S 3	
S 4	
M 5	
D 6	C 06.28
M 7	
D 8	
F 9	
S 10	
S 11	
M 12	
D 13	
M 14	● 08.32
D 15	
F 16	
S 17	
S 18	
M 19	
D 20	
M 21	
D 22	) 04.33
F 23	
S 24	
S 25	
M 26	
D 27	
M 28	○ 18.52
D 29	
F 30	
S 31	

September (Weeks 36–40)

Tag	Mond
S 1	
M 2	
D 3	
M 4	C 20.07
D 5	
F 6	
S 7	
S 8	
M 9	
D 10	
M 11	
D 12	
F 13	● 00.09
S 14	
S 15	
M 16	
D 17	
M 18	
D 19	
F 20	) 12.18
S 21	
S 22	
M 23	
D 24	
M 25	
D 26	
F 27	○ 03.52
S 28	
S 29	
M 30	

Oktober (Weeks 41–44)

Tag	Mond
D 1	
M 2	
D 3	
F 4	C 13.07
S 5	
S 6	
M 7	
D 8	
M 9	
D 10	
F 11	
S 12	● 15.10
S 13	
M 14	
D 15	
M 16	
D 17	
F 18	
S 19	) 19.08
S 20	
M 21	
D 22	
M 23	
D 24	
F 25	
S 26	○ 15.15
S 27	
M 28	
D 29	
M 30	
D 31	

November (Weeks 45–48)

Tag	Mond
F 1	
S 2	
S 3	C 08.51
M 4	
D 5	
M 6	
D 7	
F 8	
S 9	
S 10	
M 11	● 05.15
D 12	
M 13	
D 14	
F 15	
S 16	
S 17	
M 18	) 02.09
D 19	
M 20	
D 21	
F 22	
S 23	
S 24	
M 25	○ 05.11
D 26	
M 27	
D 28	
F 29	
S 30	

Dezember (Weeks 49–53)

Tag	Mond / Feiertag
S 1	
M 2	
D 3	C 06.03
M 4	
D 5	
F 6	
S 7	
S 8	
M 9	
D 10	● 17.52
M 11	
D 12	
F 13	
S 14	
S 15	
M 16	
D 17	) 10.34
M 18	
D 19	
F 20	
S 21	
S 22	
M 23	
D 24	○ 21.40
M 25	1. Weihnachtsfeiertag
D 26	
F 27	
S 28	
S 29	
M 30	
D 31	

Legende – Tierkreiszeichen

- Widder
- Stier
- Zwillinge
- Krebs
- Löwe
- Jungfrau
- Waage
- Skorpion
- Schütze
- Steinbock
- Wassermann
- Fische

Legende – Mondphasen

- ○ Vollmond
- C abn. Mond
- ● Neumond
-) zun. Mond

Sommerzeiten sind nicht berücksichtigt

Holztreppen und Dachstühle fertigen und aufstellen

1997

Legende: sehr gut | gut | neutral | schlecht | sehr schlecht

Januar

Tag		Hinweis
M	1	
D	2	(02.43
F	3	
S	4	
S	5	
M	6	
D	7	
M	8	
D	9	● 05.25
F	10	
S	11	
S	12	
M	13	
D	14	) 21.05
M	15	
D	16	
F	17	
S	18	
S	19	
M	20	
D	21	
M	22	
D	23	○ 16.11
F	24	
S	25	
S	26	
M	27	
D	28	
M	29	
D	30	

Wochen: 1, 2, 3, 4, 5

Februar

Tag		Hinweis
S	1	
S	2	
M	3	
D	4	
M	5	
D	6	
F	7	● 16.05
S	8	
S	9	
M	10	
D	11	
M	12	
D	13	
F	14	) 10.02
S	15	
S	16	
M	17	
D	18	
M	19	
D	20	
F	21	
S	22	○ 11.26
S	23	
M	24	
D	25	
M	26	
D	27	
F	28	

Wochen: 6, 7, 8, 9

März

Tag		Hinweis
S	1	
S	2	(10.32
M	3	
D	4	
M	5	
D	6	
F	7	
S	8	
S	9	● 02.15
M	10	
D	11	
M	12	
D	13	
F	14	
S	15	
S	16	) 01.06
M	17	
D	18	
M	19	
D	20	
F	21	
S	22	
S	23	
M	24	○ 05.45
D	25	
M	26	
D	27	
F	28	Karfreitag
S	29	
S	30	
M	31	(20.35 Ostermontag

Wochen: 10, 11, 12, 13

April

Tag		Hinweis
D	1	
M	2	
D	3	
F	4	
S	5	
S	6	● 12.03
M	7	
D	8	
M	9	
D	10	
F	11	
S	12	
S	13	
M	14	) 18.02
D	15	
M	16	
D	17	
F	18	
S	19	
S	20	
M	21	
D	22	○ 21.31
M	23	
D	24	
F	25	
S	26	
S	27	
M	28	
D	29	
M	30	(03.36

Wochen: 14, 15, 16, 17, 18

Mai

Tag		Hinweis
D	1	
F	2	
S	3	
S	4	
M	5	
D	6	● 21.50
M	7	
D	8	
F	9	
S	10	
S	11	
M	12	
D	13	
M	14	) 11.57
D	15	
F	16	
S	17	
S	18	
M	19	Pfingstmontag
D	20	
M	21	
D	22	○ 10:10
F	23	
S	24	
S	25	
M	26	
D	27	
M	28	
D	29	(08.53
F	30	
S	31	

Wochen: 19, 20, 21, 22

Juni

Tag		Hinweis
S	1	
M	2	
D	3	
M	4	
D	5	● 08.06
F	6	
S	7	
S	8	
M	9	
D	10	
M	11	
D	12	
F	13	) 05.50
S	14	
S	15	
M	16	
D	17	
M	18	
D	19	
F	20	○ 20.07
S	21	
S	22	
M	23	
D	24	
M	25	
D	26	
F	27	(13.44
S	28	
S	29	
M	30	

Wochen: 23, 24, 25, 26, 27

1997

Juli

Tag		Notiz	KW
D	1		
M	2		
D	3		
F	4	● 19.41	
S	5		
S	6		
M	7		28
D	8		
M	9		
D	10		
F	11	☽ 22.42	
S	12		
S	13		
M	14		29
D	15		
M	16		
D	17		
F	18		
S	19		
S	20	○ 04.19	
M	21		30
D	22		
M	23		
D	24		
F	25	☾ 19.32	
S	26		
S	27		
M	28		31
D	29		
M	30		
D	31		

August

Tag		Notiz	KW
F	1		
S	2		
S	3	● 09.15	
M	4		32
D	5		
M	6		
D	7		
F	8		
S	9		
S	10		
M	11	☽ 13.36	33
D	12		
M	13		
D	14		
F	15		
S	16		
S	17		
M	18	○ 11.53	34
D	19		
M	20		
D	21		
F	22		
S	23		
S	24		
M	25	☾ 03.24	35
D	26		
M	27		
D	28		
F	29		
S	30		
S	31		

September

Tag		Notiz	KW
M	1		36
D	2	● 00.51	
M	3		
D	4		
F	5		
S	6		
S	7		
M	8		37
D	9		
M	10	☽ 02.30	
D	11		
F	12		
S	13		
S	14		38
M	15		
D	16	○ 19.49	
M	17		
D	18		
F	19		
S	20		
S	21		39
M	22		
D	23	☾ 14.41	
M	24		
D	25		
F	26		
S	27		
S	28		40
M	29		
D	30		

Oktober

Tag		Notiz	KW
M	1	● 17.50	41
D	2		
F	3		
S	4		
S	5		
M	6		
D	7		
M	8		
D	9	☽ 13.16	42
F	10		
S	11		
S	12		
M	13		
D	14		
M	15		
D	16	○ 04.48	43
F	17		
S	18		
S	19		
M	20		
D	21		
M	22		
D	23	☾ 05.52	44
F	24		
S	25		
S	26		
M	27		
D	28		
M	29		
D	30		
F	31	● 10.59	

November

Tag		Notiz	KW
S	1		
S	2		
M	3		45
D	4		
M	5		
D	6		
F	7	☽ 22.42	
S	8		
S	9		46
M	10		
D	11		
M	12		
D	13		
F	14	○ 15.14	
S	15		
S	16		47
M	17		
D	18		
M	19		
D	20		
F	21		
S	22	☾ 00.57	
S	23		48
M	24		
D	25		
M	26		
D	27		
F	28		
S	29		
S	30	● 03.13	

Dezember

Tag		Notiz	KW
M	1		49
D	2		
M	3		
D	4		
F	5		
S	6		
S	7	☽ 07.09	
M	8		50
D	9		
M	10		
D	11		
F	12		
S	13		
S	14	○ 03.39	51
M	15		
D	16		
M	17		
D	18		
F	19		
S	20		
S	21	☾ 22.44	52
M	22		
D	23		
M	24		
D	25	1. Weihnachtsfeiertag	
F	26		
S	27		
S	28		53
M	29	● 17.53	
D	30		
M	31		

Legende

♈ Widder ♉ Stier

♊ Zwillinge ♋ Krebs

♌ Löwe ♍ Jungfrau

♎ Waage ♏ Skorpion

♐ Schütze ♑ Steinbock

♒ Wassermann ♓ Fische

○ Vollmond ☾ abn. Mond
● Neumond ☽ zun. Mond

Sommerzeiten sind nicht berücksichtigt

Holztreppen und Dachstühle fertigen und aufstellen

1998

Legende: sehr gut · gut · neutral · schlecht · sehr schlecht

Januar

D	1	
F	2	
S	3	
S	4	) 15.18
M	5	**1**
D	6	
M	7	
D	8	
F	9	
S	10	
S	11	○ 18.26 **2**
M	12	
D	13	
M	14	
D	15	
F	16	
S	17	
S	18	**3**
M	19	
D	20	☾ 20.39
M	21	
D	22	
F	23	
S	24	
S	25	**4**
M	26	
D	27	
M	28	● 06.58
D	29	
F	30	
S	31	**5**

Februar

S	1	
M	2	
D	3	) 23.55
M	4	
D	5	
F	6	
S	7	
S	8	**6**
M	9	
D	10	
M	11	○ 11.25
D	12	
F	13	
S	14	
S	15	**7**
M	16	
D	17	
M	18	
D	19	☾ 16.22
F	20	
S	21	
S	22	**8**
M	23	
D	24	
D	26	● 18.23
F	27	
S	28	

März

S	1	
M	2	**10**
D	3	
M	4	
D	5	) 09.46
F	6	
S	7	
S	8	**11**
M	9	
D	10	
M	11	
D	12	
F	13	○ 05.34
S	14	
S	15	**12**
M	16	
D	17	
M	18	
D	19	
F	20	
S	21	☾ 08.33
S	22	**13**
M	23	
D	24	
M	25	
D	26	
F	27	
S	28	● 04.13
S	29	**14**
M	30	
D	31	

April

M	1	
D	2	
F	3	) 21.21
S	4	
S	5	**15**
M	6	
D	7	
M	8	
D	9	
F	10	Karfreitag
S	11	○ 23.22
S	12	**16**
M	13	Ostermontag
D	14	
M	15	
D	16	
F	17	
S	18	**17**
S	19	☾ 20.50
M	20	
D	21	
M	22	
D	23	
F	24	
S	25	**18**
S	26	● 12.43
M	27	
D	28	
M	29	
D	30	

Mai

F	1	
S	2	
S	3	) 11.29
M	4	**19**
D	5	
M	6	
D	7	
F	8	
S	9	
S	10	**20**
M	11	○ 15.27
D	12	
M	13	
D	14	
F	15	
S	16	
S	17	**21**
M	18	
D	19	☾ 05.32
M	20	
D	21	
F	22	
S	23	
S	24	**22**
M	25	● 20.34
D	26	
M	27	
D	28	
F	29	
S	30	
S	31	

Juni

M	1	Pfingstmontag **23**
D	2	) 02.46
M	3	
D	4	
F	5	
S	6	
S	7	
M	8	**24**
D	9	
M	10	○ 05.17
D	11	
F	12	
S	13	
S	14	
M	15	**25**
D	16	
M	17	☾ 11.34
D	18	
F	19	
S	20	
S	21	**26**
M	22	
D	23	
M	24	● 04.53
D	25	
F	26	
S	27	
S	28	**27**
M	29	
D	30	

1998

Tag	Juli	August	September	Oktober	November	Dezember
1	M ☽ 19.43	S	D	D	S	D
2	D	S	M	F	M	M
3	F	M	D	S	D	D ○ 16.21
4	S	D	F	S	M ○ 06.19	F
5	S	M	S	M ○ 21.10	D	S
6	M	D	S ○ 12.17	D	F	S
7	D	F	M	M	S	M
8	M	S ○ 03.07	D	D	S	D
9	D ○ 16.58	S	M	F	M	M
10	F	M	D	S	D	D ☾ 18.56
11	S	D	F	S	M ☾ 01.29	F
12	S	M	S	M ☾ 12.17	D	S
13	M	D	S ☾ 03.00	D	F	S
14	D	F ☾ 20.49	M	M	S	M
15	M	S	D	D	S	D
16	D ☾ 16.12	S	M	F	M	M
17	F	M	D	S	D	D
18	S	D	F	S	M	F ● 23.43
19	S	M	S	M	D ● 05.24	S
20	M	D	S ● 18.04	D ● 11.09	F	S
21	D	F	M	M	S	M
22	M ● 14.47	S ● 03.03	D	D	S	D
23	D	S	M	F	M	M
24	F	M	D	S	D	D
25	S	D	F	S	M	F 1. Weihnachtsfeiertag
26	S	M	S	M	D	S ☽ 11.42
27	M	D	S	D	F ☽ 01.22	S
28	D	F	M ☽ 22.07	M ☽ 12.41	S	M
29	M	S	D	D	S	D
30	D	S ☽ 06.03	M	F	M	M
31	F ☽ 13.04	M		S		D

Kalenderwochen: 28, 29, 30, 31 (Juli); 32, 33, 34, 35, 36 (August); 37, 38, 39, 40 (September); 41, 42, 43, 44 (Oktober); 45, 46, 47, 48, 49 (November); 50, 51, 52, 53 (Dezember)

Tierkreiszeichen:
- ♈ Widder
- ♉ Stier
- ♊ Zwillinge
- ♋ Krebs
- ♌ Löwe
- ♍ Jungfrau
- ♎ Waage
- ♏ Skorpion
- ♐ Schütze
- ♑ Steinbock
- ♒ Wassermann
- ♓ Fische

Mondphasen:
- ● Neumond
- ☽ zun. Mond
- ○ Vollmond
- ☾ abn. Mond

Sommerzeiten sind nicht berücksichtigt

Holztreppen und Dachstühle fertigen und aufstellen

1999

Legende: sehr gut | gut | neutral | schlecht | sehr schlecht

Januar
- F 1
- S 2 ○ 03.50
- S 3
- M 4
- D 5
- M 6
- D 7
- F 8 ☾ 15.24
- S 9
- S 10
- M 11
- D 12
- M 13
- D 14
- F 15
- S 16
- S 17 ● 16.44
- M 18
- D 19
- M 20
- D 21
- F 22 ☽ 20.14
- S 23
- S 24
- M 25
- D 26
- M 27
- D 28
- F 29
- S 30

(Wochen 1, 2, 3, 4)

Februar
- M 1
- D 2
- M 3
- D 4
- F 5
- S 6
- S 7
- M 8 ☾ 12.57
- D 9
- M 10
- D 11
- F 12
- S 13
- S 14
- M 15
- D 16 ● 07.35
- M 17
- D 18
- F 19
- S 20
- S 21
- M 22
- D 23
- M 24
- D 25
- F 26
- S 27
- S 28

(Wochen 5, 6, 7, 8)

März
- M 1
- D 2 ○ 08.00
- M 3
- D 4
- F 5
- S 6
- S 7
- M 8
- D 9
- M 10 ☾ 09.38
- D 11
- F 12
- S 13
- S 14
- M 15
- D 16
- M 17 19.44
- D 18
- F 19
- S 20
- S 21
- M 22
- D 23
- M 24 ☽ 11.21
- D 25
- F 26
- S 27
- S 28
- M 29
- D 30

(Wochen 9, 10, 11, 12, 13)

April
- D 1
- F 2 Karfreitag
- S 3
- S 4
- M 5 Ostermontag
- D 6
- M 7
- D 8
- F 9 ☾ 03.47
- S 10
- S 11
- M 12
- D 13
- M 14
- D 15
- F 16 ● 05.21
- S 17
- S 18
- M 19
- D 20
- M 21
- D 22 ☽ 20.05
- F 23
- S 24
- S 25
- M 26
- D 27
- M 28
- D 29
- F 30 ○ 15.55

(Wochen 14, 15, 16, 17)

Mai
- S 1
- S 2
- M 3
- D 4
- M 5
- D 6
- F 7
- S 8 ☾ 18.25
- S 9
- M 10
- D 11
- M 12
- D 13
- F 14
- S 15 ● 13.05
- S 16
- M 17
- D 18
- M 19
- D 20
- F 21
- S 22 ☽ 06.37
- S 23
- M 24 Pfingstmontag
- D 25
- M 26
- D 27
- F 28
- S 29
- S 30
- M 31 ○ 07.40

(Wochen 18, 19, 20, 21, 22)

Juni
- D 1
- M 2
- D 3
- F 4
- S 5
- S 6
- M 7 ☾ 05.16
- D 8
- M 9
- D 10
- F 11
- S 12
- S 13 ● 20.04
- M 14
- D 15
- M 16
- D 17
- F 18
- S 19
- S 20 ☽ 19.16
- M 21
- D 22
- M 23
- D 24
- F 25
- S 26
- S 27
- M 28 ○ 22.35
- D 29
- M 30

(Wochen 23, 24, 25, 26)

1999

Juli

Tag	Datum	Woche	Mondphase
D	1		
F	2		
S	3		
S	4		
M	5	27	
D	6		☾ 12.52
M	7		
D	8		
F	9		
S	10		
S	11	28	
M	12		
D	13		● 03.25
M	14		
D	15		
F	16		
S	17		
S	18	29	
M	19		
D	20		☽ 10.02
M	21		
D	22		
F	23		
S	24		
S	25	30	
M	26		
D	27		
M	28		○ 12.20
D	29		
F	30		
S	31		

August

Tag	Datum	Woche	Mondphase
S	1		
M	2	31	
D	3		
M	4		☾ 18.23
D	5		
F	6		
S	7		
S	8	32	
M	9		
D	10		
M	11		● 12.10
D	12		
F	13		
S	14		
S	15	33	
M	16		
D	17		
M	18		
D	19		☽ 02.47
F	20		
S	21		
S	22	34	
M	23		
D	24		
M	25		
D	26		
F	27		○ 00.46
S	28		
S	29	35	
M	30		
D	31		

September

Tag	Datum	Woche	Mondphase
M	1		
D	2		☾ 23.18
F	3		
S	4		
S	5	36	
M	6		
D	7		
M	8		
D	9		● 23.03
F	10		
S	11	37	
S	12		
M	13		
D	14		
M	15		
D	16		
F	17		☽ 21.06
S	18		
S	19	38	
M	20		
D	21		
M	22		
D	23		
F	24		
S	25		○ 11.46
S	26	39	
M	27		
D	28		
M	29		
D	30		

Oktober

Tag	Datum	Woche	Mondphase
F	1		
S	2		☾ 05.02
S	3	40	
M	4		
D	5		
M	6		
D	7		
F	8		
S	9		● 12.38
S	10	41	
M	11		
D	12		
M	13		
D	14		
F	15		
S	16		☽ 15.56
S	17	42	
M	18		
D	19		
M	20		
D	21		
F	22		
S	23		
S	24	43	○ 22.01
M	25		
D	26		
M	27		
D	28		
F	29		
S	30		
S	31		☾ 13.08

November

Tag	Datum	Woche	Mondphase
M	1	44	
D	2		
M	3		
D	4		
F	5		
S	6		
S	7	45	
M	8		● 04.54
D	9		
M	10		
D	11		
F	12		
S	13		
S	14	46	
M	15		
D	16		☽ 09.57
M	17		
D	18		
F	19		
S	20		
S	21	47	
M	22		
D	23		○ 08.05
M	24		
D	25		
F	26		
S	27		
S	28	48	
M	29		
D	30		

Dezember

Tag	Datum	Woche	Mondphase / Feiertag
M	1		
D	2		
F	3		
S	4		
S	5	49	
M	6		
D	7		● 23.31
M	8		
D	9		
F	10		
S	11	50	
S	12		
M	13		
D	14		
M	15		
D	16		☽ 01.49
F	17		
S	18		
S	19	51	
M	20		
D	21		
M	22		○ 18.31
D	23		
F	24		
S	25		1. Weihnachtsfeiertag
S	26	52	
M	27		
D	28		
M	29		☾ 15.09
D	30		
F	31		

Legende

- ♈ Widder   ♉ Stier
- ♊ Zwillinge   ♋ Krebs
- ♌ Löwe   ♍ Jungfrau
- ♎ Waage   ♏ Skorpion
- ♐ Schütze   ♑ Steinbock
- ♒ Wassermann   ♓ Fische
- ○ Vollmond   ☾ abn. Mond
- ● Neumond   ☽ zun. Mond

Sommerzeiten sind nicht berücksichtigt

Holztreppen und Dachstühle fertigen und aufstellen

2000

Legende: sehr gut | gut | neutral | schlecht | sehr schlecht

Januar

S	1	
S	2	
M	3	
D	4	
M	5	
D	6	● 19.12
F	7	
S	8	
S	9	
M	10	
D	11	
M	12	
D	13	
F	14	☽ 14.28
S	15	
S	16	
M	17	
D	18	
M	19	
D	20	
F	21	○ 05.41
S	22	
S	23	
M	24	
D	25	
M	26	
D	27	☾ 08.59
F	28	
S	29	
S	30	

Wochen: 1, 2, 3, 4

Februar

D	1	
M	2	
D	3	
F	4	
S	5	● 14.00
S	6	
M	7	
D	8	
M	9	
D	10	
F	11	
S	12	
S	13	☽ 00.21
M	14	
D	15	
M	16	
D	17	
F	18	
S	19	○ 17.28
S	20	
M	21	
D	22	
M	23	
D	24	
F	25	
S	26	
S	27	☾ 04.55
M	28	
D	29	

Wochen: 6, 7, 8, 9

März

M	1	
D	2	
F	3	
S	4	
S	5	
M	6	● 06.13
D	7	
M	8	
D	9	
F	10	
S	11	
S	12	
M	13	☽ 07.58
D	14	
M	15	
D	16	
F	17	
S	18	○ 05.46
S	19	
M	20	
D	21	
M	22	
D	23	
F	24	
S	25	
S	26	
M	27	
D	28	☾ 01.22
M	29	
D	30	

Wochen: 10, 11, 12, 13

April

S	1	
S	2	
M	3	
D	4	● 19.08
M	5	
D	6	
F	7	
S	8	
S	9	
M	10	
D	11	☽ 14.32
M	12	
D	13	
F	14	
S	15	
S	16	
M	17	
D	18	○ 18.44
M	19	
D	20	
F	21	Karfreitag
S	22	
S	23	
M	24	Ostermontag
D	25	
M	26	☾ 20.28
D	27	
F	28	
S	29	
S	30	

Wochen: 14, 15, 16, 17

Mai

M	1	
D	2	
M	3	
D	4	● 05.11
F	5	
S	6	
S	7	
M	8	
D	9	
M	10	☽ 21.02
D	11	
F	12	
S	13	
S	14	
M	15	
D	16	
M	17	
D	18	○ 08.37
F	19	
S	20	
S	21	
M	22	
D	23	
M	24	
D	25	
F	26	☾ 12.49
S	27	
S	28	
M	29	
D	30	
M	31	

Wochen: 18, 19, 20, 21, 22

Juni

D	1	
F	2	● 13.13
S	3	
S	4	
M	5	Pfingstmontag
D	6	
M	7	
D	8	
F	9	☽ 04.30
S	10	
S	11	
M	12	
D	13	
M	14	
D	15	
F	16	○ 23.27
S	17	
S	18	
M	19	
D	20	
M	21	
D	22	
F	23	
S	24	
S	25	☾ 01.59
M	26	
D	27	
M	28	
D	29	
F	30	

Wochen: 23, 24, 25, 26

2000

Juli (Wochen 27–31)

Tag	Datum	Mondphase / Hinweis
S	1	● 20.18
S	2	
M	3	
D	4	
M	5	
D	6	
F	7	
S	8	☽ 13.59
S	9	
M	10	
D	11	
M	12	
D	13	
F	14	
S	15	
S	16	○ 14.53
M	17	
D	18	
M	19	
D	20	
F	21	
S	22	
S	23	
M	24	☾ 11.57
D	25	
M	26	
D	27	
F	28	
S	29	
S	30	
M	31	● 03.25

August (Wochen 32–35)

Tag	Datum	Mondphase / Hinweis
D	1	
M	2	
D	3	
F	4	
S	5	
S	6	
M	7	☽ 02.02
D	8	
M	9	
D	10	
F	11	
S	12	
S	13	
M	14	
D	15	○ 06.09
M	16	
D	17	
F	18	
S	19	
S	20	
M	21	
D	22	☾ 19.47
M	23	
D	24	
F	25	
S	26	
S	27	
M	28	
D	29	● 11.22
M	30	
D	31	

September (Wochen 36–39)

Tag	Datum	Mondphase / Hinweis
F	1	
S	2	
S	3	
M	4	
D	5	☽ 17.30
M	6	
D	7	
F	8	
S	9	
S	10	
M	11	
D	12	
M	13	○ 20.34
D	14	
F	15	
S	16	
S	17	
M	18	
D	19	
M	20	☾ 02.29
D	21	
F	22	
S	23	
S	24	
M	25	
D	26	
M	27	● 20.53
D	28	
F	29	
S	30	

Oktober (Wochen 40–44)

Tag	Datum	Mondphase / Hinweis
S	1	
M	2	
D	3	
M	4	
D	5	☽ 11.59
F	6	
S	7	
S	8	
M	9	
D	10	
M	11	
D	12	
F	13	○ 09.48
S	14	
S	15	
M	16	
D	17	
M	18	
D	19	
F	20	☾ 08.58
S	21	
S	22	
M	23	
D	24	
M	25	
D	26	
F	27	● 09.01
S	28	
S	29	
M	30	
D	31	

November (Wochen 45–48)

Tag	Datum	Mondphase / Hinweis
M	1	
D	2	
F	3	
S	4	☽ 08.24
S	5	
M	6	
D	7	
M	8	
D	9	
F	10	
S	11	○ 22.14
S	12	
M	13	
D	14	
M	15	
D	16	
F	17	
S	18	☾ 16.26
S	19	
M	20	
D	21	
M	22	
D	23	
F	24	
S	25	
S	26	● 00.11
M	27	
D	28	
M	29	
D	30	

Dezember (Wochen 49–52)

Tag	Datum	Mondphase / Hinweis
F	1	
S	2	
S	3	
M	4	☽ 04.51
D	5	
M	6	
D	7	
F	8	
S	9	
S	10	
M	11	○ 10.00
D	12	
M	13	
D	14	
F	15	
S	16	
S	17	
M	18	☾ 01.42
D	19	
M	20	
D	21	
F	22	
S	23	
S	24	
M	25	● 18.22 — 1. Weihnachtsfeiertag
D	26	2. Weihnachtsfeiertag
M	27	
D	28	
F	29	
S	30	
S	31	

Legende

Tierkreiszeichen:
- Widder, Stier
- Zwillinge, Krebs
- Löwe, Jungfrau
- Waage, Skorpion
- Schütze, Steinbock
- Wassermann, Fische

Mondphasen:
- ○ Vollmond
- ☾ abn. Mond
- ● Neumond
- ☽ zun. Mond

Sommerzeiten sind nicht berücksichtigt

Bodenbeläge verlegen

Ganz in Ihrer Nähe gibt es bestimmt einen kleinen Betrieb, der natürliche Bodenbeläge – Wollteppichböden, Linoleum, Kork usw. – ohne jede Chemie anbietet. Fast alle dieser Betriebe machen sicherlich keine Riesenumsätze, sind eher idealistisch orientiert und bieten allerbeste Kundenberatung und -betreuung. Warum also holen wir uns das Plastikzeug vom Großbetrieb weit draußen vor der Stadt? Weil es billiger und schöner ist? Haltbarer vielleicht?

Wenn Kostenwahrheit herrschen würde, dann wären Wolle, Kork, Sisal, Linoleum nicht nur die gesündesten, sondern auch die erschwinglichsten Grundstoffe für Bodenbeläge aller Art und Farbe. Manchmal aber wird mit einem Argument für das Beibehalten heutiger Zustände geworben, das es verdient, etwas genauer betrachtet zu werden. Nämlich der Erhaltung von Arbeitsplätzen. »Viele Arbeitsplätze sind gefährdet, wenn die Produkte dieser oder jener Industrie nicht mehr staatlich gefördert oder gekauft werden, wenn man Grenzwerte herabsetzt, wenn man auf diese Träumer hören würde ...« – so oder ähnlich hört man dann bestimmte Leute reden, die ein Interesse daran haben, wiedergewählt zu werden oder bestimmte Produkte zu fördern.

Man sollte irgendwann einmal die Gegenfrage stellen: Welchen Sinn ergibt ein Arbeitsplatz, an dem Dinge hergestellt werden, die über kurz oder lang uns und unsere Kinder vergiften? Mit welcher Befriedigung und Freude füllt ein Mensch einen solchen Arbeitsplatz aus?

Weil *jeder* Mensch tief drinnen die Wahrheit spürt, gibt es oftmals gerade im Umfeld sinnwidriger Arbeitsplätze die meisten Titel, Orden und Ehrenzeichen für »gute Arbeit«, die meisten Beförderungen, die höchsten Gehälter, die lautesten und größten Clubs, Vereine und Organisationen, die den »Stolz« auf solche Arbeit fördern sollen – mit einem Wort: die meisten Bestechungen und Betäubungen, um ja nicht zu fühlen, was man *wirklich* leistet, für sich, für seine Kinder, für den Mitmenschen.

Beobachten Sie einmal zum Spaß, welche Menschen den Nobelpreis erhalten, einer der begehrtesten Preise überhaupt, und für welche Leistungen sie ihn bekommen. Sie können sich dann Ihr eigenes Urteil bilden.

Und fragen Sie sich zuletzt: Welchen Sinn macht ein Arbeitsplatz, dessen Leistung und Produkt wenigen nützt und vielen schadet? Warum ihn verteidigen?

Stellen Sie sich die Frage übrigens nur sich selbst, keiner Gewerkschaft. Gewerkschaften haben früher unschätzbar Wertvolles geleistet, um die Ausbeutung der Arbeitnehmer zu bremsen. Sie leisten heute unfaßbar Unsinniges bei der »Absicherung« von Arbeitsplätzen bis hin zur Unbezahlbarkeit von Arbeitskraft und zur absoluten geistigen Unbeweglichkeit und zum träge-erstarrten »Sicherheitsdenken« der Arbeitnehmer, die sich damit in den Schlaf wiegen.

Vielleicht haben wir Ihnen ein wenig helfen können, das Argument der Arbeitsplatzsicherung zur Verteidigung giftproduzierender Firmen in anderem Licht zu sehen. Wie gesagt, wenn Kostenwahrheit herrschen würde, dann wären Naturstoffe die erschwinglichsten Grundstoffe für Bodenbeläge.

Selbst wenn kein Holz im Spiel ist – auch das Verlegen aller übrigen Bodenbeläge kann vom Mondstand profitieren. Sie sollten nur auf eine Vorbedingung achten, nämlich daß das Verlegen selbst unbedingt bei *Raumtemperatur* erfolgen sollte, gleichgültig, um welches Material es sich handelt.

Die Grundregeln
für das Verlegen von Bodenbelägen

Gut:	Bei abnehmendem Mond.
Schlecht:	Generell bei zunehmendem Mond, besonders bei Vollmond.

Die Folgen der Ausführung zum richtigen Zeitpunkt

Gute Anpassung an den Untergrund, kein Werfen, keine Fugenbildung bei Naturstoffen. Der Belag wölbst sich auch bei starken Schwankungen von Temperatur und Luftfeuchtigkeit nicht auf. Kleber hält besser.

Die Folgen der Ausführung zum falschen Zeitpunkt

Gefahr der Fugen-, Wellen- und Faltenbildung durch stärkeres Zusammenziehen und Ausdehnen. Kleber hält nicht so gut.

Und nicht vergessen: Randleisten, ob aus Holz oder anderen Materialien, lösen sich nicht, wenn bei abnehmendem Mond angebracht. Jede Hausfrau weiß, wie man sich beim Putzen an hölzernen Randleisten verletzen kann, wenn die kleinen Nägel herausstehen. Das passiert nicht, wenn man auf den abnehmenden Mond achtet.

1996

Bodenbeläge verlegen

Januar

Tag	Notiz	KW
M 1		1
D 2		
M 3		
D 4		
F 5	● 21.50	
S 6		
S 7		
M 8		2
D 9		
M 10		
D 11		
F 12	☾ 21.42	
S 13		
S 14		3
M 15		
D 16		
M 17		
D 18		
F 19		
S 20	● 13.51	
S 21		4
M 22		
D 23		
M 24		
D 25		
F 26		
S 27	☽ 12.18	
S 28		5
M 29		
D 30		

Februar

Tag	Notiz	KW
D 1		
F 2		
S 3		
S 4	● 16.57	
M 5		6
D 6		
M 7		
D 8		
F 9		
S 10		
S 11		7
M 12	☾ 09.33	
D 13		
M 14		
D 15		
F 16		
S 17		
S 18		8
M 19	● 00.28	
D 20		
M 21		
D 22		
F 23		
S 24		
S 25		9
M 26	☽ 06.54	
D 27		
M 28		
D 29		

März

Tag	Notiz	KW
F 1		
S 2		
S 3		
M 4		10
D 5	● 10.18	
M 6		
D 7		
F 8		
S 9		
S 10		11
M 11		
D 12	☾ 18.13	
M 13		
D 14		
F 15		
S 16		
S 17		12
M 18		
D 19	● 11.48	
M 20		
D 21		
F 22		
S 23		
S 24		13
M 25		
D 26		
M 27	☽ 02.32	
D 28		
F 29		
S 30		

April

Tag	Notiz	KW
M 1		14
D 2		
M 3		
D 4	● 01.05	
F 5	Karfreitag	
S 6		
S 7		15
M 8	Ostermontag	
D 9		
M 10		
D 11	☾ 00.34	
F 12		
S 13		
S 14		16
M 15		
D 16		
M 17	● 23.50	
D 18		
F 19		
S 20		
S 21		17
M 22		
D 23		
M 24		
D 25	☽ 21.39	
F 26		
S 27		
S 28		18
M 29		
D 30		

Mai

Tag	Notiz	KW
M 1		
D 2		
F 3	● 12.45	
S 4		
S 5		19
M 6		
D 7		
M 8		
D 9		
F 10	☾ 06.04	
S 11		
S 12		20
M 13		
D 14		
M 15		
D 16		
F 17	● 12.48	
S 18		
S 19		21
M 20		
D 21		
M 22		
D 23		
F 24		
S 25	☽ 15.09	
S 26		22
M 27	Pfingstmontag	
D 28		
M 29		
D 30		
F 31		

Juni

Tag	Notiz	KW
S 1	● 21.46	
S 2		23
M 3		
D 4		
M 5		
D 6		
F 7		
S 8	☾ 12.09	
S 9		24
M 10		
D 11		
M 12		
D 13		
F 14		
S 15		
S 16	● 02.37	25
M 17		
D 18		
M 19		
D 20		
F 21		
S 22		
S 23		26
M 24	☽ 06.19	
D 25		
M 26		
M 27		
F 28		
S 29		
S 30		

1996

Juli

M	1	● 04.56
D	2	
M	3	
D	4	
F	5	
S	6	
S	7	☾ 19.59
M	8	
D	9	
M	10	
D	11	
F	12	
S	13	
S	14	● 17.16
M	15	
D	16	
M	17	
D	18	
F	19	
S	20	
S	21	
M	22	
D	23	☽ 18.45
M	24	
D	25	
F	26	
S	27	
S	28	● 11.35
M	29	
D	30	
M	31	

Week numbers: 27, 28, 29, 30, 31

August

D	1	
F	2	
S	3	
S	4	
M	5	
D	6	☾ 06.28
M	7	
D	8	
F	9	
S	10	
S	11	
M	12	
D	13	
M	14	● 08.32
D	15	
F	16	
S	17	
S	18	
M	19	
D	20	
M	21	
D	22	☽ 04.33
F	23	
S	24	
S	25	
M	26	
D	27	
M	28	● 18.52
D	29	
F	30	
S	31	

Week numbers: 32, 33, 34, 35

September

S	1	
M	2	
D	3	
M	4	☾ 20.07
D	5	
F	6	
S	7	
S	8	
M	9	
D	10	
M	11	
D	12	
F	13	● 00.09
S	14	
S	15	
M	16	
D	17	
M	18	
D	19	
F	20	☽ 12.18
S	21	
S	22	
M	23	
D	24	
M	25	
D	26	
F	27	● 03.52
S	28	
S	29	
M	30	

Week numbers: 36, 37, 38, 39, 40

Oktober

D	1	
M	2	
D	3	
F	4	☾ 13.07
S	5	
S	6	
M	7	
D	8	
M	9	
D	10	
F	11	
S	12	● 15.10
S	13	
M	14	
D	15	
M	16	
D	17	
F	18	
S	19	☽ 19.08
S	20	
M	21	
D	22	
M	23	
D	24	
F	25	
S	26	● 15.15
S	27	
M	28	
D	29	
M	30	
D	31	

Week numbers: 41, 42, 43, 44

November

F	1	
S	2	
S	3	☾ 08.51
M	4	
D	5	
M	6	
D	7	
F	8	
S	9	
S	10	● 05.15
M	11	
D	12	
M	13	
D	14	
F	15	
S	16	
S	17	☽ 02.09
M	18	
D	19	
M	20	
D	21	
F	22	
S	23	
S	24	● 05.11
M	25	
D	26	
M	27	
D	28	
F	29	
S	30	

Week numbers: 45, 46, 47, 48

Dezember

S	1	
M	2	
D	3	☾ 06.03
M	4	
D	5	
F	6	
S	7	
S	8	
M	9	
D	10	● 17.52
M	11	
D	12	
F	13	
S	14	
S	15	
M	16	
D	17	☽ 10.34
M	18	
D	19	
F	20	
S	21	
S	22	
M	23	
D	24	● 21.40
M	25	1. Weihnachtsfeiertag
D	26	
F	27	
S	28	
S	29	
M	30	
D	31	

Week numbers: 49, 50, 51, 52, 53

Legende

- ♈ Widder
- ♉ Stier
- ♊ Zwillinge
- ♋ Krebs
- ♌ Löwe
- ♍ Jungfrau
- ♎ Waage
- ♏ Skorpion
- ♐ Schütze
- ♑ Steinbock
- ♒ Wassermann
- ♓ Fische
- ● Vollmond
- ☾ abn. Mond
- ● Neumond
- ☽ zun. Mond

Sommerzeiten sind nicht berücksichtigt

Bodenbeläge verlegen

1997

Legende: sehr gut | gut | neutral | schlecht | sehr schlecht

Januar

M 1		
D 2	(02.43	
F 3		
S 4		
S 5		
M 6		
D 7		
M 8		
D 9	● 05.25	
F 10		
S 11		
S 12		
M 13		
D 14		
M 15	☽ 21.05	
D 16		
F 17		
S 18		
S 19		
M 20		
D 21		
M 22		
D 23	◐ 16.11	
F 24		
S 25		
S 26		
M 27		
D 28		
M 29		
D 30		

Wochen: 1, 2, 3, 4, 5

Februar

S 1		
S 2		
M 3		
D 4		
M 5		
D 6		
F 7	● 16.05	
S 8		
S 9		
M 10		
D 11		
M 12		
D 13		
F 14	☽ 10.02	
S 15		
S 16		
M 17		
D 18		
M 19		
D 20		
F 21		
S 22	◐ 11.26	
S 23		
M 24		
D 25		
M 26		
D 27		
F 28		

Wochen: 6, 7, 8, 9

März

S 1		
S 2	(10.32	
M 3		
D 4		
M 5		
D 6		
F 7		
S 8		
S 9	● 02.15	
M 10		
D 11		
M 12		
D 13		
F 14		
S 15		
S 16	☽ 01.06	
M 17		
D 18		
M 19		
D 20		
F 21		
S 22		
S 23		
M 24	◐ 05.45	
D 25		
M 26		
D 27		
F 28	Karfreitag	
S 29		
S 30		

Wochen: 10, 11, 12, 13

April

D 1		
M 2		
D 3		
F 4		
S 5		
S 6		
M 7	● 12.03	
D 8		
M 9		
D 10		
F 11		
S 12		
S 13		
M 14	☽ 18.02	
D 15		
M 16		
D 17		
F 18		
S 19		
S 20		
M 21		
D 22	◐ 21.31	
M 23		
D 24		
F 25		
S 26		
S 27		
M 28		
D 29		
M 30	(03.36	

Wochen: 14, 15, 16, 17, 18

Mai

D 1		
F 2		
S 3		
S 4		
M 5		
D 6	● 21.50	
M 7		
D 8		
F 9		
S 10		
S 11		
M 12		
D 13		
M 14	☽ 11.57	
D 15		
F 16		
S 17		
S 18		
M 19	Pfingstmontag	
D 20		
M 21		
D 22	◐ 10.10	
F 23		
S 24		
S 25		
M 26		
D 27		
M 28		
D 29	(08.50	
F 30		
S 31		

Wochen: 19, 20, 21, 22

Juni

S 1		
M 2		
D 3		
M 4		
D 5	● 08.06	
F 6		
S 7		
S 8		
M 9		
D 10		
M 11		
D 12		
F 13	☽ 05.50	
S 14		
S 15		
M 16		
D 17		
M 18		
D 19		
F 20	◐ 20.07	
S 21		
S 22		
M 23		
D 24		
M 25		
D 26		
F 27	(13.44	
S 28		
S 29		
M 30		

Wochen: 23, 24, 25, 26, 27

1997

Juli
D	1	
M	2	
D	3	
F	4	● 19.41
S	5	
S	6	
M	7	**28**
D	8	
M	9	
D	10	
F	11	
S	12	☽ 22.42
S	13	
M	14	**29**
D	15	
M	16	
D	17	
F	18	
S	19	
S	20	○ 04.19
M	21	**30**
D	22	
M	23	
D	24	
F	25	☾ 19.32
S	26	
S	27	
M	28	**31**
D	29	
M	30	
D	31	

August
F	1	
S	2	
S	3	● 09.15
M	4	**32**
D	5	
M	6	
D	7	
F	8	
S	9	
S	10	
M	11	☽ 13.36 **33**
D	12	
M	13	
D	14	
F	15	
S	16	
S	17	**34**
M	18	○ 11.53
D	19	
M	20	
D	21	
F	22	
S	23	
S	24	**35**
M	25	☾ 03.24
D	26	
M	27	
D	28	
F	29	
S	30	
S	31	

September
M	1	**36**
D	2	● 00.51
M	3	
D	4	
F	5	
S	6	
S	7	**37**
M	8	
D	9	
M	10	☽ 02.30
D	11	
F	12	
S	13	
S	14	○ 19.49 **38**
M	15	
D	16	
M	17	
D	18	
F	19	
S	20	
S	21	**39**
M	22	
D	23	☾ 14.41
M	24	
D	25	
F	26	
S	27	
S	28	**40**
M	29	
D	30	

Oktober
M	1	● 17.50
D	2	
F	3	
S	4	
S	5	**41**
M	6	
D	7	
M	8	
D	9	☽ 13.16
F	10	
S	11	
S	12	**42**
M	13	
D	14	
M	15	
D	16	○ 04.48
F	17	
S	18	
S	19	**43**
M	20	
D	21	
M	22	
D	23	☾ 05.52
F	24	
S	25	
S	26	**44**
M	27	
D	28	
M	29	
D	30	
F	31	● 10.59

November
S	1	
S	2	
M	3	**45**
D	4	
M	5	
D	6	
F	7	☽ 22.42
S	8	
S	9	**46**
M	10	
D	11	
M	12	
D	13	
F	14	○ 15.14
S	15	
S	16	**47**
M	17	
D	18	
M	19	
D	20	
F	21	
S	22	☾ 00.57
S	23	**48**
M	24	
D	25	
M	26	
D	27	
F	28	
S	29	
S	30	● 03.13

Dezember
M	1	**49**
D	2	
M	3	
D	4	
F	5	
S	6	
S	7	☽ 07.09 **50**
M	8	
D	9	
M	10	
D	11	
F	12	
S	13	
S	14	○ 03.39 **51**
M	15	
D	16	
M	17	
D	18	
F	19	
S	20	
S	21	**52**
M	22	☾ 22.44
D	23	
M	24	
D	25	1. Weihnachtsfeiertag
F	26	
S	27	
S	28	**53**
M	29	● 17.53
D	30	
M	31	

Legende

Symbol	Sternzeichen
	Widder
	Stier
	Zwillinge
	Krebs
	Löwe
	Jungfrau
	Waage
	Skorpion
	Schütze
	Steinbock
	Wassermann
	Fische

○ Vollmond ● Neumond ☾ abn. Mond ☽ zun. Mond

Sommerzeiten sind nicht berücksichtigt

1998

Bodenbeläge verlegen

sehr gut · gut · neutral · schlecht · sehr schlecht

Januar

D	1	
F	2	
S	3	
S	4	
M	5	15.18
D	6	
M	7	
D	8	
F	9	
S	10	
S	11	
M	12	18.26
D	13	
M	14	
D	15	
F	16	
S	17	
S	18	
M	19	
D	20	20.39
M	21	
D	22	
F	23	
S	24	
S	25	
M	26	
D	27	
M	28	06.58
D	29	
F	30	

Februar

S	1	
M	2	
D	3	23.55
M	4	
D	5	
F	6	
S	7	
S	8	
M	9	
D	10	
M	11	11.25
D	12	
F	13	
S	14	
S	15	
M	16	
D	17	
M	18	
D	19	16.22
F	20	
S	21	
S	22	
M	23	
D	24	
M	25	
D	26	18.23
F	27	
S	28	

März

S	1	
M	2	
D	3	
M	4	
D	5	09.46
F	6	
S	7	
S	8	
M	9	
D	10	
M	11	
D	12	
F	13	05.34
S	14	
S	15	
M	16	
D	17	
M	18	
D	19	
F	20	
S	21	08.33
S	22	
M	23	
D	24	
M	25	
D	26	
F	27	
S	28	04.13
S	29	
M	30	

April

M	1	
D	2	
F	3	21.21
S	4	
S	5	
M	6	
D	7	
M	8	
D	9	
F	10	Karfreitag
S	11	23.22
S	12	
M	13	Ostermontag
D	14	
M	15	
D	16	
F	17	
S	18	
S	19	20.50
M	20	
D	21	
M	22	
D	23	
F	24	
S	25	
S	26	12.43
M	27	
D	28	
M	29	
D	30	

Mai

F	1	
S	2	
S	3	11.09
M	4	
D	5	
M	6	
D	7	
F	8	
S	9	
S	10	
M	11	15.27
D	12	
M	13	
D	14	
F	15	
S	16	
S	17	
M	18	
D	19	05.32
M	20	
D	21	
F	22	
S	23	
S	24	
M	25	20.34
D	26	
M	27	
D	28	
F	29	
S	30	
S	31	

Juni

M	1	Pfingstmontag
D	2	02.46
M	3	
D	4	
F	5	
S	6	
S	7	
M	8	
D	9	
M	10	05.17
D	11	
F	12	
S	13	
S	14	
M	15	
D	16	
M	17	11.34
D	18	
F	19	
S	20	
S	21	
M	22	
D	23	
M	24	04.53
D	25	
F	26	
S	27	
S	28	
M	29	
D	30	

1998

Juli

- M 1 ♓) 19.43
- D 2 ♈
- F 3 ♈
- S 4 ♉
- S 5 ♉
- M 6 ♊
- D 7 ♊
- M 8 ♋
- D 9 ♋ ○ 16.58
- F 10 ♌
- S 11 ♌
- S 12 ♍
- M 13 ♍
- D 14 ♎ (16.12
- M 15 ♎
- D 16 ♏
- F 17 ♏
- S 18 ♐
- S 19 ♐
- M 20 ♑
- D 21 ♑
- M 22 ♒ ● 14.47
- D 23 ♒
- F 24 ♓
- S 25 ♓
- S 26 ♈
- M 27 ♈
- D 28 ♉
- M 29 ♉
- D 30 ♊
- F 31 ♋) 13.04

Wochen: 28, 29, 30, 31

August

- S 1 ♋
- S 2 ♋
- M 3 ♌
- D 4 ♌
- M 5 ♍
- D 6 ♍
- F 7 ♎
- S 8 ♎ ○ 03.07
- S 9 ♏
- M 10 ♏
- D 11 ♏
- M 12 ♐
- D 13 ♐ (20.49
- F 14 ♑
- S 15 ♑
- S 16 ♒
- M 17 ♒
- D 18 ♓
- M 19 ♓
- D 20 ♈
- F 21 ♈
- S 22 ♉ ● 03.03
- S 23 ♉
- M 24 ♊
- D 25 ♊
- M 26 ♋
- D 27 ♋
- F 28 ♌
- S 29 ♌
- S 30 ♍) 06.03
- M 31 ♍

Wochen: 32, 33, 34, 35, 36

September

- D 1 ♎
- M 2 ♎
- D 3 ♏
- F 4 ♏
- S 5 ♐
- S 6 ♐ ○ 12.17
- M 7 ♑
- D 8 ♑
- M 9 ♒
- D 10 ♒
- F 11 ♒
- S 12 ♓
- S 13 ♓ (03.00
- M 14 ♈
- D 15 ♈
- M 16 ♉
- D 17 ♉
- F 18 ♊
- S 19 ♊
- S 20 ♋ ● 18.04
- M 21 ♌
- D 22 ♌
- M 23 ♍
- D 24 ♍
- F 25 ♎
- S 26 ♎
- S 27 ♏
- M 28 ♏) 22.07
- D 29 ♐
- M 30 ♐

Wochen: 37, 38, 39, 40

Oktober

- D 1 ♑
- F 2 ♑
- S 3 ♒
- S 4 ♒
- M 5 ♓ ○ 21.10
- D 6 ♓
- M 7 ♈
- D 8 ♈
- F 9 ♈
- S 10 ♉
- S 11 ♉
- M 12 ♊ (12.17
- D 13 ♊
- M 14 ♋
- D 15 ♋
- F 16 ♌
- S 17 ♌
- S 18 ♍
- M 19 ♍
- D 20 ♎ ● 11.09
- M 21 ♎
- D 22 ♏
- F 23 ♏
- S 24 ♏
- S 25 ♐
- M 26 ♐
- D 27 ♑
- M 28 ♑) 12.41
- D 29 ♒
- F 30 ♒
- S 31 ♓

Wochen: 41, 42, 43, 44

November

- S 1 ♓
- M 2 ♈
- D 3 ♈
- M 4 ♈ ○ 06.19
- D 5 ♉
- F 6 ♉
- S 7 ♊
- S 8 ♊
- M 9 ♋
- D 10 ♋
- M 11 ♌ (01.29
- D 12 ♌
- F 13 ♍
- S 14 ♍
- S 15 ♍
- M 16 ♎
- D 17 ♎
- M 18 ♏
- D 19 ♏ ● 05.24
- F 20 ♐
- S 21 ♐
- S 22 ♑
- M 23 ♑
- D 24 ♒
- M 25 ♒
- D 26 ♓
- F 27 ♓) 01.22
- S 28 ♈
- S 29 ♈
- M 30 ♉

Wochen: 45, 46, 47, 48, 49

Dezember

- D 1 ♉
- M 2 ♊
- D 3 ♊ ○ 16.21
- F 4 ♋
- S 5 ♋
- S 6 ♌
- M 7 ♌
- D 8 ♍
- M 9 ♍
- D 10 ♎ (18.56
- F 11 ♎
- S 12 ♏
- S 13 ♏
- M 14 ♐
- D 15 ♐
- M 16 ♑
- D 17 ♑
- F 18 ♒ ● 23.43
- S 19 ♒
- S 20 ♓
- M 21 ♓
- D 22 ♈
- M 23 ♈
- D 24 ♉
- F 25 ♉ 1. Weihnachtsfeiertag
- S 26 ♊) 11.42
- S 27 ♊
- M 28 ♋
- D 29 ♋
- M 30 ♌
- D 31 ♍

Wochen: 50, 51, 52, 53

Legende:

- ♈ Widder
- ♉ Stier
- ♊ Zwillinge
- ♋ Krebs
- ♌ Löwe
- ♍ Jungfrau
- ♎ Waage
- ♏ Skorpion
- ♐ Schütze
- ♑ Steinbock
- ♒ Wassermann
- ♓ Fische

- ○ Vollmond
- (abn. Mond
- ● Neumond
-) zun. Mond

Sommerzeiten sind nicht berücksichtigt

Bodenbeläge verlegen

1999

Legend: sehr gut | gut | neutral | schlecht | sehr schlecht

Januar
F	1	
S	2	○ 03.50
S	3	
M	4	**1**
D	5	
M	6	
D	7	
F	8	
S	9	☾ 15.24
S	10	**2**
M	11	
D	12	
M	13	
D	14	
F	15	
S	16	
S	17	● 16.44 **3**
M	18	
D	19	
M	20	
D	21	
F	22	
S	23	
S	24	☽ 20.14 **4**
M	25	
D	26	
M	27	
D	28	
F	29	
S	30	

Februar
M	1	**5**
D	2	
M	3	
D	4	
F	5	
S	6	
S	7	
M	8	☾ 12.57 **6**
D	9	
M	10	
D	11	
F	12	
S	13	
S	14	**7**
M	15	
D	16	● 07.35
M	17	
D	18	
F	19	
S	20	
S	21	**8**
M	22	
D	23	☽ 03.44
M	24	
D	25	
F	26	
S	27	
S	28	

März
M	1	**9**
D	2	○ 08.00
M	3	
D	4	
F	5	
S	6	
S	7	**10**
M	8	
D	9	
M	10	☾ 09.38
D	11	
F	12	
S	13	
S	14	**11**
M	15	
D	16	
M	17	● 19.44
D	18	
F	19	
S	20	
S	21	**12**
M	22	
D	23	
M	24	☽ 11.21
D	25	
F	26	
S	27	
S	28	**13**
M	29	
D	30	
M	31	

April
D	1	
F	2	Karfreitag
S	3	
S	4	**14**
M	5	Ostermontag
D	6	
M	7	
D	8	
F	9	☾ 03.47
S	10	
S	11	**15**
M	12	
D	13	
M	14	
D	15	
F	16	● 05.21
S	17	
S	18	**16**
M	19	
D	20	
M	21	
D	22	☽ 20.05
F	23	
S	24	
S	25	**17**
M	26	
D	27	
M	28	
D	29	
F	30	○ 15.55

Mai
S	1	
S	2	
M	3	**18**
D	4	
M	5	
D	6	
F	7	
S	8	☾ 18.25
S	9	**19**
M	10	
D	11	
M	12	
D	13	
F	14	
S	15	● 13.05
S	16	**20**
M	17	
D	18	
M	19	
D	20	
F	21	
S	22	☽ 06.37
S	23	**21**
M	24	Pfingstmontag
D	25	
M	26	
D	27	
F	28	
S	29	
S	30	**22**
M	31	○ 07.40

Juni
D	1	
M	2	
D	3	
F	4	
S	5	
S	6	**23**
M	7	☾ 05.16
D	8	
M	9	
D	10	
F	11	
S	12	
S	13	● 20.04 **24**
M	14	
D	15	
M	16	
D	17	
F	18	
S	19	
S	20	☽ 19.16 **25**
M	21	
D	22	
M	23	
D	24	
F	25	
S	26	
S	27	**26**
M	28	○ 22.35
D	29	
M	30	

1999

Juli
		Woche
D	1	
F	2	
S	3	
S	4	27
M	5	
D	6	☾ 12.52
M	7	
D	8	
F	9	
S	10	
S	11	28
M	12	
D	13	● 03.25
M	14	
D	15	
F	16	
S	17	
S	18	29
M	19	
D	20	☽ 10.02
M	21	
D	22	
F	23	
S	24	
S	25	30
M	26	
D	27	
M	28	○ 12.20
D	29	
F	30	
S	31	

August
		Woche
S	1	31
M	2	
D	3	
M	4	☾ 18.23
D	5	
F	6	
S	7	
S	8	32
M	9	
D	10	
M	11	● 12.10
D	12	
F	13	33
S	14	
S	15	
M	16	
D	17	
M	18	
D	19	☽ 02.47
F	20	
S	21	
S	22	34
M	23	
D	24	
M	25	
D	26	
F	27	○ 00.46
S	28	
S	29	35
M	30	
D	31	

September
		Woche
M	1	
D	2	☾ 23.18
F	3	
S	4	
S	5	36
M	6	
D	7	
M	8	
D	9	● 23.03
F	10	
S	11	
S	12	37
M	13	
D	14	
M	15	
D	16	
F	17	☽ 21.06
S	18	
S	19	38
M	20	
D	21	
M	22	
D	23	
F	24	
S	25	○ 11.46
S	26	39
M	27	
D	28	
M	29	
D	30	

Oktober
		Woche
F	1	
S	2	☾ 05.02
S	3	40
M	4	
D	5	
M	6	
D	7	
F	8	
S	9	● 12.38
S	10	41
M	11	
D	12	
M	13	
D	14	
F	15	
S	16	
S	17	☽ 15.56 42
M	18	
D	19	
M	20	
D	21	
F	22	
S	23	
S	24	○ 22.01 43
M	25	
D	26	
M	27	
D	28	
F	29	
S	30	
S	31	☾ 13.08

November
		Woche
M	1	
D	2	
M	3	
D	4	
F	5	
S	6	
S	7	44
M	8	● 04.54
D	9	45
M	10	
D	11	
F	12	
S	13	
S	14	46
M	15	
D	16	☽ 09.57
M	17	
D	18	
F	19	
S	20	
S	21	47
M	22	
D	23	○ 08.05
M	24	
D	25	
F	26	
S	27	
S	28	48
M	29	
D	30	☾ 00.18

Dezember
		Woche
M	1	
D	2	
F	3	
S	4	
S	5	49
M	6	
D	7	● 23.31
M	8	
D	9	
F	10	
S	11	
S	12	50
M	13	
D	14	
M	15	
D	16	☽ 01.49
F	17	
S	18	
S	19	51
M	20	
D	21	
M	22	○ 18.31
D	23	
F	24	
S	25	1. Weihnachtsfeiertag
S	26	52
M	27	
D	28	
M	29	☾ 15.09
D	30	
F	31	

Tierkreiszeichen
- Widder · Stier
- Zwillinge · Krebs
- Löwe · Jungfrau
- Waage · Skorpion
- Schütze · Steinbock
- Wassermann · Fische

Mondphasen
- ○ Vollmond
- ● Neumond
- ☽ zun. Mond
- ☾ abn. Mond

Sommerzeiten sind nicht berücksichtigt

Bodenbeläge verlegen

2000

Legende: sehr gut | gut | neutral | schlecht | sehr schlecht

Januar

S	1	
S	2	
M	3	
D	4	
M	5	
D	6	● 19.12
F	7	
S	8	
S	9	
M	10	
D	11	
M	12	
D	13	☽ 14.28
F	14	
S	15	
S	16	
M	17	
D	18	
M	19	
D	20	
F	21	○ 05.41
S	22	
S	23	
M	24	
D	25	
M	26	
D	27	
F	28	☾ 08.59
S	29	
S	30	

Februar

D	1	
M	2	
D	3	
F	4	
S	5	● 14.00
S	6	
M	7	
D	8	
M	9	
D	10	
F	11	
S	12	
S	13	☽ 00.21
M	14	
D	15	
M	16	
D	17	
F	18	
S	19	○ 17.28
S	20	
M	21	
D	22	
M	23	
D	24	
F	25	
S	26	
S	27	☾ 04.55
M	28	
D	29	

März

M	1	
D	2	
F	3	
S	4	
S	5	
M	6	● 06.13
D	7	
M	8	
D	9	
F	10	
S	11	
S	12	
M	13	☽ 07.58
D	14	
M	15	
D	16	
F	17	
S	18	
S	19	○ 05.46
M	20	
D	21	
M	22	
D	23	
F	24	
S	25	
S	26	
M	27	
D	28	☾ 01.22
M	29	
D	30	

April

S	1	
S	2	
M	3	
D	4	● 19.08
M	5	
D	6	
F	7	
S	8	
S	9	
M	10	
D	11	☽ 14.32
M	12	
D	13	
F	14	
S	15	
S	16	
M	17	
D	18	○ 18.44
M	19	
D	20	
F	21	Karfreitag
S	22	
S	23	
M	24	Ostermontag
D	25	
M	26	☾ 20.28
D	27	
F	28	
S	29	
S	30	

Mai

M	1	
D	2	
M	3	
D	4	● 05.11
F	5	
S	6	
S	7	
M	8	
D	9	
M	10	☽ 21.02
D	11	
F	12	
S	13	
S	14	
M	15	
D	16	
M	17	
D	18	○ 08.37
F	19	
S	20	
S	21	
M	22	
D	23	
M	24	
D	25	
F	26	☾ 12.49
S	27	
S	28	
M	29	
D	30	
M	31	

Juni

D	1	
F	2	● 13.13
S	3	
S	4	
M	5	Pfingstmontag
D	6	
M	7	
D	8	
F	9	☽ 04.30
S	10	
S	11	
M	12	
D	13	
M	14	
D	15	
F	16	○ 23.27
S	17	
S	18	
M	19	
D	20	
M	21	
D	22	
F	23	
S	24	
S	25	☾ 01.59
M	26	
D	27	
M	28	
D	29	
F	30	

Kalenderwochen: 1 2 3 4 5 6 7 8 9 10 11 12 13 14 15 16 17 18 19 20 21 22 23 24 25 26

2000

Juli

Tag	Datum	KW	Mond/Zeit
S	1		● 20.18
S	2		
M	3	27	
D	4		
M	5		
D	6		
F	7		
S	8		☽ 13.59
S	9		
M	10	28	
D	11		
M	12		
D	13		
F	14		
S	15		
S	16		○ 14.53
M	17	29	
D	18		
M	19		
D	20		
F	21		
S	22		
S	23	30	
M	24		☾ 11.57
D	25		
M	26		
D	27		
F	28		
S	29		
S	30	31	
M	31		● 03.25

August

Tag	Datum	KW	Mond/Zeit
D	1		
M	2		
D	3		
F	4		
S	5		
S	6		
M	7	32	☽ 02.02
D	8		
M	9		
D	10		
F	11		
S	12		
S	13	33	
M	14		
D	15		○ 06.09
M	16		
D	17		
F	18		
S	19		
S	20	34	
M	21		
D	22		☾ 19.47
M	23		
D	24		
F	25		
S	26		
S	27	35	
M	28		
D	29		● 11.22
M	30		
D	31		

September

Tag	Datum	KW	Mond/Zeit
F	1		
S	2		
S	3		
M	4	36	
D	5		☽ 17.30
M	6		
D	7		
F	8		
S	9		
S	10	37	
M	11		
D	12		
M	13		○ 20.34
D	14		
F	15		
S	16		
S	17	38	
M	18		
D	19		
M	20		☾ 02.29
D	21		
F	22		
S	23		
S	24	39	
M	25		
D	26		
M	27		● 20.53
D	28		
F	29		
S	30		

Oktober

Tag	Datum	KW	Mond/Zeit
S	1		
M	2	40	
D	3		
M	4		
D	5		☽ 11.59
F	6		
S	7		
S	8		
M	9	41	
D	10		
M	11		
D	12		
F	13		○ 09.48
S	14		
S	15	42	
M	16		
D	17		
M	18		
D	19		
F	20		☾ 08.58
S	21		
S	22	43	
M	23		
D	24		
M	25		
D	26		
F	27		● 09.01
S	28		
S	29	44	
M	30		
D	31		

November

Tag	Datum	KW	Mond/Zeit
M	1		
D	2		
F	3		
S	4		☽ 08.24
S	5	45	
M	6		
D	7		
M	8		
D	9		
F	10		
S	11		○ 22.14
S	12	46	
M	13		
D	14		
M	15		
D	16		
F	17		
S	18		☾ 16.26
S	19	47	
M	20		
D	21		
M	22		
D	23		
F	24		
S	25		● 00.11
S	26	48	
M	27		
D	28		
M	29		
D	30		

Dezember

Tag	Datum	KW	Mond/Zeit
F	1		
S	2		
S	3		
M	4	49	☽ 04.51
D	5		
M	6		
D	7		
F	8		
S	9		
S	10	50	
M	11		○ 10.00
D	12		
M	13		
D	14		
F	15		
S	16		
S	17	51	
M	18		☾ 01.42
D	19		
M	20		
D	21		
F	22		
S	23		
S	24	52	
M	25		1. Weihnachtsfeiertag ● 18.22
D	26		2. Weihnachtsfeiertag
M	27		
D	28		
F	29		
S	30		
S	31		

Legende

♈ Widder ♉ Stier
♊ Zwillinge ♋ Krebs
♌ Löwe ♍ Jungfrau
♎ Waage ♏ Skorpion
♐ Schütze ♑ Steinbock
♒ Wassermann ♓ Fische

● Vollmond ☾ abn. Mond
● Neumond ☽ zun. Mond

Sommerzeiten sind nicht berücksichtigt

Verputzen und Ausbessern

Verputzen und Ausbessern – zwei Tätigkeiten, mit denen sich gerade in den letzten Jahren viele Hände beschäftigen. Es gibt ungeheuer viel zu tun, besonders auf dem Gebiet der Erhaltung von denkmalgeschützten Gebäuden. Gerade bei alten Schlössern, Kirchen und Kapellen könnte man große Summen sparen, wenn man bei der Renovierung auf den richtigen Zeitpunkt achtet. Wir kennen zwar inzwischen einige Beamte, die den Mut hatten, in ihrem Zuständigkeitsbereich nach den Mondregeln zu arbeiten – im Gartenbau, bei der Wildbachverbauung und auch beim Restaurieren –, aber in der Regel ist es immer noch von Nachteil, wenn der Staat für solche Dinge zuständig ist. Meistens ist es ihm gleichgültig, ob er Geld sinnlos verpulvert oder sinnvoll angelegt hat. Dabei hätte gerade der Staat die Möglichkeit, Firmen anzuweisen, auf den richtigen Zeitpunkt zu achten.

»Wo kämen wir denn da hin?« ist oftmals die einzige Reaktion von seiten der Amtsträger. Mit anderen Worten: Viele haben Angst davor, Erfahrungen zu machen, die ihnen neue Wege zeigen würden.

Ein gar merkwürdig Wesen ist der Mensch: Jahrzehntelang duldet er das Schlechte in seinem Alltag, obwohl er allzeit die Freiheit und Möglichkeit hätte, das Schlechte hinter sich zu lassen und gegen das Gute einzutauschen. Er duldet aus Angst, es könnte etwas noch Schlechteres nachkommen. Oder aus Stolz zuzugeben, daß er sich womöglich geirrt hat. Oder aus Angst vor dem, was die Nachbarn/Kirche/Eltern/Vorgesetzten sagen könnten.

»Wo kämen wir denn da hin?« fragen ängstliche Naturen. Die Antwort lautet: nach Hause. Giftfrei, natur- und menschenfreundlich betriebenes Bauen und Renovieren geht durch das Wissen um die Mond- und Naturrhythmen viel leichter und erfolgreicher von der Hand und ist teilweise sogar erst dann zu verwirklichen. Bei abnehmendem Mond Volldampf voraus arbeiten und ankurbeln, bei zunehmendem Mond kürzertreten, einatmen, ausspannen, öfters nach Hause gehen und der Muße pflegen. So hat es die Natur vorgesehen. Wo wir also hinkämen? Zum vernünftigeren und liebevolleren Umgang mit uns selbst und anderen Menschen – und zur Vollbeschäftigung.

Wir kämen zum dauerhaften Erfolg der Tätigkeiten Verputzen und Ausbessern: Selbst an Neubauten lassen sich außen und innen oftmals Risse im Putz beobachten, manchmal fallen sogar schon nach kurzer Zeit ganze Putzscheiben aus der Mauer. Die Gründe dafür werden meist in der Qualität der verwendeten Baustoffe, in den Wetterverhältnissen oder in starken Schwankungen von Temperatur und Luftfeuchtigkeit gesucht, selten jedoch im falschen Zeitpunkt der Arbeit, der Hauptursache. Solchen unerwünschten Folgeerscheinungen können Sie aus dem Weg gehen.

Die Grundregeln
für das Verputzen und Ausbessern

Sehr gut: Bei abnehmendem Mond,
jedoch nicht in Krebs, Skorpion und Fische.
Gut: Bei abnehmendem Mond, mit Ausnahme der Krebstage.
Schlecht: Generell bei zunehmendem Mond, aber auch
bei abnehmendem Mond im Krebs und bei Vollmond.
Sehr schlecht: Generell bei zunehmendem Mond in Krebs und Löwe
und besonders bei Vollmond in Krebs oder Löwe

Die Folgen der Ausführung zum richtigen Zeitpunkt
Der Putz bleibt fest und dauerhaft. Die Ausbesserungsarbeit hält viel länger. Die Übergänge zwischen neuem und altem Putz sind viel schöner.

Die Folgen der Ausführung zum falschen Zeitpunkt
Der Putz kann Risse bilden und sich schon nach kurzer Zeit wieder lösen. Bei Krebs haftet der Putz schlecht; Löwe ist ungünstig, weil die Trocknung zu rasch verläuft. Der Putz verbindet sich dadurch nicht gut mit der Unterlage und bröckelt später wieder ab.

Und nicht vergessen: Wenn Sie dann den Putz überstreichen, sollten Sie es bei abnehmendem Mond in einem Luft- oder Feuerzeichen tun. Feuchte Keller bei abnehmendem Mond im Zeichen Löwe streichen (siehe auch das nächste Kapitel).

Verputzen und Ausbessern

1996

Januar

		Woche
M	1	
D	2	
M	3	
D	4	**1**
F	5	○ 21.50
S	6	
S	7	
M	8	
D	9	
M	10	
D	11	**2**
F	12	☾ 21.42
S	13	
S	14	
M	15	
D	16	
M	17	**3**
D	18	
F	19	● 13.51
S	20	
S	21	
M	22	
D	23	
M	24	**4**
D	25	
F	26	☽ 12.18
S	27	
S	28	
M	29	**5**
D	30	

Februar

		Woche
D	1	
F	2	
S	3	
S	4	○ 16.57
M	5	**6**
D	6	
M	7	
D	8	
F	9	
S	10	
S	11	
M	12	☾ 09.33 **7**
D	13	
M	14	
D	15	
F	16	
S	17	
S	18	**8**
M	19	● 00.28
D	20	
M	21	
D	22	
F	23	
S	24	
S	25	**9**
M	26	☽ 06.54
D	27	
M	28	
D	29	

März

		Woche
F	1	
S	2	
S	3	
M	4	**10**
D	5	○ 10.18
M	6	
D	7	
F	8	
S	9	
S	10	
M	11	**11**
D	12	☾ 18.13
M	13	
D	14	
F	15	
S	16	
S	17	**12**
M	18	
D	19	● 11.48
M	20	
D	21	
F	22	
S	23	
S	24	**13**
M	25	
D	26	
M	27	☽ 02.32
D	28	
F	29	
S	30	

April

		Woche
M	1	**14**
D	2	
M	3	
D	4	○ 01.05
F	5	Karfreitag
S	6	
S	7	
M	8	Ostermontag **15**
D	9	
M	10	
D	11	☾ 00.34
F	12	
S	13	
S	14	
M	15	**16**
D	16	
M	17	● 23.50
D	18	
F	19	
S	20	
S	21	**17**
M	22	
D	23	
M	24	
D	25	☽ 21.39
F	26	
S	27	
S	28	**18**
M	29	
D	30	

Mai

		Woche
M	1	
D	2	
F	3	○ 12.45
S	4	
S	5	**19**
M	6	
D	7	
M	8	
D	9	
F	10	☾ 06.04
S	11	
S	12	**20**
M	13	
D	14	
M	15	
D	16	
F	17	● 12.48
S	18	
S	19	**21**
M	20	
D	21	
M	22	
D	23	
F	24	
S	25	☽ 15.09
S	26	**22**
M	27	Pfingstmontag
D	28	
M	29	
D	30	
F	31	

Juni

		Woche
S	1	○ 21.46
S	2	
M	3	**23**
D	4	
M	5	
D	6	
F	7	
S	8	☾ 12.09
S	9	**24**
M	10	
D	11	
M	12	
D	13	
F	14	
S	15	
S	16	● 02.37 **25**
M	17	
D	18	
M	19	
D	20	
F	21	
S	22	
S	23	☽ 06.19 **26**
M	24	
D	25	
M	26	
D	27	
F	28	
S	29	
S	30	

1996

Juli

M	1	● 04.56
D	2	
M	3	
D	4	
F	5	
S	6	
S	7	☾ 19.59
M	8	
D	9	
M	10	
D	11	
F	12	
S	13	
S	14	● 17.16
M	15	
D	16	
M	17	
D	18	
F	19	
S	20	
S	21	
M	22	
D	23	☽ 18.45
M	24	
D	25	
F	26	
S	27	
S	28	
M	29	
D	30	● 11.35
M	31	

Wochen: 27, 28, 29, 30, 31

August

D	1	
F	2	
S	3	
S	4	
M	5	
D	6	☾ 06.28
M	7	
D	8	
F	9	
S	10	
S	11	
M	12	
D	13	
M	14	● 08.32
D	15	
F	16	
S	17	
S	18	
M	19	
D	20	
M	21	
D	22	☽ 04.33
F	23	
S	24	
S	25	
M	26	
D	27	
M	28	● 18.52
D	29	
F	30	
S	31	

Wochen: 32, 33, 34, 35

September

S	1	
M	2	
D	3	
M	4	☾ 20.07
D	5	
F	6	
S	7	
S	8	
M	9	
D	10	
M	11	
D	12	
F	13	● 00.09
S	14	
S	15	
M	16	
D	17	
M	18	
D	19	
F	20	☽ 12.18
S	21	
S	22	
M	23	
D	24	
M	25	
D	26	
F	27	● 03.52
S	28	
S	29	
M	30	

Wochen: 36, 37, 38, 39, 40

Oktober

D	1	
M	2	
D	3	
F	4	☾ 13.07
S	5	
S	6	
M	7	
D	8	
M	9	
D	10	
F	11	
S	12	● 15.10
S	13	
M	14	
D	15	
M	16	
D	17	
F	18	
S	19	☽ 19.08
S	20	
M	21	
D	22	
M	23	
D	24	
F	25	
S	26	● 15.15
S	27	
M	28	
D	29	
M	30	
D	31	

Wochen: 41, 42, 43, 44

November

F	1	
S	2	
S	3	☾ 08.51
M	4	
D	5	
M	6	
D	7	
F	8	
S	9	
S	10	
M	11	● 05.15
D	12	
M	13	
D	14	
F	15	
S	16	
S	17	
M	18	☽ 02.09
D	19	
M	20	
D	21	
F	22	
S	23	
S	24	
M	25	● 05.11
D	26	
M	27	
D	28	
F	29	
S	30	

Wochen: 45, 46, 47, 48

Dezember

Tag	Datum	Mondphase / Feiertag
S	1	
M	2	
D	3	☾ 06.03
M	4	
D	5	
F	6	
S	7	
S	8	
M	9	
D	10	● 17.52
M	11	
D	12	
F	13	
S	14	
S	15	
M	16	
D	17	☽ 1C.34
M	18	
D	19	
F	20	
S	21	
S	22	
M	23	
D	24	● 21.40
M	25	1. Weihnachtsfeiertag
D	26	
F	27	
S	28	
S	29	
M	30	
D	31	

Wochen: 49, 50, 51, 52, 53

Legende

♈ Widder ♉ Stier
♊ Zwillinge ♋ Krebs
♌ Löwe ♍ Jungfrau
♎ Waage ♏ Skorpion
♐ Schütze ♑ Steinbock
♒ Wassermann ♓ Fische

○ Vollmond ☾ abn. Mond
● Neumond ☽ zun. Mond

Sommerzeiten sind nicht berücksichtigt

Verputzen und Ausbessern

1997

sehr gut | gut | neutral | schlecht | sehr schlecht

Januar

M 1		
D 2		
F 3		☾ 02.43
S 4		
S 5		
M 6		
D 7		
M 8		
D 9		● 05.25
F 10		
S 11		
S 12		
M 13		
D 14		
M 15		☽ 21.05
D 16		
F 17		
S 18		
S 19		
M 20		
D 21		
M 22		
D 23		○ 16.11
F 24		
S 25		
S 26		
M 27		
D 28		
M 29		
D 30		

Februar

S 1		
S 2		
M 3		
D 4		
M 5		
D 6		
F 7		● 16.05
S 8		
S 9		
M 10		
D 11		
M 12		
D 13		
F 14		☽ 10.02
S 15		
S 16		
M 17		
D 18		
M 19		
D 20		
F 21		
S 22		○ 11.26
S 23		
M 24		
D 25		
M 26		
D 27		
F 28		

März

S 1		
S 2		☾ 10.32
M 3		
D 4		
M 5		
D 6		
F 7		
S 8		
S 9		● 02.15
M 10		
D 11		
M 12		
D 13		
F 14		
S 15		
S 16		☽ 01.06
M 17		
D 18		
M 19		
D 20		
F 21		
S 22		
S 23		
M 24		○ 05.45
D 25		
M 26		
D 27		
F 28		Karfreitag
S 29		
S 30		

April

D 1		
M 2		
D 3		
F 4		
S 5		
S 6		
M 7		● 12.03
D 8		
M 9		
D 10		
F 11		
S 12		
S 13		
M 14		☽ 18.02
D 15		
M 16		
D 17		
F 18		
S 19		
S 20		
M 21		
D 22		○ 21.31
M 23		
D 24		
F 25		
S 26		
S 27		
M 28		
D 29		
M 30		☾ 03.36

Mai

D 1		
F 2		
S 3		
S 4		
M 5		
D 6		● 21.50
M 7		
D 8		
F 9		
S 10		
S 11		
M 12		
D 13		
M 14		☽ 11.57
D 15		
F 16		
S 17		
S 18		
M 19		Pfingstmontag
D 20		
M 21		
D 22		○ 10.10
F 23		
S 24		
S 25		
M 26		
D 27		
M 28		
D 29		☾ 08.50
F 30		
S 31		

Juni

S 1		
M 2		
D 3		
M 4		
D 5		● 08.06
F 6		
S 7		
S 8		
M 9		
D 10		
M 11		
D 12		
F 13		☽ 05.50
S 14		
S 15		
M 16		
D 17		
M 18		
D 19		
F 20		○ 20.07
S 21		
S 22		
M 23		
D 24		
M 25		
D 26		
F 27		☾ 13.44
S 28		
S 29		
M 30		

Wochen: 1, 2, 3, 4, 5, 6, 7, 8, 9, 10, 11, 12, 13, 14, 15, 16, 17, 18, 19, 20, 21, 22, 23, 24, 25, 26, 27

1997

Juli

D 1	♐	
M 2	♊	
M 3	♊	
D 4	♋	● 19.41
F 5	♋	
S 6	♋	
S 7	♌	
M 8	♌	
D 9	♍	
M 10	♍	
D 11	♍	
F 12	♎	☽ 22.42
S 13	♎	
S 14	♏	
M 15	♏	
M 16	♐	
D 17	♐	
F 18	♑	
S 19	♑	
S 20	♒	○ 04.19
M 21	♒	
D 22	♓	
M 23	♓	
D 24	♈	
F 25	♈	
S 26	♉	☾ 19.32
S 27	♉	
M 28	♊	
D 29	♊	
M 30	♊	
D 31	♋	

August

F 1	♋	
S 2	♌	
S 3	♌	● 09.15
M 4	♍	
D 5	♍	
M 6	♎	
D 7	♎	
F 8	♎	
S 9	♏	
S 10	♏	
M 11	♐	☽ 13.36
D 12	♐	
M 13	♑	
D 14	♑	
F 15	♒	
S 16	♒	
S 17	♓	
M 18	♓	○ 11.53
D 19	♈	
M 20	♈	
D 21	♉	
F 22	♉	
S 23	♊	
S 24	♊	
M 25	♋	☾ 03.24
D 26	♋	
M 27	♌	
D 28	♌	
F 29	♌	
S 30	♍	
S 31	♍	

September

M 1	♎	
D 2	♎	● 00.51
M 3	♏	
D 4	♏	
F 5	♐	
S 6	♐	
S 7	♑	
M 8	♑	
D 9	♒	
M 10	♒	☽ 02.30
D 11	♓	
F 12	♓	
S 13	♓	
S 14	♈	
M 15	♈	
D 16	♉	○ 19.49
M 17	♉	
D 18	♊	
F 19	♊	
S 20	♋	
S 21	♋	
M 22	♌	
D 23	♌	☾ 14.41
M 24	♍	
D 25	♍	
F 26	♎	
S 27	♎	
S 28	♏	
M 29	♏	
D 30	♐	

Oktober

M 1	♐	● 17.50
D 2	♑	
F 3	♑	
S 4	♒	
S 5	♒	
M 6	♓	
D 7	♓	
M 8	♓	
D 9	♈	☽ 13.16
F 10	♉	
S 11	♉	
S 12	♊	
M 13	♊	
D 14	♋	
M 15	♋	
D 16	♌	○ 04.48
F 17	♌	
S 18	♍	
S 19	♍	
M 20	♎	
D 21	♎	
M 22	♏	
D 23	♏	☾ 05.52
F 24	♐	
S 25	♐	
S 26	♑	
M 27	♑	
D 28	♒	
M 29	♒	
D 30	♓	
F 31	♓	● 10.59

November

S 1	♈	
S 2	♈	
M 3	♉	
D 4	♉	
M 5	♊	
D 6	♊	
F 7	♋	☽ 22.42
S 8	♋	
S 9	♋	
M 10	♌	
D 11	♌	
F 12	♍	
S 13	♍	
F 14	♎	○ 15.14
S 15	♎	
S 16	♏	
M 17	♏	
D 18	♐	
M 19	♐	
D 20	♑	
F 21	♑	☾ 00.57
S 22	♒	
S 23	♒	
M 24	♓	
D 25	♓	
M 26	♈	
D 27	♈	
F 28	♉	
S 29	♉	
S 30	♊	● 03.13

Dezember

M 1	♊	
D 2	♋	
M 3	♋	
D 4	♌	
F 5	♌	
S 6	♌	
S 7	♍	☽ 07.09
M 8	♍	
D 9	♎	
M 10	♎	
D 11	♏	
F 12	♏	
S 13	♐	
S 14	♐	○ 03.39
M 15	♑	
D 16	♑	
M 17	♒	
D 18	♒	
F 19	♓	
S 20	♓	
S 21	♈	☾ 22.44
M 22	♈	
D 23	♉	
M 24	♉	
D 25	♊	1. Weihnachtsfeiertag
F 26	♊	
S 27	♋	
S 28	♋	● 17.53
M 29	♌	
D 30	♌	
M 31	♍	

Wochen: 28, 29, 30, 31, 32, 33, 34, 35, 36, 37, 38, 39, 40, 41, 42, 43, 44, 45, 46, 47, 48, 49, 50, 51, 52, 53

Legende

♈ Widder	♌ Löwe
♉ Stier	♍ Jungfrau
♊ Zwillinge	♎ Waage
♋ Krebs	♏ Skorpion
♐ Schütze	♒ Wassermann
♑ Steinbock	♓ Fische

○ Vollmond
☾ abn. Mond
● Neumond
☽ zun. Mond

Sommerzeiten sind nicht berücksichtigt

Verputzen und Ausbessern

1998

Januar

Tag		Woche
D	1	1
F	2	
S	3	
S	4	
M	5	) 15.18 — 2
D	6	
M	7	
D	8	
F	9	
S	10	
S	11	
M	12	O 18.26 — 3
D	13	
M	14	
D	15	
F	16	
S	17	
S	18	4
M	19	
D	20	(20.39
M	21	
D	22	
F	23	
S	24	
S	25	5
M	26	
D	27	
M	28	● 06.58
D	29	
F	30	

Februar

Tag		Woche
S	1	
M	2	6
D	3	) 23.55
M	4	
D	5	
F	6	
S	7	
S	8	7
M	9	
D	10	
M	11	O 11.25
D	12	
F	13	
S	14	
S	15	8
M	16	
D	17	
M	18	
D	19	(16.22
F	20	
S	21	
S	22	9
M	23	
D	24	
M	25	
D	26	● 18.23
F	27	
S	28	

März

Tag		Woche
S	1	
M	2	10
D	3	
M	4	
D	5	) 09.46
F	6	
S	7	
S	8	11
M	9	
D	10	
M	11	
D	12	
F	13	O 05.34
S	14	
S	15	12
M	16	
D	17	
M	18	
D	19	(08.33
F	20	
S	21	
S	22	13
M	23	
D	24	
M	25	
D	26	
F	27	
S	28	
S	29	14
M	30	

April

Tag		Woche
M	1	
D	2	
F	3	) 21.21
S	4	
S	5	15
M	6	
D	7	
M	8	
D	9	
F	10	Karfreitag
S	11	O 23.22
S	12	16
M	13	Ostermontag
D	14	
M	15	
D	16	
F	17	
S	18	
S	19	(20.50 — 17
M	20	
D	21	
M	22	
D	23	
F	24	
S	25	
S	26	● 12.43 — 18
M	27	
D	28	
M	29	
D	30	

Mai

Tag		Woche
F	1	
S	2	
S	3	) 11.09 — 19
M	4	
D	5	
M	6	
D	7	
F	8	
S	9	
S	10	O 15.27 — 20
M	11	
D	12	
M	13	
D	14	
F	15	
S	16	
S	17	21
M	18	
D	19	(05.32
M	20	
D	21	
F	22	
S	23	
S	24	22
M	25	● 20.34
D	26	
M	27	
D	28	
F	29	
S	30	
S	31	

Juni

Tag		Woche
M	1	Pfingstmontag — 23
D	2	) 02.46
M	3	
D	4	
F	5	
S	6	
S	7	24
M	8	
D	9	
M	10	O 05.17
D	11	
F	12	
S	13	
S	14	25
M	15	
D	16	
M	17	(11.34
D	18	
F	19	
S	20	
S	21	26
M	22	
D	23	
M	24	● 04.53
D	25	
F	26	
S	27	27
S	28	
M	29	
D	30	

1998

Juli

	Tag	Mondphase
M	1	) 19.43
D	2	
F	3	
S	4	
S	5	
M	6	
D	7	
M	8	
D	9	● 16.58
F	10	
S	11	
S	12	
M	13	
D	14	
M	15	
D	16	(16.12
F	17	
S	18	
S	19	
M	20	
D	21	
M	22	● 03.03
D	23	
F	24	
S	25	
S	26	
M	27	
D	28	
M	29	
D	30	) 06.03
F	31	

Wochen: 28, 29, 30, 31

August

	Tag	Mondphase
S	1	
S	2	
M	3	
D	4	
M	5	
D	6	
F	7	
S	8	● 03.07
S	9	
M	10	
D	11	
M	12	
D	13	
F	14	(20.49
S	15	
S	16	
M	17	
D	18	
M	19	
D	20	
F	21	
S	22	● 03.03
S	23	
M	24	
D	25	
M	26	
D	27	
F	28	
S	29	
S	30	) 06.03
M	31	

Wochen: 32, 33, 34, 35, 36

September

	Tag	Mondphase
D	1	
M	2	
D	3	
F	4	
S	5	
S	6	● 12.17
M	7	
D	8	
M	9	
D	10	
F	11	
S	12	
S	13	(03.00
M	14	
D	15	
M	16	
D	17	
F	18	
S	19	
S	20	● 18.04
M	21	
D	22	
M	23	
D	24	
F	25	
S	26	
S	27	
M	28	) 22.07
D	29	
M	30	

Wochen: 37, 38, 39, 40

Oktober

	Tag	Mondphase
D	1	
F	2	
S	3	
S	4	
M	5	● 21.10
D	6	
M	7	
D	8	
F	9	
S	10	
S	11	
M	12	(12.17
D	13	
M	14	
D	15	
F	16	
S	17	
S	18	
M	19	
D	20	● 11.09
M	21	
D	22	
F	23	
S	24	
S	25	
M	26	
D	27	
M	28	) 12.41
D	29	
F	30	
S	31	

Wochen: 41, 42, 43, 44

November

	Tag	Mondphase
S	1	
M	2	
D	3	
M	4	● 06.19
D	5	
F	6	
S	7	
S	8	
M	9	
D	10	
M	11	(01.29
D	12	
F	13	
S	14	
S	15	
M	16	
D	17	
M	18	
D	19	● 05.24
F	20	
S	21	
S	22	
M	23	
D	24	
M	25	
D	26	
F	27	) 01.22
S	28	
S	29	
M	30	

Wochen: 45, 46, 47, 48, 49

Dezember

	Tag	Mondphase / Feiertag
D	1	
M	2	
D	3	● 16.21
F	4	
S	5	
S	6	
M	7	
D	8	
M	9	
D	10	(18.56
F	11	
S	12	
S	13	
M	14	
D	15	
M	16	
D	17	
F	18	● 23.43
S	19	
S	20	
M	21	
D	22	
M	23	
D	24	
F	25	1. Weihnachtsfeiertag
S	26	) 11.42
S	27	
M	28	
D	29	
M	30	
D	31	

Wochen: 50, 51, 52, 53

Legende

Widder — Stier — Zwillinge — Krebs — Löwe — Jungfrau — Waage — Skorpion — Schütze — Steinbock — Wassermann — Fische

● Vollmond (abn. Mond ● Neumond) zun. Mond

Sommerzeiten sind nicht berücksichtigt

Verputzen und Ausbessern

1999

Legende: sehr gut | gut | neutral | schlecht | sehr schlecht

Januar

- F 1
- S 2 ○ 03.50
- S 3
- M 4 — *1*
- D 5
- M 6
- D 7
- F 8
- S 9 ☾ 15.24
- S 10
- M 11 — *2*
- D 12
- M 13
- D 14
- F 15
- S 16
- S 17 ● 16.44 — *3*
- M 18
- D 19
- M 20
- D 21
- F 22
- S 23
- S 24 ☽ 20.14 — *4*
- M 25
- D 26
- M 27
- D 28
- F 29
- S 30

Februar

- M 1
- D 2
- M 3
- D 4
- F 5 — *5*
- S 6
- S 7
- M 8 ☾ 12.57
- D 9
- M 10
- D 11
- F 12 — *6*
- S 13
- S 14
- M 15
- D 16 ● 07.35
- M 17
- D 18
- F 19 — *7*
- S 20
- S 21
- M 22
- D 23 ☽ 03.44
- M 24
- D 25
- F 26 — *8*
- S 27
- S 28

März

- M 1
- D 2 ○ 08.00
- M 3
- D 4
- F 5 — *9*
- S 6
- S 7
- M 8
- D 9
- M 10 ☾ 09.38 — *10*
- D 11
- F 12
- S 13
- S 14
- M 15
- D 16
- M 17 ● 19.44 — *11*
- D 18
- F 19
- S 20
- S 21
- M 22
- D 23
- M 24 ☽ 11.21 — *12*
- D 25
- F 26
- S 27
- S 28
- M 29
- D 30 — *13*

April

- D 1
- F 2 Karfreitag
- S 3
- S 4
- M 5 Ostermontag — *14*
- D 6
- M 7
- D 8
- F 9 ☾ 03.47
- S 10
- S 11
- M 12 — *15*
- D 13
- M 14
- D 15
- F 16 ● 05.21
- S 17
- S 18
- M 19 — *16*
- D 20
- M 21
- D 22 ☽ 20.05
- F 23
- S 24
- S 25
- M 26 — *17*
- D 27
- M 28
- D 29
- F 30 ○ 15.55

Mai

- S 1
- S 2
- M 3 — *18*
- D 4
- M 5
- D 6
- F 7
- S 8 ☾ 18.25
- S 9
- M 10 — *19*
- D 11
- M 12
- D 13
- F 14
- S 15 ● 13.05
- S 16
- M 17 — *20*
- D 18
- M 19
- D 20
- F 21
- S 22 ☽ 06.37
- S 23
- M 24 Pfingstmontag — *21*
- D 25
- M 26
- D 27
- F 28
- S 29
- S 30

Juni

- D 1
- M 2
- D 3
- F 4
- S 5
- S 6
- M 7 ☾ 05.16 — *23*
- D 8
- M 9
- D 10
- F 11
- S 12
- S 13 ● 20.04
- M 14 — *24*
- D 15
- M 16
- D 17
- F 18
- S 19
- S 20 ☽ 19.16 — *25*
- M 21
- D 22
- M 23
- D 24
- F 25
- S 26
- S 27
- M 28 ○ 22.35 — *26*
- D 29
- M 30

1999

August (31–35)
S 1 · M 2 · D 3 · M 4 ☾ 18.23 · D 5 · F 6 · S 7 · S 8 · M 9 · D 10 · M 11 ● 12.10 · D 12 · F 13 · S 14 · S 15 · M 16 · D 17 · M 18 · D 19 · F 20 · S 21 · S 22 · M 23 · D 24 · M 25 · D 26 · F 27 ○ 00.46 · S 28 · S 29 · M 30 · D 31

September (36–39)
M 1 · D 2 ☾ 23.18 · F 3 · S 4 · S 5 · M 6 · D 7 · M 8 · D 9 ● 23.03 · F 10 · S 11 · S 12 · M 13 · D 14 · M 15 · D 16 · F 17) 21.06 · S 18 · S 19 · M 20 · D 21 · M 22 · D 23 · F 24 · S 25 ○ 11.46 · S 26 · M 27 · D 28 · M 29 · D 30

Oktober (40–43)
F 1 · S 2 ☾ 05.02 · S 3 · M 4 · D 5 · M 6 · D 7 · F 8 ● 12.38 · S 9 · S 10 · M 11 · D 12 · M 13 · D 14 · F 15 · S 16 · S 17) 15.56 · M 18 · D 19 · M 20 · D 21 · F 22 · S 23 · S 24 ○ 22.01 · M 25 · D 26 · M 27 · D 28 · F 29 · S 30 · S 31 ☾ 13.08

November (44–48)
M 1 · D 2 · M 3 · D 4 · F 5 · S 6 · S 7 · M 8 ● 04.54 · D 9 · M 10 · D 11 · F 12 · S 13 · S 14 · M 15 · D 16) 09.57 · M 17 · D 18 · F 19 · S 20 · S 21 · M 22 · D 23 ○ 08.05 · M 24 · D 25 · F 26 · S 27 · S 28 · M 29 · D 30 ☾ 00.18

Dezember (49–52)
M 1 · D 2 · F 3 · S 4 · S 5 · M 6 · D 7 ● 23.31 · M 8 · D 9 · F 10 · S 11 · S 12 · M 13 · D 14 · M 15 · D 16) 01.49 · F 17 · S 18 · S 19 · M 20 · D 21 · M 22 ○ 18.31 · D 23 · F 24 · S 25 1. Weihnachtsfeiertag · S 26 · M 27 · D 28 · M 29 · D 30 · F 31

Sommerzeiten sind nicht berücksichtigt

Widder · Stier · Zwillinge · Krebs · Löwe · Jungfrau · Waage · Skorpion · Schütze · Steinbock · Wassermann · Fische

○ Vollmond · ☾ abn. Mond · ● Neumond ·) zun. Mond

Verputzen und Ausbessern

2000

Legend: sehr gut | gut | neutral | schlecht | sehr schlecht

Januar
S 1, S 2, M 3, D 4, M 5, D 6 ● 19.12, F 7, S 8, S 9, M 10, D 11, M 12, D 13 ☽ 14.28, F 14, S 15, S 16, M 17, D 18, M 19, D 20, F 21 ○ 05.41, S 22, S 23, M 24, D 25, M 26, D 27, F 28 ☾ 08.59, S 29, S 30

Wochen: 1, 2, 3, 4

Februar
D 1, M 2, D 3, F 4, S 5 ● 14.00, S 6, M 7, D 8, M 9, D 10, F 11, S 12, S 13 ☽ 00.21, M 14, D 15, M 16, D 17, F 18, S 19 ○ 17.28, S 20, M 21, D 22, M 23, D 24, F 25, S 26, S 27 ☾ 04.55, M 28, D 29

Wochen: 6, 7, 8, 9

März
M 1, D 2, F 3, S 4, S 5, M 6 ● 06.13, D 7, M 8, D 9, F 10, S 11, S 12, M 13 ☽ 07.58, D 14, M 15, D 16, F 17, S 18 ○ 05.46, S 19, M 20, D 21, M 22, D 23, F 24, S 25, S 26, M 27, D 28 ☾ 01.22, M 29, D 30

Wochen: 10, 11, 12, 13

April
S 1, S 2, M 3, D 4 ● 19.08, M 5, D 6, F 7, S 8, S 9, M 10, D 11 ☽ 14.32, M 12, D 13, F 14, S 15, S 16, M 17, D 18 ○ 18.44, M 19, D 20, F 21 Karfreitag, S 22, S 23, M 24 Ostermontag, D 25, M 26 ☾ 20.28, D 27, F 28, S 29, S 30

Wochen: 14, 15, 16, 17

Mai
M 1, D 2, M 3, D 4 ● 05.11, F 5, S 6, S 7, M 8, D 9, M 10 ☽ 21.02, D 11, F 12, S 13, S 14, M 15, D 16, M 17, D 18 ○ 08.37, F 19, S 20, S 21, M 22, D 23, M 24, D 25, F 26 ☾ 12.49, S 27, S 28, M 29, D 30

Wochen: 18, 19, 20, 21, 22

Juni
D 1, F 2 ● 13.13, S 3, S 4, M 5 Pfingstmontag, D 6, M 7, D 8, F 9 ☽ 04.30, S 10, S 11, M 12, D 13, M 14, D 15, F 16 ○ 23.27, S 17, S 18, M 19, D 20, M 21, D 22, F 23, S 24, S 25 ☾ 01.59, M 26, D 27, M 28, D 29, F 30

Wochen: 23, 24, 25, 26

2000

Juli

Tag	Datum	KW / Notiz
S	1	20.18
S	2	
M	3	27
D	4	
M	5	
D	6	
F	7	
S	8	☽ 13.59
S	9	28
M	10	
D	11	
M	12	
D	13	
F	14	
S	15	
S	16	● 14.53 · 29
M	17	
D	18	
M	19	
D	20	
F	21	
S	22	
S	23	30
M	24	☾ 11.57
D	25	
M	26	
D	27	
F	28	
S	29	
S	30	31
M	31	03.25

August

Tag	Datum	KW / Notiz
D	1	
M	2	
D	3	
F	4	
S	5	
S	6	32
M	7	☾ 02.02
D	8	
M	9	
D	10	
F	11	
S	12	
S	13	33
M	14	
D	15	● 06.09
M	16	
D	17	
F	18	
S	19	
S	20	34
M	21	
D	22	☾ 19.47
M	23	
D	24	
F	25	
S	26	
S	27	35
M	28	
D	29	● 11.22
M	30	
D	31	

September

Tag	Datum	KW / Notiz
F	1	
S	2	
S	3	36
M	4	
D	5	☽ 17.30
M	6	
D	7	
F	8	
S	9	
S	10	37
M	11	
D	12	
M	13	● 20.34
D	14	
F	15	
S	16	
S	17	38
M	18	
D	19	
M	20	☾ 02.29
D	21	
F	22	
S	23	
S	24	39
M	25	
D	26	
M	27	● 20.53
D	28	
F	29	
S	30	

Oktober

Tag	Datum	KW / Notiz
S	1	
M	2	
D	3	
M	4	
D	5	☽ 11.59
F	6	
S	7	
S	8	41
M	9	
D	10	
M	11	
D	12	
F	13	● 09.48
S	14	
S	15	42
M	16	
D	17	
M	18	
D	19	
F	20	☾ 08.58
S	21	
S	22	43
M	23	
D	24	
M	25	
D	26	
F	27	● 09.01
S	28	
S	29	44
M	30	
D	31	

November

Tag	Datum	KW / Notiz
M	1	
D	2	
F	3	
S	4	☽ 08.24
S	5	45
M	6	
D	7	
M	8	
D	9	
F	10	
S	11	● 22.14
S	12	46
M	13	
D	14	
M	15	
D	16	
F	17	
S	18	☾ 16.26
S	19	47
M	20	
D	21	
M	22	
D	23	
F	24	
S	25	● 00.11
S	26	48
M	27	
D	28	
M	29	
D	30	

Dezember

Tag	Datum	KW / Notiz
F	1	
S	2	
S	3	49
M	4	☽ 04.51
D	5	
M	6	
D	7	
F	8	
S	9	
S	10	50
M	11	● 10.00
D	12	
M	13	
D	14	
F	15	
S	16	
S	17	51
M	18	☾ 01.42
D	19	
M	20	
F	21	
S	22	
S	23	
S	24	52
M	25	1. Weihnachtsfeiertag · 18.22
D	26	2. Weihnachtsfeiertag
M	27	
D	28	
F	29	
S	30	
S	31	

Legende

Widder · Stier · Zwillinge · Krebs · Löwe · Jungfrau · Waage · Skorpion · Schütze · Steinbock · Wassermann · Fische

● Vollmond ☾ abn. Mond ● Neumond ☽ zun. Mond

Sommerzeiten sind nicht berücksichtigt

Holzdecken und Holzböden anbringen

Kürzlich fanden wir eine Werbeanzeige für Teppichböden, in der sich ein Kind am harten Holzfußboden den Kopf gestoßen hatte. Sinngemäß hieß es: »Mit Teppichboden wäre das nicht passiert.« Wie pervers kann Werbung noch werden? Das ist dasselbe finster-mittelalterliche Niveau wie der klassische Satz »Und jetzt meldet sich ihr Gewissen . . .«, mit dem Millionen Frauen eingetrichtert wurde, daß sie in die Hölle kommen, wenn ihre Wäsche nicht weiß genug ist.

Teppichböden sind keine schlechte Sache, wenn sie vollständig aus Naturstoffen bestehen (also auch ohne Kunststoffrücken) und wenn niemand in der Nähe ist oder zu Besuch kommt, der sich mit Allergien herumschlagen muß. Was Staub, Bakterien und andere Kleinlebewesen betrifft, wird jede noch so starke chemische Ausrüstung des Teppichbodens nicht verhindern, daß er in höchstem Maße unhygienisch ist. Jeder Holzboden ist in diesem Punkt dem Teppichboden hochüberlegen.

Und fragen Sie einmal Kinderärzte, wie viele Kinder sie im Laufe von Jahrzehnten wegen Allergien behandelten, ausgelöst von Teppichböden – sei es durch Staub und Bakterien oder durch ihre chemischen Ausrüststoffe oder Reinigungsmittel. Und dann zum Vergleich, wie viele Kinder sie behandeln mußten, weil sie sich durch den Aufprall auf einem Holzfußboden verletzt haben. Teppichböden haben sich nicht nur deshalb eingebürgert, weil sich der Geschmack in Fragen des Wohnens geändert hat. Zum falschen Zeitpunkt geschlagenes und eingebautes Holz sowie mit purem Gift versiegelte Parkettböden (Sondermüll!) haben uns die Freude an einem echten Holzboden vergällt. Dabei gibt es nichts Schöneres und Umweltfreundlicheres als einen Holzboden, der mit natürlichen Mitteln geschützt und gepflegt wird. Letztlich kostet er so viel wie ein besserer Teppichboden, aber er hält Hunderte von Jahren länger. Holzboden oder Kunststoffteppichboden beziehungsweise PVC? Diese

Frage stellt sich auch nicht mehr, wenn man das Problem der späteren Entsorgung im Auge behält und damit den Faktor Kostenwahrheit.

Um lebenslang Freude an Holzböden zu haben, die mit natürlichen Mitteln geschützt sind, bedarf es eines Minimums an Pflege und Reinigung. Die Hersteller solcher Mittel geben an, wie der beste Erfolg zu erzielen ist. Beispielsweise dürfen keine fettlösenden Reinigungs- und Pflegemittel verwendet werden. Einige wenige Richtlinien sind zu befolgen, dann bleibt die Freude am Naturholzboden lebendig, jeden Tag neu. Die Hersteller sagen allerdings (noch) nicht, wann Sie die Pflege am besten vornehmen: Kehren jederzeit, feucht Wischen auch jederzeit, aber dabei nach Möglichkeit Krebs-, Skorpion- und Fischetage meiden.

Wenn Sie in einem alten Holzhaus wohnen, auf Böden, die völlig unbehandelt und sehr alt sind, können Sie viel tun, um ihre natürliche, wunderbar unregelmäßige Schönheit zu bewahren: Die Böden brauchen nur gekehrt (oder gesaugt) zu werden, weil sie sich selbst regenerieren. In gewissen Abständen sollten sie gründlich geschrubbt werden, bei starker Beanspruchung wöchentlich, aber nur bei abnehmendem Mond! *Holzaschenlauge* eignet sich für diese Arbeit am besten. Sollten Sie bei zunehmendem Mond feucht reinigen müssen, dann möglichst schnell und gut nachtrocknen. Wenn Sie bei Krebs, Skorpion und Fische im zunehmendem Mond feucht wischen, kann die Feuchtigkeit in die Ritzen dringen, das Holz verzieht sich oder fault gar nach längerer Zeit.

Das Rezept für Aschenlauge: Geben Sie etwa zwei Fingerbreit Holzasche aus Buchenholz in einen großen Topf oder Eimer (Mengenverhältnis Wasser zu Asche etwa wie Teewasser zu Teeblättern), füllen Sie den Eimer mit kochendem Wasser und halten Sie ihn zugedeckt. Anfangs ein- bis zweimal umrühren und nach längerem Stehen (ca. 15 Minuten, aber länger schadet auch nicht) die Lauge vorsichtig in einen Putzeimer umschütten. Der Aschensatz sollte dabei im ersten Gefäß zurückbleiben und kann auf den Kompost geschüttet werden. Die Frage nun, die uns schon viele Leser und sogar Apotheken gestellt haben: Woher bekommt man Buchenholzasche (was ja auch ein prima Zahnputzmittel ist, wie unsere Leser wissen*)? Es gibt sie überall dort, wo Buchenholz im Ofen,

---

* Ein weiteres gutes Zahnputzmittel ist übrigens *Backpulver*. Probieren Sie es mal damit, wenn keine Asche aufzutreiben ist. Sogar die Zahnpastaindustrie hat dieses Mittel jetzt entdeckt und mischt es in ihre Produkte.

Herd oder Kamin brennt. Kennen Sie jemanden, der zu Hause einen offenen Kamin oder Holzherd hat? Oder haben Sie die Möglichkeit, einige Scheite Buchenholz draußen zu verbrennen? Wenn Sie einen Gartengrill haben, verbrennen Sie einfach statt Holzkohle Buchenscheite, beim Brennstoffhändler erworben, und »ernten« dann die Asche.

Was das Verlegen betrifft, gelten für Holzböden ähnliche Regeln wie für Holztreppen. Bei abnehmendem Mond verlegt, bleibt der Boden ruhig und fest (es sei denn, Sie haben einen Kobold im Haus). Auch häufiges Aufwischen kann ihm dann nichts anhaben. Hier die Grundregeln.

Die Grundregeln
für das Verlegen von Holzböden und Holzdecken

Sehr gut: Bei abnehmendem Mond im Tierkreiszeichen Steinbock.
Gut: Bei abnehmendem Mond,
mit Ausnahme der Löwe-, Schütze- und Krebstage.
Schlecht: Generell bei zunehmendem Mond, aber auch bei abnehmendem Mond in Löwe, Schütze und Krebs.
Sehr schlecht: Bei zunehmendem Mond in Löwe, Schütze und Krebs und bei Vollmond.

Die Folgen der Ausführung zum richtigen Zeitpunkt
Hohe Festigkeit und Unempfindlichkeit. Das Holz fault nicht und bleibt ansehnlich.

Die Folgen der Ausführung zum falschen Zeitpunkt
Der Boden wird nach Jahren morsch und uneben, Gefahr der Kluftbildung, besonders wenn an Krebstagen verlegt. Starkes Knarren, besonders bei Wetterwechsel und Schwankungen von Temperatur und Feuchtigkeit. Holzdecken und Verkleidungen knarren, das Holz arbeitet stärker und kann kluftig werden.

Und nicht vergessen: Heutzutage sind natürlich behandelte, geölte oder gewachste Naturholzböden sehr pflegeleicht und auch nach langem Gebrauch noch schön anzusehen.

Holzböden und Holzdecken anbringen

1996

sehr gut | gut | neutral | schlecht | sehr schlecht

Januar
1

- M 1
- D 2
- M 3
- D 4
- F 5 ○ 21.50
- S 6
- S 7
- M 8 **2**
- D 9
- M 10
- D 11
- F 12 ☾ 21.42
- S 13
- S 14 **3**
- M 15
- D 16
- M 17
- D 18
- F 19
- S 20 ● 13.51
- S 21
- M 22 **4**
- D 23
- M 24
- D 25
- F 26
- S 27 ☽ 12.18
- S 28
- M 29
- D 30 **5**

Februar
- D 1
- F 2
- S 3
- S 4 ○ 16.57
- M 5 **6**
- D 6
- M 7
- D 8
- F 9
- S 10
- S 11 ☾ 09.33 **7**
- M 12
- D 13
- M 14
- D 15
- F 16
- S 17
- S 18 ● 00.28 **8**
- M 19
- D 20
- M 21
- D 22
- F 23
- S 24
- S 25 **9**
- M 26
- D 27 ☽ 06.54
- M 28
- D 29

März
- F 1
- S 2
- S 3 **10**
- M 4
- D 5 ○ 10.18
- M 6
- D 7
- F 8
- S 9
- S 10 **11**
- M 11
- D 12 ☾ 18.13
- M 13
- D 14
- F 15
- S 16
- S 17 **12**
- M 18
- D 19 ● 11.48
- M 20
- D 21
- F 22
- S 23
- S 24 **13**
- M 25
- D 26
- M 27 ☽ 02.32
- D 28
- F 29
- S 30

April
14

- M 1
- D 2
- M 3
- D 4 ○ 01.05
- F 5 Karfreitag
- S 6
- S 7 **15**
- M 8 Ostermontag
- D 9
- M 10
- D 11 ☾ 00.34
- F 12
- S 13
- S 14 **16**
- M 15
- D 16
- M 17 ● 23.50
- D 18
- F 19
- S 20 **17**
- S 21
- M 22
- D 23
- M 24
- D 25 ☽ 21.39
- F 26
- S 27
- S 28 **18**
- M 29
- D 30

Mai
- M 1
- D 2
- F 3 ○ 12.45
- S 4
- S 5 **19**
- M 6
- D 7
- M 8 ☾ 12.09
- D 9
- F 10 ☾ 06.04
- S 11
- S 12 **20**
- M 13
- D 14
- M 15
- D 16
- F 17 ● 12.48
- S 18
- S 19 **21**
- M 20
- D 21
- M 22
- D 23
- F 24
- S 25 ☽ 15.09
- S 26 **22**
- M 27 Pfingstmontag
- D 28
- M 29
- D 30

Juni
- S 1 ○ 21.46
- S 2
- M 3 **23**
- D 4
- M 5
- D 6
- F 7
- S 8 ☾ 12.09
- S 9 **24**
- M 10
- D 11
- M 12
- D 13
- F 14
- S 15
- S 16 ● 02.37 **25**
- M 17
- D 18
- M 19
- D 20
- F 21
- S 22
- S 23 **26**
- M 24 ☽ 06.19
- D 25
- M 26
- D 27
- F 28
- S 29
- S 30

1996

Juli

M 1		● Vollmond	04.56
D 2			
M 3			
D 4			
F 5			
S 6			
S 7		(abn. Mond	19.59
M 8			
D 9			
M 10			
D 11			
F 12		● Neumond	17.16
S 13			
S 14			
M 15			
D 16			
M 17			
D 18			
F 19			
S 20			
S 21			
M 22			
D 23		) zun. Mond	18.45
M 24			
D 25			
F 26			
S 27			
S 28		● Vollmond	11.35
M 29			
D 30			
D 31			

Wochen: 27, 28, 29, 30, 31

August

D 1			
F 2			
S 3			
S 4			
M 5			
D 6		(abn. Mond	06.28
M 7			
D 8			
F 9			
S 10			
S 11			
M 12			
D 13			
M 14		● Neumond	08.32
D 15			
F 16			
S 17			
S 18			
M 19			
D 20			
M 21			
D 22			
F 23		) zun. Mond	04.33
S 24			
S 25			
M 26			
D 27			
M 28		● Vollmond	18.52
D 29			
F 30			
S 31			

Wochen: 32, 33, 34, 35

September

S 1			
M 2			
D 3			
M 4		(abn. Mond	20.07
D 5			
F 6			
S 7			
S 8			
M 9			
D 10			
M 11			
D 12			
F 13		● Neumond	00.09
S 14			
S 15			
M 16			
D 17			
M 18			
D 19			
F 20		) zun. Mond	12.18
S 21			
S 22			
M 23			
D 24			
M 25			
D 26			
F 27		● Vollmond	03.52
S 28			
S 29			
M 30			

Wochen: 36, 37, 38, 39, 40

Oktober

D 1			
M 2			
D 3			
F 4		(abn. Mond	13.07
S 5			
S 6			
M 7			
D 8			
M 9			
D 10			
F 11			
S 12		● Neumond	15.10
S 13			
M 14			
D 15			
M 16			
D 17			
F 18			
S 19		) zun. Mond	19.08
S 20			
M 21			
D 22			
M 23			
D 24			
F 25			
S 26		● Vollmond	15.15
S 27			
M 28			
D 29			
M 30			
D 31			

Wochen: 41, 42, 43, 44

November

F 1			
S 2			
S 3		(abn. Mond	08.51
M 4			
D 5			
M 6			
D 7			
F 8			
S 9			
S 10			
M 11		● Neumond	05.15
D 12			
M 13			
D 14			
F 15			
S 16			
S 17		) zun. Mond	02.09
M 18			
D 19			
M 20			
D 21			
F 22			
S 23			
S 24			
M 25		● Vollmond	05.11
D 26			
M 27			
D 28			
F 29			
S 30			

Wochen: 45, 46, 47, 48

Dezember

S 1			
M 2			
D 3		(abn. Mond	06.03
M 4			
D 5			
F 6			
S 7			
S 8			
M 9			
D 10		● Neumond	17.52
M 11			
D 12			
F 13		) zun. Mond	10.34
S 14			
S 15			
M 16			
D 17			
M 18			
D 19			
F 20			
S 21			
S 22			
M 23			
D 24		● Vollmond	21.40
M 25		1. Weihnachtsfeiertag	
D 26			
F 27			
S 28			
S 29			
M 30			
D 31			

Wochen: 49, 50, 51, 52, 53

Legende

♈ Widder   ♌ Löwe   ♐ Schütze   ♒ Wassermann
♉ Stier   ♍ Jungfrau   ♑ Steinbock   ♓ Fische
♊ Zwillinge   ♎ Waage
♋ Krebs   ♏ Skorpion

● Vollmond   (abn. Mond   ● Neumond   ) zun. Mond

Sommerzeiten sind nicht berücksichtigt

Holzböden und Holzdecken anbringen

1997

Legende: sehr gut | gut | neutral | schlecht | sehr schlecht

Januar

M 1	
D 2	02.43
F 3	
S 4	
S 5	
M 6	
D 7	
M 8	
D 9	05.25
F 10	
S 11	
S 12	
M 13	
D 14	21.05
M 15	
D 16	
F 17	
S 18	
S 19	
M 20	
D 21	
M 22	
D 23	16.11
F 24	
S 25	
S 26	
M 27	
D 28	
M 29	
D 30	

Wochen: 1, 2, 3, 4, 5

Februar

S 1	
S 2	
M 3	
D 4	
M 5	
D 6	
F 7	16.05
S 8	
S 9	
M 10	
D 11	
M 12	
D 13	10.02
F 14	
S 15	
S 16	
M 17	
D 18	
M 19	
D 20	
F 21	
S 22	11.26
S 23	
M 24	
D 25	
M 26	
D 27	
F 28	

Wochen: 6, 7, 8, 9

März

S 1	
S 2	10.32
M 3	
D 4	
M 5	
D 6	
F 7	
S 8	
S 9	02.15
M 10	
D 11	
M 12	
D 13	
F 14	
S 15	
S 16	01.06
M 17	
D 18	
M 19	
D 20	
F 21	
S 22	
S 23	
M 24	05.45
D 25	
M 26	
D 27	
F 28	Karfreitag
S 29	
S 30	

Wochen: 10, 11, 12, 13

April

D 1	
M 2	
D 3	
F 4	
S 5	
S 6	12.03
M 7	
D 8	
M 9	
D 10	
F 11	
S 12	
S 13	
M 14	18.02
D 15	
M 16	
D 17	
F 18	
S 19	
S 20	
M 21	
D 22	21.31
M 23	
D 24	
F 25	
S 26	
S 27	
M 28	
D 29	
M 30	03.36

Wochen: 14, 15, 16, 17, 18

Mai

D 1	
F 2	
S 3	
S 4	
M 5	
D 6	21.50
M 7	
D 8	
F 9	
S 10	
S 11	
M 12	
D 13	
M 14	11.57
D 15	
F 16	
S 17	
S 18	
M 19	Pfingstmontag
D 20	
M 21	
D 22	10.10
F 23	
S 24	
S 25	
M 26	
D 27	
M 28	
D 29	08.50
F 30	
S 31	

Wochen: 19, 20, 21, 22

Juni

S 1	
M 2	
D 3	
M 4	
D 5	08.06
F 6	
S 7	
S 8	
M 9	
D 10	
M 11	
D 12	
F 13	05.50
S 14	
S 15	
M 16	
D 17	
M 18	
D 19	
F 20	20.07
S 21	
S 22	
M 23	
D 24	
M 25	
D 26	
F 27	13.44
S 28	
S 29	
M 30	

Wochen: 23, 24, 25, 26, 27

1997

Juli

Tag	Hinweis
D 1	
M 2	
D 3	
F 4	● 19.41
S 5	
S 6	
M 7	**28**
D 8	
M 9	
D 10	
F 11	
S 12	☽ 22.42
S 13	
M 14	**29** ○ 04.19
D 15	
M 16	
D 17	
F 18	
S 19	
S 20	
M 21	**30**
D 22	
M 23	
D 24	
F 25	☾ 19.32
S 26	
S 27	
M 28	**31**
D 29	
M 30	
D 31	

August

Tag	Hinweis
F 1	
S 2	
S 3	● 09.15
M 4	**32**
D 5	
M 6	
D 7	
F 8	
S 9	
S 10	
M 11	**33** ☽ 13.36
D 12	
M 13	
D 14	
F 15	
S 16	
S 17	
M 18	**34** ○ 11.53
D 19	
M 20	
D 21	
F 22	
S 23	
S 24	
M 25	**35** ☾ 03.24
D 26	
M 27	
D 28	
F 29	
S 30	
S 31	

September

Tag	Hinweis
M 1	**36**
D 2	● 00.51
M 3	
D 4	
F 5	
S 6	
S 7	
M 8	**37**
D 9	
M 10	☽ 02.30
D 11	
F 12	
S 13	
S 14	
M 15	**38**
D 16	○ 19.49
M 17	
D 18	
F 19	
S 20	
S 21	
M 22	**39**
D 23	☾ 14.41
M 24	
D 25	
F 26	
S 27	
S 28	
M 29	**40**
D 30	

Oktober

Tag	Hinweis
M 1	● 17.50
D 2	
F 3	
S 4	
S 5	
M 6	**41**
D 7	
M 8	
D 9	☽ 13.16
F 10	
S 11	
S 12	
M 13	**42**
D 14	
M 15	
D 16	○ 04.48
F 17	
S 18	
S 19	
M 20	**43**
D 21	
M 22	
D 23	☾ 05.52
F 24	
S 25	
S 26	
M 27	**44**
D 28	
M 29	
D 30	
F 31	● 10.59

November

Tag	Hinweis
S 1	
S 2	
M 3	**45**
D 4	
M 5	
D 6	
F 7	☽ 22.42
S 8	
S 9	
M 10	**46**
D 11	
M 12	
D 13	
F 14	○ 15.14
S 15	
S 16	
M 17	**47**
D 18	
M 19	
D 20	
F 21	
S 22	☾ 00.57
S 23	
M 24	**48**
D 25	
M 26	
D 27	
F 28	
S 29	
S 30	● 03.13

Dezember

Tag	Hinweis
M 1	**49**
D 2	
M 3	
D 4	
F 5	
S 6	
S 7	☽ 07.09
M 8	**50**
D 9	
M 10	
D 11	
F 12	
S 13	
S 14	○ 03.39
M 15	**51**
D 16	
M 17	
D 18	
F 19	
S 20	
S 21	☾ 22.44
M 22	**52**
D 23	
M 24	
D 25	1. Weihnachtsfeiertag
F 26	
S 27	
S 28	
M 29	**53** ● 17.53
D 30	
M 31	

Tierkreiszeichen
- Widder
- Stier
- Zwillinge
- Krebs
- Löwe
- Jungfrau
- Waage
- Skorpion
- Schütze
- Steinbock
- Wassermann
- Fische

Mondphasen
- ○ Vollmond
- ☾ abn. Mond
- ● Neumond
- ☽ zun. Mond

Sommerzeiten sind nicht berücksichtigt

Holzböden und Holzdecken anbringen

1998

| ■ sehr gut | gut | neutral | schlecht | sehr schlecht |

Januar
D 1, F 2, S 3, S 4, M 5 ☽ 15.18, D 6, M 7, D 8, F 9, S 10, S 11 ○, M 12 18.26, D 13, M 14, D 15, F 16, S 17, S 18, M 19, D 20 ☾ 20.39, M 21, D 22, F 23, S 24, S 25, M 26, D 27, M 28 ● 06.58, D 29, F 30

Wochen: 1, 2, 3, 4, 5

Februar
S 1, M 2, D 3 ☽ 23.55, M 4, D 5, F 6, S 7, S 8, M 9, D 10, M 11 ○ 11.25, D 12, F 13, S 14, S 15, M 16, D 17, M 18, D 19 ☾ 16.22, F 20, S 21, S 22, M 23, D 24, M 25, D 26 ● 18.23, F 27, S 28

Wochen: 6, 7, 8, 9

März
S 1, M 2, D 3, M 4, D 5 ☽ 09.46, F 6, S 7, S 8, M 9, D 10, M 11, D 12, F 13 ○ 05.34, S 14, S 15, M 16, D 17, M 18, D 19, F 20, S 21 ☾ 08.33, S 22, M 23, D 24, M 25, D 26, F 27, S 28 ● 04.13, S 29, M 30

Wochen: 10, 11, 12, 13, 14

April
M 1, D 2, F 3 ☽ 21.21, S 4, S 5, M 6, D 7, M 8, D 9, F 10 Karfreitag, S 11 ○ 23.22, S 12, M 13 Ostermontag, D 14, M 15, D 16, F 17, S 18, S 19 ☾ 20.50, M 20, D 21, M 22, D 23, F 24, S 25, S 26 ● 12.43, M 27, D 28, M 29, D 30

Wochen: 15, 16, 17, 18

Mai
F 1, S 2, S 3 ☽ 11.09, M 4, D 5, M 6, D 7, F 8, S 9, S 10 ○ 15.27, M 11, D 12, M 13, D 14, F 15, S 16, S 17, M 18, D 19 ☾ 05.32, M 20, D 21, F 22, S 23, S 24 ● 20.34, M 25, D 26, M 27, D 28, F 29, S 30, S 31

Wochen: 19, 20, 21, 22

Juni
M 1 Pfingstmontag, D 2 ☽ 02.46, M 3, D 4, F 5, S 6, S 7, M 8, D 9, M 10 ○ 05.17, D 11, F 12, S 13, S 14, M 15, D 16, M 17 ☾ 11.34, D 18, F 19, S 20, S 21, M 22, D 23, M 24 ● 04.53, D 25, F 26, S 27, S 28, M 29, D 30

Wochen: 23, 24, 25, 26, 27

1998

Juli
[Wochen: 28, 29, 30, 31]

M	1	☽ 19.43
D	2	
F	3	
S	4	
S	5	
M	6	
D	7	
M	8	
D	9	○ 16.58
F	10	
S	11	
S	12	
M	13	
D	14	
M	15	
D	16	☾ 16.12
F	17	
S	18	
S	19	
M	20	
D	21	
M	22	
D	23	● 14.47
F	24	
S	25	
S	26	
M	27	
D	28	
M	29	
D	30	
F	31	☽ 13.04

August
[Wochen: 32, 33, 34, 35, 36]

S	1	
S	2	
M	3	
D	4	
M	5	
D	6	
F	7	
S	8	○ 03.07
S	9	
M	10	
D	11	
M	12	
D	13	
F	14	☾ 20.49
S	15	
S	16	
M	17	
D	18	
M	19	
D	20	
F	21	
S	22	● 03.03
S	23	
M	24	
D	25	
M	26	
D	27	
F	28	
S	29	
S	30	☽ 06.03
M	31	

September
[Wochen: 37, 38, 39, 40]

D	1	
M	2	
D	3	
F	4	
S	5	
S	6	○ 12.17
M	7	
D	8	
M	9	
D	10	
F	11	
S	12	
S	13	☾ 03.00
M	14	
D	15	
M	16	
D	17	
F	18	
S	19	
S	20	● 18.04
M	21	
D	22	
M	23	
D	24	
F	25	
S	26	
S	27	
M	28	☽ 22.07
D	29	
M	30	

Oktober
[Wochen: 41, 42, 43, 44]

D	1	
F	2	
S	3	
S	4	
M	5	○ 21.10
D	6	
M	7	
D	8	
F	9	
S	10	
S	11	
M	12	☾ 12.17
D	13	
M	14	
D	15	
F	16	
S	17	
S	18	
M	19	
D	20	● 11.09
M	21	
D	22	
F	23	
S	24	
S	25	
M	26	
D	27	
M	28	☽ 12.41
D	29	
F	30	
S	31	

November
[Wochen: 45, 46, 47, 48, 49]

S	1	
M	2	
D	3	
M	4	○ 06.19
D	5	
F	6	
S	7	
S	8	
M	9	
D	10	
M	11	☾ 01.29
D	12	
F	13	
S	14	
S	15	
M	16	
D	17	
M	18	
D	19	● 05.24
F	20	
S	21	
S	22	
M	23	
D	24	
M	25	
D	26	
F	27	☽ 01.22
S	28	
S	29	
M	30	

Dezember
[Wochen: 50, 51, 52, 53]

D	1	
M	2	
D	3	○ 16.21
F	4	
S	5	
S	6	
M	7	
D	8	
M	9	
D	10	☾ 18.56
F	11	
S	12	
S	13	
M	14	
D	15	
M	16	
D	17	
F	18	● 23.43
S	19	
S	20	
M	21	
D	22	
M	23	
D	24	
F	25	1. Weihnachtsfeiertag
S	26	☽ 11.42
S	27	
M	28	
D	29	
M	30	
D	31	

Mondphasen:
○ Vollmond   ☾ abn. Mond   ● Neumond   ☽ zun. Mond

Sternzeichen:
Widder · Stier · Zwillinge · Krebs · Löwe · Jungfrau · Waage · Skorpion · Schütze · Steinbock · Wassermann · Fische

Sommerzeiten sind nicht berücksichtigt

Holzböden und Holzdecken anbringen

1999

Legende: sehr gut | gut | neutral | schlecht | sehr schlecht

Januar

F	1	
S	2	03.50
S	3	
M	4	**1**
D	5	
M	6	
D	7	
F	8	
S	9	15.24
S	10	
M	11	**2**
D	12	
M	13	
D	14	
F	15	
S	16	
S	17	16.44
M	18	**3**
D	19	
M	20	
D	21	
F	22	
S	23	
S	24	20.14
M	25	**4**
D	26	
M	27	
D	28	
F	29	
S	30	

Februar

M	1	**5**
D	2	
M	3	
D	4	
F	5	
S	6	
S	7	
M	8	12.57 — **6**
D	9	
M	10	
D	11	
F	12	
S	13	
S	14	
M	15	**7**
D	16	07.35
M	17	
D	18	
F	19	
S	20	
S	21	
M	22	**8**
D	23	
M	24	
D	25	
F	26	
S	27	
S	28	

März

M	1	**9**
D	2	08.00
M	3	
D	4	
F	5	
S	6	
S	7	
M	8	**10**
D	9	
M	10	09.38
D	11	
F	12	
S	13	
S	14	
M	15	**11**
D	16	
M	17	19.44
D	18	
F	19	
S	20	
S	21	
M	22	**12**
D	23	
M	24	11.21
D	25	
F	26	
S	27	
S	28	
M	29	**13**
D	30	

April

D	1	**14**
F	2	Karfreitag
S	3	
S	4	
M	5	Ostermontag
D	6	
M	7	
D	8	
F	9	03.47
S	10	
S	11	**15**
M	12	
D	13	
M	14	
D	15	
F	16	05.21
S	17	
S	18	**16**
M	19	
D	20	
M	21	
D	22	20.05
F	23	
S	24	
S	25	**17**
M	26	
D	27	
M	28	
D	29	
F	30	15.55

Mai

S	1	
S	2	**18**
M	3	
D	4	
M	5	
D	6	
F	7	
S	8	18.25
S	9	**19**
M	10	
D	11	
M	12	
D	13	
F	14	
S	15	13.05
S	16	**20**
M	17	
D	18	
M	19	
D	20	
F	21	
S	22	06.37
S	23	**21**
M	24	Pfingstmontag
D	25	
M	26	
D	27	
F	28	
S	29	
S	30	**22** — 07.40
M	31	

Juni

D	1	
M	2	
D	3	
F	4	
S	5	
S	6	**23**
M	7	05.16
D	8	
M	9	
D	10	
F	11	
S	12	
S	13	20.04 — **24**
M	14	
D	15	
M	16	
D	17	
F	18	
S	19	
S	20	19.16 — **25**
M	21	
D	22	
M	23	
D	24	
F	25	
S	26	**26**
S	27	
M	28	22.35
D	29	
M	30	

1999

Juli

Tag	Datum	Mond/Notiz	KW
D	1		
F	2		
S	3		
S	4		
M	5		27
D	6	(12.52	
M	7		
D	8		
F	9		
S	10		
S	11		28
M	12		
D	13	● 03.25	
M	14		
D	15		
F	16		
S	17		
S	18		29
M	19		
D	20	) 10.02	
M	21		
D	22		
F	23		
S	24		
S	25		30
M	26		
D	27		
M	28	○ 12.20	
F	29		
F	30		
S	31		

August

Tag	Datum	Mond/Notiz	KW
S	1		
M	2		31
D	3		
M	4	(18.23	
D	5		
F	6		
S	7		
S	8		32
M	9		
D	10		
M	11	● 12.10	
D	12		
F	13		
S	14		
S	15		33
M	16		
D	17		
M	18		
D	19	) 02.47	
F	20		
S	21		
S	22		34
M	23		
D	24		
M	25		
D	26		
F	27	○ 00.46	
S	28		
S	29		35
M	30		
D	31		

September

Tag	Datum	Mond/Notiz	KW
M	1		
D	2	(23.18	
F	3		
S	4		
S	5		36
M	6		
D	7		
M	8		
D	9	● 23.03	
F	10		
S	11		
S	12		37
M	13		
D	14		
M	15		
D	16		
F	17	) 21.06	
S	18		
S	19		38
M	20		
D	21		
M	22		
D	23		
F	24		
S	25	○ 11.46	
S	26		39
M	27		
D	28		
M	29		
D	30		

Oktober

Tag	Datum	Mond/Notiz	KW
F	1		
S	2	(05.02	
S	3		40
M	4		
D	5		
M	6		
D	7		
F	8		
S	9	● 12.38	
S	10		41
M	11		
D	12		
M	13		
D	14		
F	15		
S	16		
S	17	) 15.56	42
M	18		
D	19		
M	20		
D	21		
F	22		
S	23		
S	24	○ 22.01	43
M	25		
D	26		
M	27		
D	28		
F	29		
S	30		
S	31	(13.08	

November

Tag	Datum	Mond/Notiz	KW
M	1		44
D	2		
M	3		
D	4		
F	5		
S	6		
S	7		45
M	8	● 04.54	
D	9		
M	10		
D	11		
F	12		
S	13		
S	14		46
M	15		
D	16	) 09.57	
M	17		
D	18		
F	19		
S	20		
S	21		47
M	22		
D	23	○ 08.05	
D	24		
D	25		
F	26		
S	27		
S	28		48
M	29		
D	30	(00.18	

Dezember

Tag	Datum	Mond/Notiz	KW
M	1		
D	2		
F	3		
S	4		
S	5		49
M	6		
D	7	● 23.31	
M	8		
D	9		
F	10		
S	11		
S	12		50
M	13		
D	14		
M	15		
D	16	) 01.49	
F	17		
S	18		
S	19		51
M	20		
D	21		
M	22	○ 18.31	
D	23		
F	24		
S	25	1. Weihnachtsfeiertag	
S	26		52
M	27		
D	28		
M	29	(15.09	
D	30		
F	31		

Legende

♈ Widder ♉ Stier
♌ Löwe ♍ Jungfrau
♎ Waage ♏ Skorpion
♐ Schütze ♑ Steinbock
♒ Wassermann ♓ Fische
♊ Zwillinge ♋ Krebs

● Neumond) zun. Mond
○ Vollmond (abn. Mond

Sommerzeiten sind nicht berücksichtigt

Holzböden und Holzdecken anbringen

2000

Legend: sehr gut | gut | neutral | schlecht | sehr schlecht

Januar
- S 1
- S 2
- M 3
- D 4
- M 5
- D 6 ● 19.12
- F 7
- S 8
- S 9 — 1
- M 10
- D 11
- M 12
- D 13
- F 14 ☽ 14.28
- S 15
- S 16 — 2
- M 17
- D 18
- M 19
- D 20
- F 21 ○ 05.41
- S 22
- S 23 — 3
- M 24
- D 25
- M 26
- D 27
- F 28 ☾ 08.59
- S 29
- S 30 — 4

Februar
- D 1
- M 2
- D 3
- F 4
- S 5 ● 14.00
- S 6 — 6
- M 7
- D 8
- M 9
- D 10
- F 11
- S 12
- S 13 ☽ 00.21 — 7
- M 14
- D 15
- M 16
- D 17
- F 18
- S 19 ○ 17.28
- S 20 — 8
- M 21
- D 22
- M 23
- D 24
- F 25 ☾ 04.55
- S 26
- S 27 — 9
- M 28
- D 29

März
- M 1
- D 2
- F 3
- S 4
- S 5 — 10
- M 6 ● 06.13
- D 7
- M 8
- D 9
- F 10
- S 11
- S 12 — 11
- M 13 ☽ 07.58
- D 14
- M 15
- D 16
- F 17
- S 18 ○ 05.46
- S 19 — 12
- M 20
- D 21
- M 22
- D 23
- F 24
- S 25
- S 26 — 13
- M 27
- D 28 ☾ 01.22
- M 29
- D 30

April
- S 1
- S 2 — 14
- M 3
- D 4 ● 19.08
- M 5
- D 6
- F 7
- S 8
- S 9 — 15
- M 10
- D 11 ☽ 14.32
- M 12
- D 13
- F 14
- S 15
- S 16 — 16
- M 17
- D 18 ○ 18.44
- M 19
- D 20
- F 21 Karfreitag
- S 22
- S 23 — 17
- M 24 Ostermontag
- D 25
- M 26 ☾ 20.28
- D 27
- F 28
- S 29
- S 30

Mai
- M 1 — 18
- D 2
- M 3
- D 4 ● 05.11
- F 5
- S 6
- S 7 — 19
- M 8
- D 9
- M 10 ☽ 21.02
- D 11
- F 12
- S 13
- S 14 — 20
- M 15
- D 16
- M 17
- D 18 ○ 08.37
- F 19
- S 20
- S 21 — 21
- M 22
- D 23
- M 24
- D 25
- F 26 ☾ 12.49
- S 27
- S 28 — 22
- M 29
- D 30
- M 31

Juni
- D 1
- F 2 ● 13.13
- S 3
- S 4 — 23
- M 5 Pfingstmontag
- D 6
- M 7
- D 8
- F 9 ☽ 04.30
- S 10
- S 11 — 24
- M 12
- D 13
- M 14
- D 15
- F 16 ○ 23.27
- S 17
- S 18 — 25
- M 19
- D 20
- M 21
- D 22
- F 23
- S 24
- S 25 ☾ 01.59 — 26
- M 26
- D 27
- M 28
- D 29
- F 30

2000

Juli
(Wochen 27, 28, 29, 30, 31)

S 1 ● 20.18 · S 2 · M 3 · D 4 · M 5 · D 6 · F 7 · S 8 ☽ 13.59 · S 9 · M 10 · D 11 · M 12 · D 13 · F 14 · S 15 · S 16 ○ 14.53 · M 17 · D 18 · M 19 · D 20 · F 21 · S 22 · S 23 · M 24 ☾ 11.57 · D 25 · M 26 · D 27 · F 28 · S 29 · S 30 · M 31 ● 03.25

August
(Wochen 32, 33, 34, 35)

D 1 · M 2 · D 3 · F 4 · S 5 · S 6 · M 7 ☽ 02.02 · D 8 · M 9 · D 10 · F 11 · S 12 · S 13 · M 14 · D 15 ○ 06.09 · M 16 · D 17 · F 18 · S 19 · S 20 · M 21 · D 22 ☾ 19.47 · M 23 · D 24 · F 25 · S 26 · S 27 · M 28 · D 29 ● 11.22 · M 30 · D 31

September
(Wochen 36, 37, 38, 39)

F 1 · S 2 · S 3 · M 4 · D 5 ☽ 17.30 · M 6 · D 7 · F 8 · S 9 · S 10 · M 11 · D 12 · M 13 ○ 20.34 · D 14 · F 15 · S 16 · S 17 · M 18 · D 19 · M 20 ☾ 02.29 · D 21 · F 22 · S 23 · S 24 · M 25 · D 26 · M 27 ● 20.53 · D 28 · F 29 · S 30

Oktober
(Wochen 40, 41, 42, 43, 44)

S 1 · M 2 · D 3 · M 4 · D 5 ☽ 11.59 · F 6 · S 7 · S 8 · M 9 · D 10 · M 11 · D 12 · F 13 ○ 09.48 · S 14 · S 15 · M 16 · D 17 · M 18 · D 19 · F 20 ☾ 08.58 · S 21 · S 22 · M 23 · D 24 · M 25 · D 26 · F 27 ● 09.01 · S 28 · S 29 · M 30 · D 31

November
(Wochen 45, 46, 47, 48)

M 1 · D 2 · F 3 · S 4 ☽ 08.24 · S 5 · M 6 · D 7 · M 8 · D 9 · F 10 · S 11 ○ 22.14 · S 12 · M 13 · D 14 · M 15 · D 16 · F 17 · S 18 ☾ 16.26 · S 19 · M 20 · D 21 · M 22 · D 23 · F 24 · S 25 · S 26 ● 00.11 · M 27 · D 28 · M 29 · D 30

Dezember
(Wochen 49, 50, 51, 52)

F 1 · S 2 · S 3 · M 4 ☽ 04.51 · D 5 · M 6 · D 7 · F 8 · S 9 · S 10 · M 11 ○ 10.30 · D 12 · M 13 · D 14 · F 15 · S 16 · S 17 · M 18 ☾ 01.42 · D 19 · M 20 · D 21 · F 22 · S 23 · S 24 · M 25 ● · D 26 · M 27 · D 28 · F 29 · S 30 · S 31

M 25 — 1. Weihnachtsfeiertag · 18.22

Legende

♈ Widder	♉ Stier
♊ Zwillinge	♋ Krebs
♌ Löwe	♍ Jungfrau
♎ Waage	♏ Skorpion
♐ Schütze	♑ Steinbock
♒ Wassermann	♓ Fische

○ Vollmond
☾ abn. Mond
● Neumond
☽ zun. Mond

Sommerzeiten sind nicht berücksichtigt

Malerarbeiten

Etwa Anfang der siebziger Jahre kam das Abbeizen alter Möbelstücke aus Massivholz in Mode. Diese teilweise sehr schönen Möbel hatten sich wiederum Jahrzehnte davor einer anderen Modeströmung beugen müssen, als man das Leben in ihrem Holz unter dicken Kunstharzlackschichten begrub.

Oftmals verzweifelten damals Profis und Heimwerker an bestimmten Möbeln, bei denen sich der Lack partout nicht lösen wollte, selbst mit dem Handspachtel nicht, während er an anderen Möbeln fast schon beim Hinschauen abblätterte. Und wie überall auf der Welt: Das Gute fällt nicht auf, die Farbe, die lange Zeit hält, erweckt niemandes Aufmerksamkeit. Die Farbe, die sich sofort unter dem Beizmittel löst, ist »normal«.

Nur der Mißerfolg, das Schlechte, das Schwierige fällt ins Auge. Des Rätsels Lösung liegt nur zum geringen Teil an der Qualität des verwendeten Lacks, sondern am *Zeitpunkt des Lackierens.*

Ein weiteres Beispiel: Jeder Stadtbewohner kennt den Anblick frisch renovierter Häuser, bei denen schon nach zwei, drei Jahren die ersten Farbflächen an der Fassade abblättern. Die Chemieindustrie reagiert auf solche Erfahrungen mit nur noch giftigeren Mixturen, statt sich um die wahren Ursachen zu bemühen. Kein Wunder: Mit dem Erkennen der Ursache würden ihre Umsätze sinken.

Probieren Sie es selbst: Streichen Sie ein Stück Holz mit Lackfarbe, eine größere Fläche. Kaufen Sie dazu zwei gleiche Pinsel, und verwenden Sie denselben Lack. Tun Sie das einmal kurz vor Vollmond und einmal kurz vor Neumond. Und erfahren Sie den Unterschied. Sie werden keine Lust mehr haben, die Arbeit zum falschen Zeitpunkt zu tun.

Wir haben es schon erwähnt: Gerade bei Restaurierungsarbeiten würde es sich doppelt auszahlen, auf die Mondregeln zu achten. Und wenn sich jemand zu schade dafür ist, an der Erneuerung jahrhundertealter Gemälde nur alle 14 Tage zu arbeiten, sollte die Aufgabe besser ganz sein lassen, weil er dann nicht mit der nötigen Liebe arbeitet.

Viele gesundheits- und umweltschädliche Farben, Dispersionen, Lacke und Kleber konnten sich nur deshalb gegenüber sanfteren Kalkfarben und natürlich hergestellten Produkten durchsetzen, weil sie die subtilen Einflüsse der Naturrhythmen im wahrsten Sinne des Wortes überrollen und die Beachtung des richtigen Zeitpunkts scheinbar überflüssig machen. Die Anwendung von Naturprodukten würde auf diesem Gebiet sicherlich leichter fallen, wenn man die Regeln des richtigen Zeitpunkts beachtet. In müheloser Verarbeitung, Wirkung und Langlebigkeit übertreffen sie teilweise schnell wirksame Giftbrühen und sind um vieles gesünder, sowohl für den Verarbeiter als auch für uns alle – ganz abgesehen von der Tatsache, daß schon bei der *Herstellung* nur eines Kilogramms konventioneller Farbe je nach Farbton und Farbart bis zu *sieben Kilogramm* hochgiftiger Sondermüll anfallen, bezogen auf die fertige Farbmenge, während der Abfall bei der Herstellung von Naturfarben sogar guten Kompost abgibt! Zum richtigen Zeitpunkt verarbeitet, trocknen Farben und Untergrund gut ab, bilden schöne Flächen und sind haltbarer. Die Produkte verbinden sich gut, der Pinsel gleitet fast von selbst.

Kalkfarben beispielsweise lassen den Untergrund atmen und bremsen trotzdem die Feuchtigkeit. Wußten Sie, daß Stalltiere – Schweine, Rinder, Hühner – heutzutage viel stärker unter verschiedensten Krankheiten zu leiden haben, weil man statt Kalk- chemische Dispersionsfarben verwendet? Wer generell wieder auf Kalkfarben umsteigt, tut sich selbst (und seinen Tieren) einen großen Dienst, weil es zu einer viel geringeren Bakterienbildung kommt. Früher wußte man um diese Wirkung von Kalk: Eier lassen sich darin einlegen und halten sich dann sehr lange frisch.

Kalkfarben sind der ideale Anstrich in Speisekammern. In Krankenhäusern wären sie ein ideales Mittel, um die geforderte Hygiene einhalten zu können. Neuerdings geben die Ärzte alle Schuld den Bakterien und Pilzen, wenn es zu Infektionen im Krankenhaus kommt. Sie wissen nicht oder wollen ihr Wissen aus Geldgier nicht zugeben, daß beide innerhalb ihrer Mauern schon immer existierten und keineswegs »von außen« eingeschleppt worden sind. Der Schaden liegt woanders: Zuerst wird der Patient seiner Immunkräfte fast gänzlich beraubt (unter andcrem durch eine lieblos zubereitete Krankenhauskost, in erster Linie aber durch giftige Medikamente), mit der Folge, daß er mit den Pilzen und Bakterien nicht mehr fertig wird – und dann sind die Pilze und Bakterien schuld, die natürlich wieder mit aufwendigen Maßnahmen bekämpft werden müssen, für die wir bezahlen. Wer kleinkariert denkt, gibt den »Experten«, die uns all das weismachen, natürlich recht. Es sind dieselben Leute, die die »Ursache« von Liebe und Freude in einer hormonellen Veränderung im Gehirn sehen. Armseliges Volk! Es ist immer dasselbe: Unter der Denkweise dieser Leute haben so viele Menschen zu leiden und werden krank, dann werden Millionen verdient mit der Bekämpfung von Krankheiten, die diese Denkweise ausgelöst hat. Ein einfacher Mensch, der sich von diesen Menschen nicht beeindrucken oder einschüchtern läßt und friedlich seiner Wege geht, wird als »primitiv« bezeichnet. Sie und ich, wir wissen, wer hier der wahre »Primitive« ist, der das Leben erst noch kennenlernen muß.

Zum Thema Kalkfarben noch ein Tip: Wenn Sie viel damit streichen wollen, dann wählen Sie unbedingt den abnehmenden Mond, und meiden Sie das Zeichen Jungfrau. Ungelöschter Kalk ist lebensgefährlich! Es kann zu Verätzungen und Erblinden kommen, der Umgang damit gehört in kundige Hände, und Kinder müssen ferngehalten werden.

Wenn es gar nicht anders geht, dann dürfen wir nicht verschweigen, daß die Beachtung der Regeln des richtigen Zeitpunkts auch bei der Anwendung von chemischen Giftbrühen, von lösemittelhaltigen Kunstharzfarben, höchst sinnvoll ist.

Bei abnehmendem Mond verarbeitet, verbleiben giftige Dämpfe und Staubteile stärker im Produkt und belasten die Atemluft weniger. Das heißt, Produkt und behandelter Gegenstand bleiben so giftig wie zuvor, nur die Ausgasung schädlicher Stoffe ist geringer.

Bei zunehmendem Mond verstrichene Farben, Lacke und Klebstoffe verbreiten dagegen die Lösemittel und Gifte stärker und über längere Zeiträume. Abschleifen oder abbeizen sollte man unbedingt nur bei abnehmendem Mond! Erstens geht die Arbeit leichter von der Hand, zweitens nimmt der Körper die Gifte nicht so bereitwillig auf. Gleichzeitig sollte der Mond weder in Krebs und Zwillinge (Lungenbelastung!) noch in Löwe (Herz-Kreislaufbelastung!) stehen.

Die heute so gepriesenen und mit Umweltzeichen versehenen Wasserlacke verdienen generell keinen Preis, im besten Fall einen Preis für schlaue Kundenverdummung. Lassen Sie sich von einer Umweltorganisation einmal zeigen, wie viele giftige Stoffe in Wasserlacken stecken und welch irrsinnigen Preis wir alle dafür zahlen. Viele Kunden halten Wasserlacke für so umweltfreundlich, daß sic sie in die Spüle schütten. Doch ein paar Spritzer Wasserlack im Ausguß, etwa beim »umweltfreundlichen« Reinigen der Pinsel unter dem Wasserhahn, und Sie müßten eine Woche lang nachspülen, um die schädliche Wirkung des Lacks im nächsten Klärwerk zu neutralisieren! Die Belastung für unsere Lungen ist etwas gesunken, die Belastung für unser Lebenselixier Wasser, für die Fische und letztlich uns alle eher gestiegen! Es ist dieselbe Geschichte wie mit den Ersatzstoffen für die Ozonkiller in Kühlschränken und anderswo. Die Ersatzstoffe schädigen die Ozonschicht teilweise noch stärker als die früheren Mittel.

Verwenden Sie daher Ihrer Gesundheit und der Umwelt zuliebe echte Naturprodukte, und halten Sie sich dann aus Gründen der Verarbeitungsfähigkeit, Dauerhaftigkeit und Schönheit an die Mondregeln. Viele unserer Leser haben inzwischen ihre Gültigkeit erfahren.

Die Grundregeln für Malerarbeiten

Gut: Bei abnehmendem Mond, mit Ausnahme von Krebs-, Skorpion-, Fische- und Löwetagen.

Schlecht: Generell bei zunehmendem Mond, aber auch bei abnehmendem Mond in Krebs und Löwe.

Sehr schlecht: Bei zunehmendem Mond in Krebs und Löwe.

Die Folgen der Ausführung zum richtigen Zeitpunkt
Gleichmäßiges Annehmen und Aufsaugen durch den jeweiligen Untergrund. Pinsel gleiten leichter und hinterlassen keine Übergänge. Hohe Haltbarkeit, kein Absplittern. Geringerer Materialverbrauch.

Die Folgen der Ausführung zum falschen Zeitpunkt
Generell Gefahr des Absplitterns, geringere Haltbarkeit. Übergangsstreifen (Oberflächen nehmen unterschiedlich und manchmal nicht genügend an), der Pinsel rupft. Besonders bei Löwe Absplittern von Farben und Kreislaufbelastung durch Dämpfe. Bei Krebs Lungenbelastung durch giftige Dämpfe (bei Holz Fäulnisgefahr).

Und nicht vergessen: Grundsätzlich im Freien oder in gut gelüfteten Räumen streichen, aber niemals im Freien in praller Sonne. Diese Regel gilt auch für Naturfarben! Starker Wind sollte gemieden werden, besonders aber an Löwetagen. Leicht trübes, feuchtes Wetter wäre ideal.

Malerarbeiten

1996

Januar

M 1	
D 2	
M 3	
D 4	
F 5	○ 21.50
S 6	
S 7	
M 8	
D 9	
M 10	
D 11	
F 12	☾ 21.42
S 13	
S 14	
M 15	
D 16	
M 17	
D 18	
F 19	
S 20	● 13.51
S 21	
M 22	
D 23	
M 24	
D 25	
F 26	
S 27	☽ 12.18
S 28	
M 29	
D 30	

Februar

D 1	
F 2	
S 3	
S 4	○ 16.57
M 5	
D 6	
M 7	
D 8	
F 9	
S 10	
S 11	
M 12	☾ 09.33
D 13	
M 14	
D 15	
F 16	
S 17	
S 18	
M 19	● 00.28
D 20	
M 21	
D 22	
F 23	
S 24	
S 25	
M 26	☽ 06.54
D 27	
M 28	
D 29	

März

F 1	
S 2	
S 3	
M 4	
D 5	○ 10.18
M 6	
D 7	
F 8	
S 9	
S 10	
M 11	
D 12	☾ 18.13
M 13	
D 14	
F 15	
S 16	
S 17	
M 18	
D 19	● 11.48
M 20	
D 21	
F 22	
S 23	
S 24	
M 25	
D 26	
M 27	☽ 02.32
D 28	
F 29	
S 30	

April

M 1	
D 2	
M 3	
D 4	○ 01.05
F 5	Karfreitag
S 6	
S 7	
M 8	Ostermontag
D 9	
M 10	
D 11	☾ 00.34
F 12	
S 13	
S 14	
M 15	
D 16	
M 17	● 23.50
D 18	
F 19	
S 20	
S 21	
M 22	
D 23	
M 24	
D 25	☽ 21.39
F 26	
S 27	
S 28	
M 29	
D 30	

Mai

M 1	
D 2	
F 3	○ 12.45
S 4	
S 5	
M 6	
D 7	
M 8	
D 9	
F 10	☾ 06.04
S 11	
S 12	
M 13	
D 14	
M 15	
D 16	
F 17	● 12.48
S 18	
S 19	
M 20	
D 21	
M 22	
D 23	
F 24	
S 25	☽ 15.09
S 26	
M 27	Pfingstmontag
D 28	
M 29	
D 30	

Juni

S 1	○ 21.46
S 2	
M 3	
D 4	
M 5	
D 6	
F 7	
S 8	☾ 12.09
S 9	
M 10	
D 11	
M 12	
D 13	
F 14	
S 15	
S 16	● 02.37
M 17	
D 18	
M 19	
D 20	
F 21	
S 22	
S 23	
M 24	☽ 06.19
D 25	
M 26	
D 27	
F 28	
S 29	
S 30	

Week numbers: 1, 2, 3, 4, 5, 6, 7, 8, 9, 10, 11, 12, 13, 14, 15, 16, 17, 18, 19, 20, 21, 22, 23, 24, 25, 26

1996

Juli
	Tag	Zeit
M	1	○ 04.56
D	2	
M	3	
D	4	
F	5	
S	6	
S	7	☾ 19.59
M	8	
D	9	
M	10	
D	11	
F	12	
S	13	
S	14	● 17.16
M	15	
D	16	
M	17	
D	18	
F	19	
S	20	
S	21	
M	22	
D	23	☽ 18.45
M	24	
D	25	
F	26	
S	27	
S	28	
M	29	
D	30	○ 11.35
D	31	

Wochen: 27, 28, 29, 30, 31

August
	Tag	Zeit
D	1	
F	2	
S	3	
S	4	☾ 06.28
M	5	
D	6	
M	7	
D	8	
F	9	
S	10	
S	11	
M	12	
D	13	
M	14	● 08.32
D	15	
F	16	
S	17	
S	18	
M	19	
D	20	
M	21	
D	22	☽ 04.33
F	23	
S	24	
S	25	
M	26	
D	27	
M	28	○ 18.52
D	29	
F	30	
S	31	

Wochen: 32, 33, 34, 35

September
	Tag	Zeit
S	1	
M	2	
D	3	
M	4	☾ 20.07
D	5	
F	6	
S	7	
S	8	
M	9	
D	10	
M	11	
D	12	
F	13	● 00.09
S	14	
S	15	
M	16	
D	17	
M	18	
D	19	
F	20	☽ 12.18
S	21	
S	22	
M	23	
D	24	
M	25	
D	26	
F	27	○ 03.52
S	28	
S	29	
M	30	

Wochen: 36, 37, 38, 39, 40

Oktober
	Tag	Zeit
D	1	
M	2	
D	3	
F	4	☾ 13.07
S	5	
S	6	
M	7	
D	8	
M	9	
D	10	
F	11	
S	12	● 15.10
S	13	
M	14	
D	15	
M	16	
D	17	
F	18	
S	19	☽ 19.08
S	20	
M	21	
D	22	
M	23	
D	24	
F	25	
S	26	○ 15.15
S	27	
M	28	
D	29	
M	30	
D	31	

Wochen: 41, 42, 43, 44

November
F	1	
S	2	
S	3	☾ 08.51
M	4	
D	5	
M	6	
D	7	
F	8	
S	9	
S	10	
M	11	● 05.15
D	12	
M	13	
D	14	
F	15	
S	16	
S	17	
M	18	☽ 02.09
D	19	
M	20	
D	21	
F	22	
S	23	
S	24	○ 05.11
M	25	
D	26	
M	27	
D	28	
F	29	
S	30	

Wochen: 45, 46, 47, 48

Dezember
	Tag	Zeit
S	1	
M	2	
D	3	☾ 06.03
M	4	
D	5	
F	6	
S	7	
S	8	
M	9	
D	10	○ 17.52
M	11	
D	12	
F	13	
S	14	
S	15	
M	16	
D	17	☽ 10.34
M	18	
D	19	
F	20	
S	21	
S	22	
M	23	
D	24	○ 21.40
M	25	1. Weihnachtsfeiertag
D	26	
F	27	
S	28	
S	29	
M	30	
D	31	

Wochen: 49, 50, 51, 52, 53

♈ Widder ♌ Löwe ♎ Waage ♒ Wassermann
♉ Stier ♍ Jungfrau ♏ Skorpion ♓ Fische
♊ Zwillinge ♐ Schütze ○ Vollmond ● Neumond
♋ Krebs ♑ Steinbock ☾ abn. Mond ☽ zun. Mond

Sommerzeiten sind nicht berücksichtigt

Malerarbeiten

1997

Legende: sehr gut · gut · neutral · schlecht · sehr schlecht

Januar (KW 1–5)

M	1	
D	2	☾ 02.43
F	3	
S	4	
S	5	
M	6	
D	7	
M	8	
D	9	● 05.25
F	10	
S	11	
S	12	
M	13	
D	14	
M	15	☽ 21.05
D	16	
F	17	
S	18	
S	19	
M	20	
D	21	
M	22	
D	23	○ 16.11
F	24	
S	25	
S	26	
M	27	
D	28	
M	29	
D	30	

Februar (KW 6–9)

S	1	
S	2	
M	3	
D	4	
M	5	
D	6	
F	7	● 16.05
S	8	
S	9	
M	10	
D	11	
M	12	
D	13	
F	14	☽ 10.02
S	15	
S	16	
M	17	
D	18	
M	19	
D	20	
F	21	
S	22	○ 11.26
S	23	
M	24	
D	25	
M	26	
D	27	
F	28	

März (KW 10–13)

S	1	
S	2	☾ 10.32
M	3	
D	4	
M	5	
D	6	
F	7	
S	8	
S	9	● 02.15
M	10	
D	11	
M	12	
D	13	
F	14	
S	15	
S	16	☽ 01.06
M	17	
D	18	
M	19	
D	20	
F	21	
S	22	
S	23	
M	24	○ 05.45
D	25	
M	26	
D	27	
F	28	Karfreitag
S	29	
S	30	

April (KW 14–18)

D	1	
M	2	
D	3	
F	4	
S	5	
S	6	
M	7	● 12.03
D	8	
M	9	
D	10	
F	11	
S	12	
S	13	
M	14	☽ 18.02
D	15	
M	16	
D	17	
F	18	
S	19	
S	20	
M	21	
D	22	○ 21.31
M	23	
D	24	
F	25	
S	26	
S	27	
M	28	
D	29	
M	30	

Mai (KW 19–22)

D	1	
F	2	
S	3	
S	4	
M	5	
D	6	● 21.50
M	7	
D	8	
F	9	
S	10	
S	11	
M	12	
D	13	
M	14	☽ 11.57
D	15	
F	16	
S	17	
S	18	
M	19	Pfingstmontag
D	20	
M	21	
D	22	○ 10.10
F	23	
S	24	
S	25	
M	26	
D	27	
M	28	
D	29	☾ 08.53
F	30	

Juni (KW 23–27)

S	1	
M	2	
D	3	
M	4	
D	5	● 08.06
F	6	
S	7	
S	8	
M	9	
D	10	
M	11	
D	12	
F	13	☽ 05.50
S	14	
S	15	
M	16	
D	17	
M	18	
D	19	
F	20	○ 20.07
S	21	
S	22	
M	23	
D	24	
M	25	
D	26	
F	27	☾ 13.44
S	28	
S	29	
M	30	

1997

Juli
D	1	♈
M	2	♊
D	3	♊
F	4	♋ ● 19.41
S	5	♌
S	6	♌
M	7	♍
D	8	♍
M	9	♎
D	10	♎
F	11	♏
S	12	♏) 22.42
S	13	♐
M	14	♐
D	15	♑
M	16	♑
D	17	♒
F	18	♒
S	19	♓
S	20	♈ ○ 04.19
M	21	♈
D	22	♉
M	23	♉
D	24	♊
F	25	♊ (19.32
S	26	♋
S	27	♌
M	28	♌
D	29	♍
M	30	♍
D	31	♎

Weeks: 28, 29, 30, 31

August
F	1	♎
S	2	♏
S	3	♏ ● 09.15
M	4	♐
D	5	♐
M	6	♑
D	7	♑
F	8	♒
S	9	♒
S	10	♓
M	11	♓) 13.36
D	12	♈
M	13	♈
D	14	♉
F	15	♉
S	16	♊
S	17	♋ ○ 11.53
M	18	♋
D	19	♌
M	20	♌
D	21	♍
F	22	♍
S	23	♎
S	24	♎ (03.24
M	25	♏
D	26	♏
M	27	♐
D	28	♐
F	29	♑
S	30	♑
S	31	♒

Weeks: 32, 33, 34, 35

September
M	1	♒
D	2	♓ ● 00.51
M	3	♓
D	4	♈
F	5	♈
S	6	♉
S	7	♉
M	8	♊
D	9	♊
M	10	♋) 02.30
D	11	♋
F	12	♌
S	13	♌
S	14	♍ ○ 19.49
M	15	♍
D	16	♎
M	17	♎
D	18	♏
F	19	♏
S	20	♐
S	21	♐
M	22	♑
D	23	♑ (14.41
M	24	♒
D	25	♒
F	26	♓
S	27	♓
S	28	♈
M	29	♈
D	30	♉

Weeks: 36, 37, 38, 39, 40

Oktober
M	1	♊) 17.50
D	2	♊
F	3	♋
S	4	♋
S	5	♌
M	6	♌
D	7	♍
M	8	♍
D	9	♎) 13.16
F	10	♎
S	11	♏
S	12	♏
M	13	♐
D	14	♐
M	15	♑
D	16	♑ ○ 04.48
F	17	♒
S	18	♒
S	19	♓
M	20	♓
D	21	♈
M	22	♈
D	23	♉ (05.52
F	24	♉
S	25	♊
S	26	♊
M	27	♋
D	28	♋
M	29	♌
D	30	♌
F	31	♍ ● 10.59

Weeks: 41, 42, 43, 44

November
S	1	♎
S	2	♎
M	3	♏
D	4	♏
M	5	♐
D	6	♐
F	7	♑) 22.42
S	8	♑
S	9	♒
M	10	♒
D	11	♓
M	12	♓
D	13	♈
F	14	♈ ○ 15.14
S	15	♉
S	16	♉
M	17	♊
D	18	♊
M	19	♋
D	20	♋
F	21	♌
S	22	♌ (00.57
S	23	♍
M	24	♍
D	25	♎
M	26	♎
D	27	♏
F	28	♏
S	29	♐
S	30	♐ ● 03.13

Weeks: 45, 46, 47, 48

Dezember
M	1	♑
D	2	♑
M	3	♒
D	4	♒
F	5	♓
S	6	♓
S	7	♈) 07.09
M	8	♈
D	9	♉
M	10	♉
D	11	♊
F	12	♊
S	13	♋
S	14	♋ ○ 03.39
M	15	♌
D	16	♌
M	17	♍
D	18	♍
F	19	♎
S	20	♎
S	21	♏ (22.44
M	22	♏
D	23	♐
M	24	♐
D	25	♑ 1. Weihnachtsfeiertag
F	26	♑
S	27	♒
S	28	♒
M	29	♓ ● 17.53
D	30	♓
M	31	♈

Weeks: 49, 50, 51, 52, 53

Legende

Widder, Stier
Zwillinge, Krebs
Löwe, Jungfrau
Waage, Skorpion
Schütze, Steinbock
Wassermann, Fische

○ Vollmond
(abn. Mond
● Neumond
) zun. Mond

Sommerzeiten sind nicht berücksichtigt

Malerarbeiten

1998

Januar

Tag	Notiz	Woche
D 1		
F 2		
S 3		
S 4		
M 5	15.18	1
D 6		
M 7		
D 8		
F 9		
S 10		
S 11	18.26	2
M 12		
D 13		
M 14		
D 15		
F 16		
S 17		
S 18		3
M 19		
D 20	20.39	
M 21		
D 22		
F 23		
S 24		
S 25		4
M 26		
D 27		
M 28	06.58	
D 29		
F 30		5

Februar

Tag	Notiz	Woche
S 1		
M 2		6
D 3	23.55	
M 4		
D 5		
F 6		
S 7		
S 8		7
M 9		
D 10		
M 11	11.25	
D 12		
F 13		
S 14		
S 15		8
M 16		
D 17		
M 18		
D 19	16.22	
F 20		
S 21		
S 22		9
M 23		
D 24		
M 25		
D 26	18.23	
F 27		
S 28		

März

Tag	Notiz	Woche
S 1		
M 2		10
D 3		
M 4		
D 5	09.46	
F 6		
S 7		
S 8		11
M 9		
D 10		
M 11		
D 12		
F 13	05.34	12
S 14		
S 15		
M 16		
D 17		
M 18		
D 19		
F 20		
S 21	08.33	
S 22		13
M 23		
D 24		
M 25		
D 26		
F 27		
S 28	04.13	
S 29		14
M 30		

April

Tag	Notiz	Woche
M 1		
D 2		
F 3	21.21	
S 4		
S 5		15
M 6		
D 7		
M 8		
D 9		
F 10	Karfreitag	
S 11	23.22	
S 12		16
M 13	Ostermontag	
D 14		
M 15		
D 16		
F 17		
S 18		
S 19	20.50	17
M 20		
D 21		
M 22		
D 23		
F 24		
S 25		
S 26	12.43	18
M 27		
D 28		
M 29		
D 30		

Mai

Tag	Notiz	Woche
F 1		
S 2		
S 3	11.09	
M 4		19
D 5		
M 6		
D 7		
F 8		
S 9		
S 10		20
M 11	15.27	
D 12		
M 13		
D 14		
F 15		
S 16		
S 17		21
M 18		
D 19	05.32	
M 20		
D 21		
F 22		
S 23		
S 24		22
M 25	20.34	
D 26		
M 27		
D 28		
F 29		
S 30		
S 31		

Juni

Tag	Notiz	Woche
M 1	Pfingstmontag	23
D 2	02.46	
M 3		
D 4		
F 5		
S 6		
S 7		24
M 8		
D 9		
M 10	05.17	
D 11		
F 12		
S 13		
S 14		25
M 15		
D 16		
M 17	11.34	
D 18		
F 19		
S 20		
S 21		26
M 22		
D 23		
M 24	04.53	
D 25		
F 26		
S 27		27
S 28		
M 29		
D 30		

1998

Juli — August — September — Oktober — November — Dezember

Week numbers: 28, 29, 30, 31, 32, 33, 34, 35, 36, 37, 38, 39, 40, 41, 42, 43, 44, 45, 46, 47, 48, 49, 50, 51, 52, 53

Mondphasen (mit Uhrzeit):

Juli	D 2 ☽ 19.43 · D 9 ● 16.58 · D 16 ☾ 16.12 · D 23 ● 14.47 · F 31 ☽ 13.04
August	D 6 ● 03.07 · F 14 ☾ 20.49 · S 22 ● 03.03 · S 30 ☽ 06.03
September	S 6 ● 12.17 · S 12 ☾ 03.00 · S 20 ● 18.04 · M 28 ☽ 22.07
Oktober	M 5 ● 21.10 · S 11 ☾ 12.17 · D 20 ● 11.09 · M 28 ☽ 12.41
November	M 4 ● 06.19 · M 11 ☾ 01.29 · D 19 ● 05.24 · F 27 ☽ 01.22
Dezember	D 3 ● 16.21 · D 10 ☾ 18.56 · F 18 ● 23.43 · S 26 ☽ 11.42

Dezember: F 25 — 1. Weihnachtsfeiertag

Legende:

- ♈ Widder
- ♉ Stier
- ♊ Zwillinge
- ♋ Krebs
- ♌ Löwe
- ♍ Jungfrau
- ♎ Waage
- ♏ Skorpion
- ♐ Schütze
- ♑ Steinbock
- ♒ Wassermann
- ♓ Fische

- ● Vollmond
- ☾ abn. Mond
- ● Neumond
- ☽ zun. Mond

Sommerzeiten sind nicht berücksichtigt

Malerarbeiten

1999

Legende: sehr gut | gut | neutral | schlecht | sehr schlecht

Januar

F	1		
S	2	○ 03.50	
S	3		
M	4		1
D	5		
M	6		
D	7		
F	8		
S	9	☾ 15.24	
S	10		2
M	11		
D	12		
M	13		
D	14		
F	15		
S	16		
S	17	● 16.44	3
M	18		
D	19		
M	20		
D	21		
F	22	☽ 20.14	
S	23		
S	24		4
M	25		
D	26		
M	27		
D	28		
F	29		
S	30		

Februar

M	1		5
D	2		
M	3		
D	4		
F	5		
S	6		
S	7		6
M	8	☾ 12.57	
D	9		
M	10		
D	11		
F	12		
S	13		
S	14		7
M	15		
D	16	● 07.35	
M	17		
D	18		
F	19		
S	20		
S	21		8
M	22		
D	23	☽ 03.44	
M	24		
D	25		
F	26		
S	27		
S	28		

März

M	1		9
D	2	○ 08.00	
M	3		
D	4		
F	5		
S	6		
S	7		10
M	8		
D	9		
M	10	☾ 09.38	
D	11		
F	12		
S	13		
S	14		11
M	15		
D	16		
M	17	● 19.44	
D	18		
F	19		
S	20		
S	21		12
M	22		
D	23		
M	24	☽ 11.21	
D	25		
F	26		
S	27		
S	28		13
M	29		
D	30		

April

D	1		
F	2	Karfreitag	
S	3		
S	4		14
M	5	Ostermontag	
D	6		
M	7		
D	8		
F	9	☾ 03.47	
S	10		
S	11		15
M	12		
D	13		
M	14		
D	15		
F	16	● 05.21	
S	17		
S	18		16
M	19		
D	20		
M	21		
D	22	☽ 20.05	
F	23		
S	24		
S	25		17
M	26		
D	27		
M	28		
D	29		
F	30	○ 15.55	

Mai

S	1		
S	2		18
M	3		
D	4		
M	5		
D	6		
F	7		
S	8	☾ 18.25	
S	9		19
M	10		
D	11		
M	12		
D	13		
F	14		
S	15	● 13.05	
S	16		20
M	17		
D	18		
M	19		
D	20		
F	21		
S	22	☽ 06.37	
S	23		21
M	24	Pfingstmontag	
D	25		
M	26		
D	27		
F	28		
S	29		
S	30		22

Juni

D	1		
M	2		
D	3		
F	4		
S	5		
S	6		23
M	7	☾ 05.16	
D	8		
M	9		
D	10		
F	11		
S	12		
S	13	● 20.04	24
M	14		
D	15		
M	16		
D	17		
F	18		
S	19		
S	20	☽ 19.16	25
M	21		
D	22		
M	23		
D	24		
F	25		
S	26		
S	27		26
M	28	○ 22.35	
D	29		
M	30		

1999

Juli

Tag		Notiz	KW
D	1		
F	2		
S	3		
S	4		
M	5		27
D	6	(12.52	
M	7		
D	8		
F	9		
S	10		
S	11		28
M	12		
D	13	● 03.25	
M	14		
D	15		
F	16		
S	17		
S	18		29
M	19		
D	20	) 10.02	
M	21		
D	22		
F	23		
S	24		
S	25		30
M	26		
D	27		
M	28	○ 12.20	
D	29		
F	30		
S	31		

August

Tag		Notiz	KW
S	1		31
M	2		
D	3		
M	4	(18.23	
D	5		
F	6		
S	7		
S	8		32
M	9		
D	10		
M	11	● 12.10	
D	12		
F	13		
S	14		
S	15		33
M	16		
D	17	) 02.47	
M	18		
D	19		
F	20		
S	21		
S	22		34
M	23		
D	24		
M	25		
D	26		
F	27	○ 00.46	
S	28		
S	29		35
M	30		
D	31		

September

Tag		Notiz	KW
M	1		
D	2	(23.18	
F	3		
S	4		
S	5		36
M	6		
D	7		
M	8		
D	9	● 23.03	
F	10		
S	11		
S	12		37
M	13		
D	14		
M	15		
D	16		
F	17	) 21.06	
S	18		
S	19		38
M	20		
D	21		
M	22		
D	23		
F	24		
S	25	○ 11.46	
S	26		39
M	27		
D	28		
M	29		
D	30		

Oktober

Tag		Notiz	KW
F	1		
S	2	(05.02	
S	3		
M	4		40
D	5		
M	6		
D	7		
F	8		
S	9	● 12.38	
S	10		41
M	11		
D	12		
M	13		
D	14		
F	15		
S	16		
S	17	) 15.56	42
M	18		
D	19		
M	20		
D	21		
F	22		
S	23		
S	24	○ 22.01	43
M	25		
D	26		
M	27		
D	28		
F	29		
S	30		
S	31	(13.08	

November

Tag		Notiz	KW
M	1		44
D	2		
M	3		
D	4		
F	5		
S	6		
S	7		45
M	8	● 04.54	
D	9		
M	10		
D	11		
F	12		
S	13		
S	14		46
M	15		
D	16	) 09.57	
M	17		
D	18		
F	19		
S	20		
S	21		47
M	22		
D	23	○ 08.05	
M	24		
D	25		
F	26		
S	27		
S	28		48
M	29		
D	30	(00.18	

Dezember

Tag		Notiz	KW
M	1		
D	2		
F	3		
S	4		
S	5		49
M	6		
D	7	● 23.31'	
M	8		
D	9		
F	10		
S	11		
S	12		50
M	13		
D	14		
M	15		
D	16	) 01.49	
F	17		
S	18		
S	19		51
M	20		
D	21		
M	22	○ 18.31	
D	23		
F	24		
S	25	1. Weihnachtsfeiertag	
S	26		52
M	27		
D	28		
M	29		
D	30		
F	31		

Legende

Tierkreiszeichen: Widder, Stier, Zwillinge, Krebs, Löwe, Jungfrau, Waage, Skorpion, Schütze, Steinbock, Wassermann, Fische

● Neumond) zun. Mond ○ Vollmond (abn. Mond

Sommerzeiten sind nicht berücksichtigt

Malerarbeiten

2000

Legende: sehr gut | gut | neutral | schlecht | sehr schlecht

Januar

S 1
S 2
M 3
D 4
M 5
D 6 ● 19.12
F 7
S 8
S 9
M 10
D 11
M 12
D 13 ☽ 14.28
F 14
S 15
S 16
M 17
D 18
M 19
D 20
F 21 ○ 05.41
S 22
S 23
M 24
D 25
M 26
D 27
F 28 ☾ 08.59
S 29
S 30

(Wochen: 1, 2, 3, 4)

Februar

D 1
M 2
D 3
F 4
S 5 ● 14.00
S 6
M 7
D 8
M 9
D 10
F 11
S 12
S 13 ☽ 00.21
M 14
D 15
M 16
D 17
F 18
S 19 ○ 17.28
S 20
M 21
D 22
M 23
D 24
F 25
S 26
S 27 ☾ 04.55
M 28
D 29

(Wochen: 6, 7, 8, 9)

März

M 1
D 2
F 3
S 4
S 5
M 6 ● 06.13
D 7
M 8
D 9
F 10
S 11
S 12
M 13 ☽ 07.58
D 14
M 15
D 16
F 17
S 18 ○ 05.46
S 19
M 20
D 21
M 22
D 23
F 24
S 25
S 26
M 27
D 28 ☾ 01.22
M 29
D 30

(Wochen: 10, 11, 12, 13)

April

S 1
S 2
M 3
D 4 ● 19.08
M 5
D 6
F 7
S 8
S 9
M 10
D 11 ☽ 14.32
M 12
D 13
F 14
S 15
S 16
M 17
D 18 ○ 8.44
M 19
D 20
F 21 Karfreitag
S 22
S 23
M 24 Ostermontag
D 25
M 26 ☾ 20.28
D 27
F 28
S 29
S 30

(Wochen: 14, 15, 16, 17)

Mai

M 1
D 2
M 3
D 4 ● 05.11
F 5
S 6
S 7
M 8
D 9
M 10 ☽ 21.02
D 11
F 12
S 13
S 14
M 15
D 16
M 17
D 18 ○ 08.37
F 19
S 20
S 21
M 22
D 23
M 24
D 25
F 26 ☾ 12.49
S 27
S 28
M 29
D 30

(Wochen: 18, 19, 20, 21, 22)

Juni

D 1
F 2 ● 13.13
S 3
S 4
M 5 Pfingstmontag
D 6
M 7
D 8
F 9 ☽ 04.30
S 10
S 11
M 12
D 13
M 14
D 15
F 16 ○ 23.27
S 17
S 18
M 19
D 20
M 21
D 22
F 23
S 24
S 25 ☾ 01.59
M 26
D 27
M 28
D 29
F 30

(Wochen: 23, 24, 25, 26)

2000

Juli

Tag	Wt	Mond
1	S	● 20.18
2	S	
3	M	
4	D	
5	M	
6	D	
7	F	
8	S	) 13.59
9	S	
10	M	
11	D	
12	M	
13	D	
14	F	
15	S	
16	S	● 14.53
17	M	
18	D	
19	M	
20	D	
21	F	
22	S	
23	S	
24	M	(11.57
25	D	
26	M	
27	D	
28	F	
29	S	
30	S	● 03.25
31	M	

Wochen: 27, 28, 29, 30, 31

August

Tag	Wt	Mond
1	D	
2	M	
3	D	
4	F	
5	S	
6	S	
7	M	) 02.02
8	D	
9	M	
10	D	
11	F	
12	S	
13	S	
14	M	
15	D	● 06.09
16	M	
17	D	
18	F	
19	S	
20	S	
21	M	
22	D	(19.47
23	M	
24	D	
25	F	
26	S	
27	S	
28	M	
29	D	● 11.22
30	M	
31	D	

Wochen: 32, 33, 34, 35

September

Tag	Wt	Mond
1	F	
2	S	
3	S	
4	M	
5	D	) 17.30
6	M	
7	D	
8	F	
9	S	
10	S	
11	M	
12	D	
13	M	● 20.34
14	D	
15	F	
16	S	
17	S	
18	M	
19	D	
20	M	(02.29
21	D	
22	F	
23	S	
24	S	
25	M	
26	D	
27	M	● 20.53
28	D	
29	F	
30	S	

Wochen: 36, 37, 38, 39

Oktober

Tag	Wt	Mond
1	S	
2	M	
3	D	
4	M	
5	D	) 11.59
6	F	
7	S	
8	S	
9	M	
10	D	
11	M	
12	D	
13	F	● 09.48
14	S	
15	S	
16	M	
17	D	
18	M	
19	D	
20	F	(08.58
21	S	
22	S	
23	M	
24	D	
25	M	
26	D	
27	F	● 09.01
28	S	
29	S	
30	M	
31	D	

Wochen: 40, 41, 42, 43, 44

November

Tag	Wt	Mond
1	M	
2	D	
3	F	
4	S	) 08.24
5	S	
6	M	
7	D	
8	M	
9	D	
10	F	
11	S	● 22.14
12	S	
13	M	
14	D	
15	M	
16	D	
17	F	
18	S	(16.26
19	S	
20	M	
21	D	
22	M	
23	D	
24	F	
25	S	
26	S	● 00.11
27	M	
28	D	
29	M	
30	D	

Wochen: 45, 46, 47, 48

Dezember

Tag	Wt	Mond / Hinweis
1	F	
2	S	
3	S	
4	M	) 04.51
5	D	
6	M	
7	D	
8	F	
9	S	
10	S	
11	M	● 10.00
12	D	
13	M	
14	D	
15	F	
16	S	
17	S	
18	M	(01.42
19	D	
20	M	
21	D	
22	F	
23	S	
24	S	
25	M	1. Weihnachts-feiertag ● 18.22
26	D	2. Weihnachts-feiertag
27	M	
28	D	
29	F	
30	S	
31	S	

Wochen: 49, 50, 51, 52

Legende

♈ Widder ♉ Stier ♊ Zwillinge ♋ Krebs ♌ Löwe ♍ Jungfrau ♎ Waage ♏ Skorpion ♐ Schütze ♑ Steinbock ♒ Wassermann ♓ Fische

● Vollmond   (abn. Mond   ● Neumond   ) zun. Mond

Sommerzeiten sind nicht berücksichtigt

Feuchtigkeit beseitigen

Stellen Sie sich vor, Sie haben vergessen, den Wasserhahn Ihrer Badewanne zu schließen, Sie bemerken es erst, als das kühle Naß schon sanft Ihre Strümpfe durchfeuchtet, beim angeregten Telefonat im Wohnzimmer.

Was tun Sie, um das Problem zu lösen?

Stürzen Sie sogleich in den nächsten Baumarkt und kaufen dort eine Pumpe, um das Wasser aus Ihrem Wohnzimmer abzusaugen? Rennen Sie zuerst zum Nachbarn einen Stock tiefer, um sich für die Überschwemmung zu entschuldigen? Rufen Sie als erstes einen Psychologen an, der herausfinden soll, welches Kindheitserlebnis »schuld« daran ist, daß Sie vergessen haben, den Hahn rechtzeitig zuzudrehen? Oder sind Sie vor Schreck so gelähmt, daß Sie sich am Ende *gar nicht* bewegen?

Lachen Sie nicht, weinen Sie nicht, solche oder ähnliche Reaktionen sind unglaublich weit verbreitet. Besonders Akademiker neigen dazu, sich zuerst mit Symptomen zu befassen, bevor wahre Ursachen interessant werden. Nein, Sie, lieber Leser, marschieren zuerst zum Sicherungskasten, drehen die Sicherungen heraus, waten dann zum Wasserhahn, schließen ihn und beseitigen dann Wasser und Schaden, nicht wahr?

Diese Form eines Umgangs mit einem Problem – zuerst Ursachen beseitigen, dann die Folgen beheben – sollte auch das Vorgehen sein, wenn es um einen der gefürchtetsten Schäden am Bau geht – eindringende Feuchtigkeit. Üblicherweise wird damit so umgegangen, wie Schulmediziner mit Krankheit umgehen: Sie wird bekämpft, zugesprüht, zugekleistert. We Feuchtigkeit erfolgreich beseitigen will, muß sich den Ursachen zuwenden.

Ein kleines Märchen kursiert am Bau, verbreitet von Experten und teilweise sogar von Baubiologen mangels besserer Erklärungen: moderne, dichtschließende Fenster seien der Grund für die Bildung feuchter Raumecken und diese wiederum der Nährboden für hartnäckige Schimmelbildung. Das ist nur eine Hilfsbehauptung der Wissenschaft, weil sie den wahren Grund nicht kennt. Würde diese Behauptung stimmen, dann wären Hunderttausende von Wohnungen feucht geworden, dann hätten Millionen unter Schimmel an den Wänden zu leiden und vor allen Dingen: Dann hätte es einen Riesenskandal gegeben, der schon längst zum ausschließlichen Einsatz von Fenstern mit »Zwangsbelüftung« geführt hätte. Solche Fenster gibt es zwar, ihr Markterfolg ist aber eher gering einzuschätzen.

Der Hauptgrund für feuchte Wandecken, ob in Neu- oder in Altbauten: Betonieren, Aufmauern und Verputzen zum falschen Zeitpunkt, nämlich bei zunehmendem Mond, womöglich auch noch kurz vor Vollmond in einem Wasserzeichen.

Und das ist auch der Grund, warum die folgenden Tips zur Trockenlegung solcher oft hartnäckiger Feucht- und Schimmelstellen gut funktionieren: Die feuchten Stellen und den Schimmel mit Essigwasser und einer Wurzelbürste fest schrubben und dann gut trocknen, eventuell sogar heiß fönen! Das gilt auch für vom Schimmel befallenes Holz. Es verzieht sich nicht, wenn Sie auf den richtigen Zeitpunkt achten. Der Erfolg der Prozedur ist physikalisch nicht erklärbar, aber bei uns und vielen anderen Menschen hat es fast immer gut funktioniert.

Umgekehrt sollten Sie Räume, die in Gefahr stehen, dauerhaft feucht oder schimmelig zu werden (Keller, Speisekammer, Feuchträume), niemals bei zunehmendem Mond oder bei Krebs, Skorpion und Fische gründlich naß wischen und putzen. Das käme gleichsam einer Einladung an die Feuchtigkeit gleich, sich in dem Raum bequem niederzulassen.

Die Grundregeln für das Beseitigen von Feuchtigkeit und Schimmel

Sehr gut:	Bei abnehmendem Mond in den Tierkreiszeichen Zwillinge, Waage, Wassermann und Widder, Löwe und Schütze, je näher an Neumond, desto besser.
Gut:	Bei abnehmendem Mond, mit Ausnahme der Wassertage Krebs, Skorpion und Fische.

| **Schlecht:** | Generell bei zunehmendem Mond und Vollmond, aber auch bei abnehmendem Mond an Krebs, Skorpion und Fische. |
| **Sehr schlecht:** | Bei zunehmendem Mond an Krebs, Skorpion und Fische. |

Zum Thema *Lüften* dennoch einige Worte: In der Regel wird bei uns zuwenig gelüftet, besonders im Winter. Wir brauchen viel mehr Sauerstoff im Blut, als es uns die Gewöhnung an den Mangel vortäuscht. Und gerade in Neubauten ist Lüften oft die einzige Maßnahme, um die schlechte Luft auszutauschen, die durch die Ausgasungen der Baustoffe, Kleber und Farben entsteht. Regelmäßiges Lüften tut not! An Zwillinge, Waage, Wassermann und Widder, Löwe, Schütze ausgiebig lüften, an Stier, Jungfrau, Steinbock und Krebs, Skorpion, Fische nur kurz und schnell. Wer zu Hause wegen seiner Berufstätigkeit und aus Sicherheitsgründen die Fenster ganztägig geschlossen hält, dessen erster Gang am Abend sollte zu den Fenstern führen.

1996

Feuchtigkeit beseitigen

Januar
M 1
D 2
M 3
D 4
F 5 ○ 21.50
S 6
S 7
M 8
D 9
M 10
D 11
F 12 ☾ 21.42
S 13
S 14
M 15
D 16
M 17
D 18
F 19 ● 13.51
S 20
S 21
M 22
D 23
M 24
D 25
F 26
S 27 ☽ 12.18
S 28
M 29
D 30

Februar
D 1
F 2
S 3
S 4 ○ 16.57
M 5
D 6
M 7
D 8
F 9
S 10
S 11
M 12 ☾ 09.33
D 13
M 14
D 15
F 16
S 17
S 18
M 19 ● 00.28
D 20
M 21
D 22
F 23
S 24
S 25
M 26 ☽ 06.54
D 27
M 28
D 29

März
F 1
S 2
S 3
M 4
D 5 ○ 10.18
M 6
D 7
F 8
S 9
S 10
M 11
D 12 ☾ 18.13
M 13
D 14
F 15
S 16
S 17
M 18
D 19 ● 11.48
M 20
D 21
F 22
S 23
S 24
M 25
D 26
M 27 ☽ 02.32
D 28
F 29
S 30

April
M 1
D 2
M 3
D 4 ○ 01.05
F 5 Karfreitag
S 6
S 7
M 8 Ostermontag
D 9
M 10
D 11 ☾ 00.34
F 12
S 13
S 14
M 15
D 16
M 17 ● 23.50
D 18
F 19
S 20
S 21
M 22
D 23
M 24
D 25 ☽ 21.39
F 26
S 27
S 28
M 29
D 30

Mai
M 1
D 2
F 3 ○ 12.45
S 4
S 5
M 6
D 7
M 8
D 9
F 10 ☾ 06.04
S 11
S 12
M 13
D 14
M 15
D 16
F 17 ● 12.48
S 18
S 19
M 20
D 21
M 22
D 23
F 24
S 25 ☽ 15.09
S 26
M 27 Pfingstmontag
D 28
M 29
D 30
F 31

Juni
S 1 ○ 21.46
S 2
M 3
D 4
M 5
D 6
F 7
S 8 ☾ 12.09
S 9
M 10
D 11
M 12
D 13
F 14
S 15
S 16 ● 02.37
M 17
D 18
M 19
D 20
F 21
S 22
S 23
M 24 ☽ 06.19
D 25
M 26
D 27
F 28
S 29
S 30

1996

Juli — 27, 28, 29, 30, 31

M	1	● 04.56
D	2	
M	3	
D	4	
F	5	
S	6	
S	7	☾ 19.59
M	8	
D	9	
M	10	
D	11	
F	12	
S	13	
S	14	
M	15	● 17.16
D	16	
M	17	
D	18	
F	19	
S	20	
S	21	
M	22	
D	23	☽ 18.45
M	24	
D	25	
F	26	
S	27	
S	28	
M	29	
D	30	○ 11.35
M	31	

August — 32, 33, 34, 35

D	1	
F	2	
S	3	
S	4	
M	5	
D	6	☾ 06.28
M	7	
D	8	
F	9	
S	10	
S	11	
M	12	
D	13	
M	14	● 08.32
D	15	
F	16	
S	17	
S	18	
M	19	
D	20	
M	21	
D	22	☽ 04.33
F	23	
S	24	
S	25	
M	26	
D	27	
M	28	○ 18.52
D	29	
F	30	
S	31	

September — 36, 37, 38, 39, 40

S	1	
M	2	
D	3	
M	4	☾ 20.07
D	5	
F	6	
S	7	
S	8	
M	9	
D	10	
M	11	
D	12	
F	13	● 00.09
S	14	
S	15	
M	16	
D	17	
M	18	
D	19	
F	20	☽ 12.18
S	21	
S	22	
M	23	
D	24	
M	25	
D	26	
F	27	○ 03.52
S	28	
S	29	
M	30	

Oktober — 41, 42, 43, 44

D	1	
M	2	
D	3	
F	4	☾ 13.07
S	5	
S	6	
M	7	
D	8	
M	9	
D	10	
F	11	
S	12	● 15.10
S	13	
M	14	
D	15	
M	16	
D	17	
F	18	
S	19	☽ 19.08
S	20	
M	21	
D	22	
M	23	
D	24	
F	25	
S	26	○ 15.15
S	27	
M	28	
D	29	
M	30	
D	31	

November — 45, 46, 47, 48

F	1	
S	2	
S	3	☾ 08.51
M	4	
D	5	
M	6	
D	7	
F	8	
S	9	
S	10	
M	11	● 05.15
D	12	
M	13	
D	14	
F	15	
S	16	
S	17	
M	18	☽ 02.09
D	19	
M	20	
D	21	
F	22	
S	23	
S	24	
M	25	○ 05.11
D	26	
M	27	
D	28	
F	29	
S	30	

Dezember — 49, 50, 51, 52, 53

S	1	
M	2	
D	3	☾ 06.03
M	4	
D	5	
F	6	
S	7	
S	8	
M	9	
D	10	● 17.52
M	11	
D	12	
F	13	
S	14	
S	15	
M	16	
D	17	☽ 10.34
M	18	
D	19	
F	20	
S	21	
S	22	
M	23	
D	24	○ 21.40
M	25	1. Weihnachtsfeiertag
D	26	
F	27	
S	28	
S	29	
M	30	
D	31	

Legende

- ♈ Widder ♉ Stier
- ♊ Zwillinge ♋ Krebs
- ♌ Löwe ♍ Jungfrau
- ♎ Waage ♏ Skorpion
- ♐ Schütze ♑ Steinbock
- ♒ Wassermann ♓ Fische
- ○ Vollmond ☾ abn. Mond
- ● Neumond ☽ zun. Mond

Sommerzeiten sind nicht berücksichtigt

Feuchtigkeit beseitigen

1997

Januar

M	1	
D	2	☾ 02.43
F	3	
S	4	
S	5	
M	6	
D	7	
M	8	
D	9	● 05.25
F	10	
S	11	
S	12	
M	13	
D	14	
M	15	☽ 21.05
D	16	
F	17	
S	18	
S	19	
M	20	
D	21	
M	22	
D	23	○ 16.11
F	24	
S	25	
S	26	
M	27	
D	28	
M	29	
D	30	

Wochen: 1 · 2 · 3 · 4 · 5

Februar

S	1	
S	2	
M	3	
D	4	
M	5	
D	6	
F	7	● 16.05
S	8	
S	9	
M	10	
D	11	
M	12	
D	13	
F	14	☽ 10.02
S	15	
S	16	
M	17	
D	18	
M	19	
D	20	
F	21	
S	22	○ 11.26
S	23	
M	24	
D	25	
M	26	
D	27	
F	28	

Wochen: 6 · 7 · 8 · 9

März

S	1	
S	2	☾ 10.32
M	3	
D	4	
M	5	
D	6	
F	7	
S	8	
S	9	● 02.15
M	10	
D	11	
M	12	
D	13	
F	14	
S	15	
S	16	☽ 01.06
M	17	
D	18	
M	19	
D	20	
F	21	
S	22	
S	23	
M	24	○ 05.45
D	25	
M	26	
D	27	
F	28	Karfreitag
S	29	
S	30	

Wochen: 10 · 11 · 12 · 13

April

D	1	
M	2	
D	3	
F	4	
S	5	
S	6	
M	7	● 12.03
D	8	
M	9	
D	10	
F	11	
S	12	
S	13	
M	14	☽ 18.02
D	15	
M	16	
D	17	
F	18	
S	19	
S	20	
M	21	
D	22	○ 21.31
M	23	
D	24	
F	25	
S	26	
S	27	
M	28	
D	29	
M	30	☾ 03.36

Wochen: 14 · 15 · 16 · 17 · 18

Mai

D	1	
F	2	
S	3	
S	4	
M	5	
D	6	● 21.50
M	7	
D	8	
F	9	
S	10	
S	11	
M	12	
D	13	
M	14	☽ 11.57
F	15	
S	16	
S	17	
M	18	
M	19	Pfingstmontag
D	20	
M	21	
D	22	○ 10.13
F	23	
S	24	
S	25	
M	26	
D	27	
M	28	
D	29	☾ 08.50
F	30	

Wochen: 19 · 20 · 21 · 22

Juni

S	1	
M	2	
D	3	
M	4	
D	5	● 08.06
F	6	
S	7	
S	8	
M	9	
D	10	
M	11	
D	12	
F	13	☽ 05.50
S	14	
S	15	
M	16	
D	17	
M	18	
D	19	
F	20	○ 20.07
S	21	
S	22	
M	23	
D	24	
M	25	
D	26	
F	27	☾ 13.44
S	28	
S	29	
M	30	

Wochen: 23 · 24 · 25 · 26 · 27

1997

Jul.
- D 1
- M 2
- D 3
- F 4 ● 19.41
- S 5
- S 6
- M 7 — 28
- D 8
- M 9
- D 10
- F 11
- S 12 ☽ 22.42
- S 13
- M 14 — 29
- D 15
- M 16
- D 17
- F 18
- S 19
- S 20 ○ 04.19
- M 21 — 30
- D 22
- M 23
- D 24
- F 25 ☾ 19.32
- S 26
- S 27
- M 28 — 31
- D 29
- M 30
- D 31

August
- F 1
- S 2
- S 3 ● 09.15
- M 4 — 32
- D 5
- M 6
- D 7
- F 8
- S 9
- S 10
- M 11 ☽ 13.36 — 33
- D 12
- M 13
- D 14
- F 15
- S 16
- S 17
- M 18 ○ 11.53 — 34
- D 19
- M 20
- D 21
- F 22
- S 23
- S 24
- M 25 ☾ 03.24 — 35
- D 26
- M 27
- D 28
- F 29
- S 30
- S 31

September
- M 1
- D 2 ● 00.51
- M 3
- D 4
- F 5
- S 6
- S 7 — 37
- M 8
- D 9
- M 10 ☽ 02.30
- D 11
- F 12
- S 13
- S 14 — 38
- M 15
- D 16 ○ 19.49
- M 17
- D 18
- F 19
- S 20
- S 21 — 39
- M 22
- D 23 ☾ 14.41
- M 24
- D 25
- F 26
- S 27
- S 28 — 40
- M 29
- D 30

Oktober
- M 1 ● 17.50
- D 2
- F 3
- S 4
- S 5
- M 6 — 41
- D 7
- M 8
- D 9 ☽ 13.16
- F 10
- S 11
- S 12
- M 13 — 42
- D 14
- M 15
- D 16 ○ 04.48
- F 17
- S 18
- S 19
- M 20 — 43
- D 21
- M 22
- D 23 ☾ 05.52
- F 24
- S 25
- S 26
- M 27 — 44
- D 28
- M 29
- D 30
- F 31 ● 10.59

November
- S 1
- S 2
- M 3 — 45
- D 4
- M 5
- D 6
- F 7 ☽ 22.42
- S 8
- S 9
- M 10 — 46
- D 11
- M 12
- D 13
- F 14 ○ 15.14
- S 15
- S 16 — 47
- M 17
- D 18
- M 19
- D 20
- F 21
- S 22 ☾ 00.57
- S 23 — 48
- M 24
- D 25
- M 26
- D 27
- F 28
- S 29
- S 30 ● 03.13

Dezember
- M 1
- D 2
- M 3 — 49
- D 4
- F 5
- S 6
- S 7 ☽ 07.09
- M 8 — 50
- D 9
- M 10
- D 11
- F 12
- S 13
- S 14 ○ 03.39
- M 15 — 51
- D 16
- M 17
- D 18
- F 19
- S 20
- S 21 ☾ 22.44
- M 22 — 52
- D 23
- M 24
- D 25 1. Weihnachtsfeiertag
- F 26
- S 27
- S 28
- M 29 ● 17.53 — 53
- D 30
- M 31

Widder · Stier
Zwillinge · Krebs
Löwe · Jungfrau
Waage · Skorpion
Schütze · Steinbock
Wassermann · Fische

○ Vollmond   ● Neumond   ☽ zun. Mond   ☾ abn. Mond

Sommerzeiten sind nicht berücksichtigt

Feuchtigkeit beseitigen

1998

Legende: sehr gut · gut · neutral · schlecht · sehr schlecht

Januar

D 1	
F 2	
S 3	
S 4	
M 5	☽ 15.18
D 6	
M 7	
D 8	
F 9	
S 10	
S 11	○ 18.26
M 12	☾ 20.39
D 13	
M 14	
D 15	
F 16	
S 17	
S 18	
M 19	
D 20	
M 21	
D 22	
F 23	
S 24	
S 25	
M 26	
D 27	
M 28	● 06.58
D 29	
F 30	

Februar

S 1	
M 2	
D 3	☽ 23.55
M 4	
D 5	
F 6	
S 7	
S 8	
M 9	
D 10	
M 11	○ 11.25
D 12	
F 13	
S 14	
S 15	
M 16	
D 17	
M 18	
D 19	☾ 16.22
F 20	
S 21	
S 22	
M 23	
D 24	
M 25	
D 26	● 18.23
F 27	
S 28	

März

S 1	
M 2	
D 3	
M 4	
D 5	☽ 09.46
F 6	
S 7	
S 8	
M 9	
D 10	
M 11	
D 12	
F 13	○ 05.34
S 14	
S 15	
M 16	
D 17	
M 18	
D 19	
F 20	
S 21	☾ 08.33
S 22	
M 23	
D 24	
M 25	
D 26	
F 27	
S 28	● 04.13
S 29	
M 30	

April

M 1	
D 2	
F 3	☽ 21.21
S 4	
S 5	
M 6	
D 7	
M 8	
D 9	
F 10	Karfreitag
S 11	○ 23.22
S 12	
M 13	Ostermontag
D 14	
M 15	
D 16	
F 17	
S 18	
S 19	☾ 20.50
M 20	
D 21	
M 22	
D 23	
F 24	
S 25	
S 26	● 12.43
M 27	
D 28	
M 29	
D 30	

Mai

F 1	
S 2	
S 3	☽ 11.09
M 4	
D 5	
M 6	
D 7	
F 8	
S 9	
S 10	
M 11	○ 15.27
D 12	
M 13	
D 14	
F 15	
S 16	
S 17	
M 18	
D 19	☾ 05.32
M 20	
D 21	
F 22	
S 23	
S 24	
M 25	● 20.34
D 26	
M 27	
D 28	
F 29	
S 30	

Juni

M 1	Pfingstmontag
D 2	☽ 02.46
M 3	
D 4	
F 5	
S 6	
S 7	
M 8	
D 9	
M 10	○ 05.17
D 11	
F 12	
S 13	
S 14	
M 15	
D 16	
M 17	☾ 11.34
D 18	
F 19	
S 20	
S 21	
M 22	
D 23	
M 24	● 04.53
D 25	
F 26	
S 27	
S 28	
M 29	
D 30	

Kalenderwochen: 1, 2, 3, 4, 5, 6, 7, 8, 9, 10, 11, 12, 13, 14, 15, 16, 17, 18, 19, 20, 21, 22, 23, 24, 25, 26, 27

1998

Juli

	Tag	Notiz	KW
M	1	☾ 19.43	
D	2		
F	3		
S	4		
S	5		28
M	6		
D	7		
M	8		
D	9	● 16.58	
F	10		
S	11		
S	12		29
M	13		
D	14	☾ 16.12	
M	15		
D	16		
F	17		
S	18		
S	19		30
M	20		
D	21		
M	22	●	
D	23	14.47	
F	24		
S	25		
S	26		31
M	27		
D	28		
M	29		
D	30		
F	31	☾ 13.04	

August

	Tag	Notiz	KW
S	1		
S	2		32
M	3		
D	4		
M	5		
D	6		
F	7		
S	8	● 03.07	
S	9		33
M	10		
D	11		
M	12		
D	13		
F	14	☾ 20.49	
S	15		
S	16		34
M	17		
D	18		
M	19		
D	20		
F	21		
S	22	● 03.03	
S	23		35
M	24		
D	25		
M	26		
D	27		
F	28		
S	29		
S	30	☾ 06.03	36
M	31		

September

	Tag	Notiz	KW
D	1		
M	2		
D	3		
F	4		
S	5		
S	6	● 12.17	37
M	7		
D	8		
M	9		
D	10		
F	11		
S	12		
S	13	☾ 03.00	38
M	14		
D	15		
M	16		
D	17		
F	18		
S	19		
S	20	● 18.04	39
M	21		
D	22		
M	23		
D	24		
F	25		
S	26		
S	27		40
M	28	☾ 22.07	
D	29		
M	30		

Oktober

	Tag	Notiz	KW
D	1		
F	2		
S	3		
S	4		41
M	5	● 21.10	
D	6		
M	7		
D	8		
F	9		
S	10		
S	11		42
M	12	☾ 12.17	
D	13		
M	14		
D	15		
F	16		
S	17		
S	18		43
M	19		
D	20	● 11.09	
M	21		
D	22		
F	23		
S	24		
S	25		44
M	26		
D	27		
M	28	☾ 12.41	
D	29		
F	30		
S	31		

November

	Tag	Notiz	KW
S	1		
M	2		
D	3		
M	4	● 06.19	
D	5		
F	6		
S	7		
S	8		46
M	9		
D	10		
M	11	☾ 01.29	
D	12		
F	13		
S	14		
S	15		47
M	16		
D	17		
M	18		
D	19	● 05.24	
F	20		
S	21		
S	22		48
M	23		
D	24		
M	25		
D	26		
F	27	☾ 01.22	
S	28		
S	29		49
M	30		

(KW 45 bei 1)

Dezember

	Tag	Notiz	KW
D	1		
M	2		
D	3	● 16.21	
F	4		
S	5		
S	6		50
M	7		
D	8		
M	9		
D	10	☾ 18.56	
F	11		
S	12		
S	13		51
M	14		
D	15		
M	16		
D	17		
F	18	● 23.43	
S	19		
S	20		52
M	21		
D	22		
M	23		
D	24		
F	25	1. Weihnachtsfeiertag	
S	26	☾ 11.42	
S	27		53
M	28		
D	29		
M	30		
D	31		

Legende

- ♈ Widder · ♉ Stier
- ♊ Zwillinge · ♋ Krebs
- ♌ Löwe · ♍ Jungfrau
- ♎ Waage · ♏ Skorpion
- ♐ Schütze · ♑ Steinbock
- ♒ Wassermann · ♓ Fische
- ● Vollmond · ☾ abn. Mond
- ● Neumond · ☽ zun. Mond

Sommerzeiten sind nicht berücksichtigt

Feuchtigkeit beseitigen

1999

Legend: ■ sehr gut | ■ gut | ■ neutral | ■ schlecht | ■ sehr schlecht

Januar
F 1
S 2 ○ 03.50
S 3
M 4 **1**
D 5
M 6
D 7
F 8
S 9 ☾ 15.24
S 10 **2**
M 11
D 12
M 13
D 14
F 15
S 16
S 17 ● 16.44 **3**
M 18
D 19
M 20
D 21
F 22
S 23
S 24 ☽ 20.14 **4**
M 25
D 26
M 27
D 28
F 29
S 30

Februar
M 1
D 2
M 3
D 4
F 5
S 6
S 7 **5**
M 8 ☾ 12.57
D 9
M 10
D 11
F 12
S 13
S 14 **6**
M 15
D 16 ● 07.35
M 17
D 18
F 19
S 20
S 21 **7**
M 22
D 23
M 24
D 25
F 26
S 27
S 28 **8**

März
M 1
D 2 ○ 08.00
M 3
D 4
F 5
S 6
S 7 **9**
M 8
D 9
M 10 ☾ 09.38
D 11
F 12
S 13
S 14 **10**
M 15
D 16 ● 19.44
M 17
D 18
F 19
S 20
S 21 **11**
M 22
D 23
M 24 ☽ 11.21
D 25
F 26
S 27
S 28 **12**
M 29
D 30 **13**

April
D 1
F 2 Karfreitag
S 3
S 4 Ostermontag **14**
M 5
D 6
M 7
D 8
F 9 ☾ 03.47
S 10
S 11 **15**
M 12
D 13
M 14
D 15
F 16 ● 05.21
S 17
S 18 **16**
M 19
D 20
M 21
D 22 ☽ 20.05
F 23
S 24
S 25 **17**
M 26
D 27
M 28
D 29
F 30 ○ 15.55

Mai
S 1
S 2 **18**
M 3
D 4
M 5
D 6
F 7
S 8 ☾ 18.25
S 9 **19**
M 10
D 11
M 12
D 13
F 14
S 15 ● 13.05
S 16 **20**
M 17
D 18
M 19
D 20
F 21
S 22 ☽ 06.37
S 23 **21**
M 24 Pfingstmontag
D 25
M 26
D 27
F 28
S 29
S 30 ○ 07.40 **22**
M 31

Juni
D 1
M 2
D 3
F 4
S 5
S 6 **23**
M 7 ☾ 05.16
D 8
M 9
D 10
F 11
S 12
S 13 ● 20.04 **24**
M 14
D 15
M 16
D 17
F 18
S 19
S 20 ☽ 19.16 **25**
M 21
D 22
M 23
D 24
F 25
S 26
S 27 **26**
M 28 ○ 22.35
D 29
M 30

1999

Dezember — 49, 50, 51, 52

November — 44, 45, 46, 47, 48

Oktober — 40, 41, 42, 43

September — 36, 37, 38, 39

August — 31, 32, 33, 34, 35

Juli — 27, 28, 29, 30

Legende (Tierkreiszeichen):

- Widder
- Stier
- Zwillinge
- Krebs
- Löwe
- Jungfrau
- Waage
- Skorpion
- Schütze
- Steinbock
- Wassermann
- Fische

Mondphasen:

- ○ Vollmond
- ☾ abn. Mond
- ● Neumond
- ☽ zun. Mond

Sommerzeiten sind nicht berücksichtigt

1. Weihnachtsfeiertag (25. Dezember)

Feuchtigkeit beseitigen

2000

Legende: sehr gut | gut | neutral | schlecht | sehr schlecht

Januar

S	1	
S	2	
M	3	
D	4	
M	5	
D	6	● 19.12
F	7	
S	8	
S	9	
M	10	
D	11	
M	12	
D	13	☽ 14.28
F	14	
S	15	
S	16	
M	17	
D	18	
M	19	
D	20	
F	21	○ 05.41
S	22	
S	23	
M	24	
D	25	
M	26	
D	27	
F	28	☾ 08.59
S	29	
S	30	

Februar

D	1	
M	2	
D	3	
F	4	
S	5	● 14.00
S	6	
M	7	
D	8	
M	9	
D	10	
F	11	
S	12	
S	13	☽ 00.21
M	14	
D	15	
M	16	
D	17	
F	18	
S	19	○ 17.28
S	20	
M	21	
D	22	
M	23	
D	24	
F	25	
S	26	
S	27	☾ 04.55
M	28	
D	29	

März

M	1	
D	2	
F	3	
S	4	
S	5	
M	6	● 06.13
D	7	
M	8	
D	9	
F	10	
S	11	
S	12	
M	13	☽ 07.58
D	14	
M	15	
D	16	
F	17	
S	18	○ 05.46
S	19	
M	20	
D	21	
M	22	
D	23	
F	24	
S	25	
S	26	
M	27	
D	28	☾ 01.22
M	29	
D	30	

April

S	1	
S	2	
M	3	
D	4	● 19.08
M	5	
D	6	
F	7	
S	8	
S	9	
M	10	
D	11	☽ 14.32
M	12	
D	13	
F	14	
S	15	
S	16	
M	17	
D	18	○ 18.44
M	19	
D	20	
F	21	Karfreitag
S	22	
S	23	
M	24	Ostermontag
D	25	
M	26	☾ 20.28
D	27	
F	28	
S	29	
S	30	

Mai

M	1	
D	2	
M	3	
D	4	● 05.11
F	5	
S	6	
S	7	
M	8	
D	9	
M	10	☽ 21.02
D	11	
F	12	
S	13	
S	14	
M	15	
D	16	
M	17	
D	18	○ 08.37
F	19	
S	20	
S	21	
M	22	
D	23	
M	24	
D	25	
F	26	☾ 12.49
S	27	
S	28	
M	29	
D	30	

Juni

D	1	
F	2	● 13.13
S	3	
S	4	
M	5	Pfingstmontag
D	6	
M	7	
D	8	
F	9	☽ 04.30
S	10	
S	11	
M	12	
D	13	
M	14	
D	15	
F	16	○ 23.27
S	17	
S	18	
M	19	
D	20	
M	21	
D	22	
F	23	
S	24	
S	25	☾ 01.59
M	26	
D	27	
M	28	
D	29	
F	30	

2000

August | September | Oktober | November | Dezember (and Juli)

Juli (partial)
- S 1 ● 20.18
- S 2
- M 3
- D 4
- M 5
- D 6
- F 7 ☽ 13.59
- S 8
- S 9
- M 10
- D 11
- M 12
- F 14
- S 15
- S 16 ● 14.53
- M 17
- D 18
- M 19
- D 20
- F 21
- S 22
- S 23
- M 24 ☾ 11.57
- D 25
- M 26
- D 27
- F 28
- S 29
- S 30 ● 03.25
- M 31

Week numbers: 27, 28, 29, 30, 31

August
- D 1
- M 2
- D 3
- F 4
- S 5
- S 6
- M 7 ☽ 02.02
- D 8
- M 9
- D 10
- F 11
- S 12
- S 13 ● 06.09
- M 14
- D 15
- M 16
- D 17
- F 18
- S 19
- S 20
- M 21
- D 22 ☾ 19.47
- M 23
- D 24
- F 25
- S 26
- S 27
- M 28
- D 29 ● 11.22
- M 30
- D 31

Week numbers: 32, 33, 34, 35

September
- F 1
- S 2
- S 3
- M 4
- D 5 ☽ 17.30
- M 6
- D 7
- F 8
- S 9
- S 10
- M 11
- D 12
- M 13 ● 20.34
- D 14
- F 15
- S 16
- S 17
- M 18
- D 19
- M 20 ☾ 02.29
- D 21
- F 22
- S 23
- S 24
- M 25
- D 26
- M 27 ● 20.53
- D 28
- F 29
- S 30

Week numbers: 36, 37, 38, 39

Oktober
- S 1
- M 2
- D 3
- M 4
- D 5 ☽ 11.59
- F 6
- S 7
- S 8
- M 9
- D 10
- M 11
- D 12
- F 13 ● 09.48
- S 14
- S 15
- M 16
- D 17
- M 18
- D 19
- F 20 ☾ 08.58
- S 21
- S 22
- M 23
- D 24
- M 25
- D 26
- F 27 ● 09.01
- S 28
- S 29
- M 30
- D 31

Week numbers: 40, 41, 42, 43, 44

November
- M 1
- D 2
- F 3
- S 4 ☽ 08.24
- S 5
- M 6
- D 7
- M 8
- D 9
- F 10
- S 11 ● 22.14
- S 12
- M 13
- D 14
- M 15
- D 16
- F 17
- S 18 ☾ 16.26
- S 19
- M 20
- D 21
- M 22
- D 23
- F 24
- S 25
- S 26 ● 00.11
- M 27
- D 28
- M 29
- D 30

Week numbers: 45, 46, 47, 48

Dezember
- F 1
- S 2
- S 3
- M 4 ☽ 04.51
- D 5
- M 6
- D 7
- F 8
- S 9
- S 10
- M 11 ● 10.00
- D 12
- M 13
- D 14
- F 15
- S 16
- S 17
- M 18 ☾ 01.42
- D 19
- M 20
- D 21
- F 22
- S 23
- S 24
- M 25 1. Weihnachtstag
- D 26 18.-22. Feiertag
- M 27
- D 28
- F 29
- S 30
- S 31

Week numbers: 49, 50, 51, 52

Legend

- Widder
- Stier
- Zwillinge
- Krebs
- Löwe
- Jungfrau
- Waage
- Skorpion
- Schütze
- Steinbock
- Wassermann
- Fische

- ● Vollmond
- ☾ abn. Mond
- ● Neumond
- ☽ zun. Mond

Sommerzeiten sind nicht berücksichtigt

Die Außenanlagen:

Zäune, Pflaster und Naturwege anlegen

In Außenanlage und Begrünung eines Hauses offenbart sich viel vom Geist seiner Bewohner. Erkennt man im Haus die Drehscheibe für viele Einflüsse, ist es ein lebendiges, gastfreundliches Haus? Oder ist es eine feste Burg zum Schutz vor allem scheinbar Fremden? Atmen das Haus und seine Umgebung den Geist des Miteinanders, der guten Nachbarschaft oder des Gegeneinanders, des egoistischen Besitzdenkens?

Ein selten formuliertes Naturgesetz soll an dieser Stelle Erwähnung finden: Solange Nachbarn sich darum streiten, wem die Äpfel gehören, die vom eigenen Baum in Nachbars Garten fallen, solange wird es Kriege geben. Solange Zäune erhöht werden, um nicht des Nachbarn Not zu fühlen, solange werden Völker einander ausbeuten. Solange man lieber DM 10 000,- spendet (weil man gegen Spendenquittung die eigene »Großzügigkeit« demonstrieren will), statt DM 300,- dem Nachbarn zu schenken, der das Geld dringend braucht, solange schreitet die Zerstörung unserer Umwelt fort.

Ob freundlicher Gastgeber oder feindseliger Burgherr: ein anderes Naturgesetz gilt für beide gleichermaßen. Viele Architekten, Bauherren und Heimwerker mußten schon erleben, daß im Außenbereich verlegte Bodenplatten manchmal nach kurzer Zeit wackelig werden (besonders wenn sie direkt auf die Erde verlegt sind), daß mit Natursteinen verlegte Pfade oder Veranden »Wellen schlagen«, daß schon nach kurzer Zeit neu angelegte Feldwege auswaschen oder Schlaglöcher bekommen – trotz aller Sorgfalt und Sachkenntnis. Ein anderes Mal hält alles wie fest betoniert, auch auf Naturboden; die Anlage und Ausbesserung von Feldwegen hat langfristigen Erfolg, so daß kein Mensch auf die dumme Idee kommt, den Weg zu teeren.

207

Manchmal spaziert man auf dem Land an Zaunpfosten aus rohem Holz vorbei, die seit vierzig und mehr Jahren bombenfest in der Erde stehen, während vielleicht schon auf der anderen Seite des Weges völlig verrottete, mit Gift und Dampfdruck imprägnierte Holzzäune stehen, die kaum mehr als ein paar Jahre auf dem Buckel haben.

Wanderer haben schon oft beobachtet: Alte Holzbrücken und Wandersteige haben viel über das Thema Haltbarkeit und Fäulnis zu erzählen. Manche müssen nur ab und zu repariert werden, obwohl Wind, Wasser und Sonne ihnen genauso zusetzen wie anderen, fast neuen Stegen, die von Gemeinden und Bergwacht in kürzesten Abständen erneuert werden müssen.

Und schließlich Steinmauern, die früher zur Felderbegrenzung dienten wie etwa in Südtirol: Aus *lose* aufgerichteten Brocken überdauern sie teilweise schon Jahrhunderte. Und bei so mancher erst in jüngster Zeit ausgebesserten Stelle liegen die Steine verrutscht und über den Weg verstreut.

Warum? Was erklärt alle diese Unterschiede?

Machen Sie Ihre Erfahrungen mit den untenstehenden Regeln und den Kalendarien der nächsten Seiten, und Sie werden die Antwort selbst herausfinden.

Die Grundregeln für Pflaster- und Wegebau, Pfosten- und Zaunsetzen

Sehr gut:	Bei abnehmendem Mond im Tierkreiszeichen Steinbock, ideal bei Neumond im Steinbock.
Gut:	Bei abnehmendem Mond, mit Ausnahme der Krebs- und Schützetage, je näher an Neumond, desto besser.
Schlecht:	Generell bei zunehmendem Mond, aber auch bei abnehmendem Mond in Krebs und Schütze.
Sehr schlecht:	Generell bei zunehmendem Mond in Krebs und Schütze und bei Vollmond.

Die Folgen der Ausführung zum richtigen Zeitpunkt

Eingeschlagene Pfosten werden von selbst immer fester, Nägel bleiben im Holz. Platten wachsen selbst auf Naturboden fest ein. Wege werden nicht ausgespült, der Boden wird immer härter und belastbarer, Ausbesserungen halten viel länger.

Die Folgen der Ausführung zum falschen Zeitpunkt
Zaunpfosten lockern sich von selbst, besonders an Krebstagen gesetzt; sie verfaulen auch schneller. Platten und Fliesen lockern sich, werden uneben, brechen leichter. Wege und Feldstraßen waschen leichter aus, besonders bei Krebs angelegt.

Und nicht vergessen: Sind Holzzäune und -pfosten starken Belastungen ausgesetzt – durch Schneelast, weil sich Tiere ständig daran scheuern oder weil Kinder drunter- und drüberklettern –, lohnt es sich, nicht nur auf den abnehmenden Mond, sondern auch auf das Zeichen Steinbock zu achten. Besonders bei Kinderspielplätzen, Klettergerüsten und Streichelgehegen im Zoo würden dann lange Zeit keine Reparaturen anfallen.

Können Sie sich vorstellen, daß vor 40 Jahren jemand auf die Idee gekommen wäre, einen Topf Imprägnierungsmittel in den Rucksack zu stecken und damit auf den Berg zu gehen, um Ausbesserungsarbeiten an Stegen, Brücken und Zäunen vorzunehmen? Im Rucksack befanden sich die Brotzeit, geradegehämmerte Nägel, Hammer, Beißzange und ein Fläschchen Obstler gegen das Schwitzen und gegen Verletzungen, weil hoch droben manchmal kein Spitzwegerich wächst. Und immer wurden die Arbeiten bei abnehmendem Mond getan. Und es sind genau diese Stege und Zäune, die heute noch stehen, nicht die modernen »imprägnierten«.

Zäune, Pflaster und Naturwege anlegen

1996

Legende: sehr gut | gut | neutral | schlecht | sehr schlecht

Januar
1 — M
2 — D
3 — M
4 — D
5 — F ○ 21.50
6 — S
7 — S
8 — M
9 — D
10 — M
11 — D
12 — F ☾ 21.42
13 — S
14 — S
15 — M
16 — D
17 — M
18 — D
19 — F
20 — S ● 13.51
21 — S
22 — M
23 — D
24 — M
25 — D
26 — F
27 — S ☽ 12.18
28 — S
29 — M
30 — D

Wochen: 1, 2, 3, 4, 5

Februar
1 — D
2 — F
3 — S
4 — S ○ 16.57
5 — M
6 — D
7 — M
8 — D
9 — F
10 — S
11 — S
12 — M ☾ 09.33
13 — D
14 — M
15 — D
16 — F
17 — S
18 — S
19 — M ● 00.28
20 — D
21 — M
22 — D
23 — F
24 — S
25 — S
26 — M ☽ 06.54
27 — D
28 — M
29 — D

Wochen: 6, 7, 8, 9

März
1 — F
2 — S
3 — S
4 — M
5 — D ○ 10.18
6 — M
7 — D
8 — F
9 — S
10 — S
11 — M
12 — D ☾ 18.13
13 — M
14 — D
15 — F
16 — S
17 — S
18 — M
19 — D ● 11.48
20 — M
21 — D
22 — F
23 — S
24 — S
25 — M
26 — D
27 — M ☽ 02.32
28 — D
29 — F
30 — S

Wochen: 10, 11, 12, 13

April
1 — M
2 — D
3 — M
4 — D ○ 01.05
5 — F Karfreitag
6 — S
7 — S
8 — M Ostermontag
9 — D
10 — M
11 — D ☾ 00.34
12 — F
13 — S
14 — S
15 — M
16 — D
17 — M ● 23.50
18 — D
19 — F
20 — S
21 — S
22 — M
23 — D
24 — M
25 — D ☽ 21.39
26 — F
27 — S
28 — S
29 — M
30 — D

Wochen: 14, 15, 16, 17, 18

Mai
1 — M
2 — D
3 — F ○ 12.45
4 — S
5 — S
6 — M
7 — D
8 — M
9 — D
10 — F ☾ 06.04
11 — S
12 — S
13 — M
14 — D
15 — M
16 — D
17 — F ● 12.48
18 — S
19 — S
20 — M
21 — D
22 — M
23 — D
24 — F
25 — S ☽ 15.09
26 — S
27 — M Pfingstmontag
28 — D
29 — M
30 — D
31 — F

Wochen: 19, 20, 21, 22

Juni
1 — S ○ 21.46
2 — S
3 — M
4 — D
5 — M
6 — D
7 — F
8 — S ☾ 12.09
9 — S
10 — M
11 — D
12 — M
13 — D
14 — F
15 — S
16 — S ● 02.37
17 — M
18 — D
19 — M
20 — D
21 — F
22 — S
23 — S
24 — M ☽ 06.19
25 — D
26 — M
27 — D
28 — F
29 — S
30 — S

Wochen: 23, 24, 25, 26

1996

Juli

KW	Tag	Datum	Mondphase
27	M	1	○ 04.56
	D	2	
	M	3	
	D	4	
	F	5	
	S	6	
28	S	7	☾ 19.59
	M	8	
	D	9	
	M	10	
	D	11	
	F	12	
	S	13	
29	S	14	
	M	15	● 17.16
	D	16	
	M	17	
	D	18	
	F	19	
	S	20	
30	S	21	
	M	22	
	D	23	☽ 18.45
	M	24	
	D	25	
	F	26	
	S	27	
31	S	28	
	M	29	
	D	30	○ 11.35
	M	31	

August

KW	Tag	Datum	Mondphase
	D	1	
	F	2	
	S	3	
32	S	4	
	M	5	
	D	6	☾ 06.28
	M	7	
	D	8	
	F	9	
	S	10	
33	S	11	
	M	12	
	D	13	
	M	14	● 08.32
	D	15	
	F	16	
	S	17	
34	S	18	
	M	19	
	D	20	
	M	21	
	D	22	☽ 04.33
	F	23	
	S	24	
35	S	25	
	M	26	
	D	27	
	M	28	○ 18.52
	D	29	
	F	30	
	S	31	

September

KW	Tag	Datum	Mondphase
	S	1	
36	M	2	
	D	3	
	M	4	☾ 20.07
	D	5	
	F	6	
	S	7	
37	S	8	
	M	9	
	D	10	
	M	11	
	D	12	
	F	13	● 00.09
	S	14	
38	S	15	
	M	16	
	D	17	
	M	18	
	D	19	
	F	20	☽ 12.18
	S	21	
39	S	22	
	M	23	
	D	24	
	M	25	
	D	26	
	F	27	○ 03.52
	S	28	
40	S	29	
	M	30	

Oktober

KW	Tag	Datum	Mondphase
	D	1	
	M	2	
	D	3	
	F	4	☾ 13.07
	S	5	
41	S	6	
	M	7	
	D	8	
	M	9	
	D	10	
	F	11	
	S	12	● 15.10
42	S	13	
	M	14	
	D	15	
	M	16	
	D	17	
	F	18	
	S	19	☽ 19.08
43	S	20	
	M	21	
	D	22	
	M	23	
	D	24	
	F	25	
	S	26	○ 15.15
44	S	27	
	M	28	
	D	29	
	M	30	
	D	31	

November

KW	Tag	Datum	Mondphase
	F	1	
	S	2	
45	S	3	☾ 08.51
	M	4	
	D	5	
	M	6	
	D	7	
	F	8	
	S	9	
46	S	10	● 05.15
	M	11	
	D	12	
	M	13	
	D	14	
	F	15	
	S	16	
47	S	17	☽ 02.09
	M	18	
	D	19	
	M	20	
	D	21	
	F	22	
	S	23	
48	S	24	○ 05.11
	M	25	
	D	26	
	M	27	
	D	28	
	F	29	
	S	30	

Dezember

KW	Tag	Datum	Mondphase / Feiertag
49	S	1	
	M	2	
	D	3	☾ 06.03
	M	4	
	D	5	
	F	6	
	S	7	
50	S	8	
	M	9	
	D	10	● 17.52
	M	11	
	D	12	☽ 10.34
	F	13	
	S	14	
51	S	15	
	M	16	
	D	17	
	M	18	
	D	19	
	F	20	
	S	21	
52	S	22	
	M	23	
	D	24	○ 21.40
	M	25	1. Weihnachtsfeiertag
	D	26	
	F	27	
	S	28	
53	S	29	
	M	30	
	D	31	

Zäune, Pflaster und Naturwege anlegen

1997

Legende: sehr gut | gut | neutral | schlecht | sehr schlecht

Januar

M	1	
D	2	C 02.43
F	3	
S	4	
S	5	
M	6	
D	7	
M	8	
D	9	● 05.25
F	10	
S	11	
S	12	
M	13	
D	14	☽ 21.05
M	15	
D	16	
F	17	
S	18	
S	19	
M	20	
D	21	
M	22	
D	23	○ 16.11
F	24	
S	25	
S	26	
M	27	
D	28	
M	29	
D	30	

Wochen: 1, 2, 3, 4, 5

Februar

S	1	
S	2	
M	3	
D	4	
M	5	
D	6	
F	7	● 16.05
S	8	
S	9	
M	10	
D	11	
M	12	
D	13	
F	14	☽ 10.02
S	15	
S	16	
M	17	
D	18	
M	19	
D	20	
F	21	
S	22	○ 11.26
S	23	
M	24	
D	25	
M	26	
D	27	
F	28	

Wochen: 6, 7, 8, 9

März

S	1	
S	2	C 10.32
M	3	
D	4	
M	5	
D	6	
F	7	
S	8	
S	9	● 02.15
M	10	
D	11	
M	12	
D	13	
F	14	
S	15	
S	16	☽ 01.06
M	17	
D	18	
M	19	
D	20	
F	21	
S	22	
S	23	
M	24	○ 05.45
D	25	
M	26	
D	27	
F	28	Karfreitag
S	29	
S	30	

Wochen: 10, 11, 12, 13

April

D	1	
M	2	
D	3	
F	4	
S	5	
S	6	
M	7	● 12.03
D	8	
M	9	
D	10	
F	11	
S	12	
S	13	
M	14	☽ 18.02
D	15	
M	16	
D	17	
F	18	
S	19	
S	20	
M	21	
D	22	○ 21.31
M	23	
D	24	
F	25	
S	26	
S	27	
M	28	
D	29	
M	30	C 03.36

Wochen: 14, 15, 16, 17, 18

Mai

D	1	
F	2	
S	3	
S	4	
M	5	
D	6	● 21.50
M	7	
D	8	
F	9	
S	10	
S	11	
M	12	
D	13	
M	14	☽ 11.57
D	15	
F	16	
S	17	
S	18	
M	19	Pfingstmontag
D	20	
M	21	
D	22	○ 10.10
F	23	
S	24	
S	25	
M	26	
D	27	
M	28	
D	29	C 08.50
F	30	
S	31	

Wochen: 19, 20, 21, 22

Juni

S	1	
M	2	
D	3	
M	4	
D	5	● 08.06
F	6	
S	7	
S	8	
M	9	
D	10	
M	11	
D	12	
F	13	☽ 05.50
S	14	
S	15	
M	16	
D	17	
M	18	
D	19	
F	20	○ 20.07
S	21	
S	22	
M	23	
D	24	
M	25	
D	26	
F	27	C 13.44
S	28	
S	29	
M	30	

Wochen: 23, 24, 25, 26, 27

1997

Juli

Tag	Mondphase
D 1	
M 2	
D 3	
F 4	● 19.41
S 5	
S 6	
M 7	[28]
D 8	
M 9	
D 10	
F 11	
S 12	☽ 22.42
S 13	[29]
M 14	
D 15	
M 16	
D 17	
F 18	
S 19	
S 20	○ 04.19 [30]
M 21	
D 22	
M 23	
D 24	
F 25	☾ 19.32
S 26	
S 27	[31]
M 28	
D 29	
M 30	
D 31	

August

Tag	Mondphase
F 1	
S 2	
S 3	● 09.15 [32]
M 4	
D 5	
M 6	
D 7	
F 8	
S 9	
S 10	[33]
M 11	☽ 13.36
D 12	
M 13	
D 14	
F 15	
S 16	
S 17	[34]
M 18	○ 11.53
D 19	
M 20	
D 21	
F 22	
S 23	
S 24	[35]
M 25	☾ 03.24
D 26	
M 27	
D 28	
F 29	
S 30	
S 31	

September

Tag	Mondphase
M 1	[36]
D 2	● 00.51
M 3	
D 4	
F 5	
S 6	
S 7	[37]
M 8	
D 9	
M 10	☽ 02.30
D 11	
F 12	
S 13	
S 14	[38]
M 15	
D 16	○ 19.49
M 17	
D 18	
F 19	
S 20	
S 21	[39]
M 22	
D 23	☾ 14.41
M 24	
D 25	
F 26	
S 27	
S 28	[40]
M 29	
D 30	

Oktober

Tag	Mondphase
M 1	
D 2	
F 3	
S 4	
S 5	[41]
M 6	
D 7	○ 17.50
M 8	
D 9	☽ 13.16
F 10	
S 11	
S 12	[42]
M 13	
D 14	
M 15	
D 16	○ 04.48
F 17	
S 18	
S 19	[43]
M 20	
D 21	
M 22	
D 23	☾ 05.52
F 24	
S 25	
S 26	[44]
M 27	
D 28	
M 29	
D 30	
F 31	

November

Tag	Mondphase
S 1	
S 2	[45]
M 3	
D 4	
M 5	
D 6	
F 7	☽ 22.42
S 8	
S 9	[46]
M 10	
D 11	
M 12	
D 13	
F 14	○ 15.14
S 15	
S 16	[47]
M 17	
D 18	
M 19	
D 20	
F 21	
S 22	☾ 00.57
S 23	[48]
M 24	
D 25	
M 26	
D 27	
F 28	
S 29	
S 30	● 03.13

Dezember

Tag	Mondphase / Hinweis
M 1	[49]
D 2	
M 3	
D 4	
F 5	
S 6	
S 7	☽ 07.09 [50]
M 8	
D 9	
M 10	
D 11	
F 12	
S 13	
S 14	○ 03.39 [51]
M 15	
D 16	
M 17	
D 18	
F 19	
S 20	
S 21	☾ 22.44 [52]
M 22	
D 23	
M 24	
D 25	1. Weihnachtsfeiertag
F 26	
S 27	
S 28	[53]
M 29	● 17.53
D 30	
M 31	

Legende

Tierkreiszeichen		Mondphasen
Widder	Löwe	○ Vollmond
Stier	Jungfrau	☾ abn. Mond
Zwillinge	Waage	● Neumond
Krebs	Skorpion	☽ zun. Mond
Wassermann	Schütze	
Fische	Steinbock	

Sommerzeiten sind nicht berücksichtigt

Zäune, Pflaster und Naturwege anlegen

1998

Legende: sehr gut | gut | neutral | schlecht | sehr schlecht

Januar (KW 1–5)
- D 1
- F 2
- S 3
- S 4
- M 5 ☽ 15.18
- D 6
- M 7
- D 8
- F 9
- S 10
- S 11
- M 12 ○ 18.26
- D 13
- M 14
- D 15
- D 16
- F 17
- S 18
- M 19 ☾ 20.39
- D 20
- M 21
- D 22
- F 23
- S 24
- S 25
- M 26
- D 27
- M 28 ● 06.58
- D 29
- F 30

Februar (KW 6–9)
- S 1
- M 2
- D 3 ☽ 23.55
- M 4
- D 5
- F 6
- S 7
- S 8
- M 9
- D 10
- M 11 ○ 11.25
- D 12
- F 13
- S 14
- S 15
- M 16
- D 17
- M 18
- D 19 ☾ 16.22
- F 20
- S 21
- S 22
- M 23
- D 24
- M 25
- D 26 ● 18.23
- F 27
- S 28

März (KW 10–14)
- S 1
- M 2
- D 3
- M 4
- D 5 ☽ 09.46
- F 6
- S 7
- S 8
- M 9
- D 10
- M 11
- D 12
- F 13 ○ 05.34
- S 14
- S 15
- M 16
- D 17
- M 18
- D 19 ☾ 08.33
- F 20
- S 21
- S 22
- M 23
- D 24
- M 25
- D 26
- F 27
- S 28 ● 04.13
- S 29
- M 30

April (KW 15–18)
- M 1
- D 2
- F 3 ☽ 21.21
- S 4
- S 5
- M 6
- D 7
- M 8
- D 9
- F 10 Karfreitag
- S 11 ○ 23.22
- S 12
- M 13 Ostermontag
- D 14
- M 15
- D 16
- F 17
- S 18
- S 19 ☾ 20.50
- M 20
- D 21
- M 22
- D 23
- F 24
- S 25
- S 26 ● 12.43
- M 27
- D 28
- M 29
- D 30

Mai (KW 19–22)
- F 1
- S 2
- S 3 ☽ 11.09
- M 4
- D 5
- M 6
- D 7
- F 8
- S 9
- S 10 ○ 15.27
- M 11
- D 12
- M 13
- D 14
- F 15
- S 16
- S 17
- M 18
- D 19 ☾ 05.32
- M 20
- D 21
- F 22
- S 23
- S 24 ● 20.34
- M 25
- D 26
- M 27
- D 28
- F 29
- S 30
- S 31

Juni (KW 23–27)
- M 1 Pfingstmontag
- D 2 ☽ 02.46
- M 3
- D 4
- F 5
- S 6
- S 7
- M 8
- D 9
- M 10 ○ 05.17
- D 11
- F 12
- S 13
- S 14
- M 15
- D 16
- M 17 ☾ 11.34
- D 18
- F 19
- S 20
- S 21
- M 22
- D 23
- M 24 ● 04.53
- D 25
- F 26
- S 27
- S 28
- M 29
- D 30

1998

Juli
Wo.	Tag	Mondphase
	M 1	) 19.43
	D 2	
	F 3	
	S 4	
	S 5	
28	M 6	
	D 7	
	M 8	
	D 9	○ 16.58
	F 10	
	S 11	
	S 12	
29	M 13	
	D 14	
	M 15	
	D 16	(16.12
	F 17	
	S 18	
	S 19	
30	M 20	
	D 21	
	M 22	
	D 23	● 14.47
	F 24	
	S 25	
	S 26	
31	M 27	
	D 28	
	M 29	
	D 30	
	F 31	) 13.04

August
Wo.	Tag	Mondphase
	S 1	
	S 2	
32	M 3	
	D 4	
	M 5	
	D 6	
	F 7	
	S 8	○ 03.07
	S 9	
33	M 10	
	D 11	
	M 12	
	D 13	
	F 14	(20.49
	S 15	
	S 16	
34	M 17	
	D 18	
	M 19	
	D 20	
	F 21	
	S 22	● 03.03
	S 23	
35	M 24	
	D 25	
	M 26	
	D 27	
	F 28	
	S 29	
	S 30	) 06.03
36	M 31	

September
Wo.	Tag	Mondphase
	D 1	
	M 2	
	D 3	
	F 4	
	S 5	
	S 6	○ 12.17
37	M 7	
	D 8	
	M 9	
	D 10	
	F 11	
	S 12	
	S 13	(03.00
38	M 14	
	D 15	
	M 16	
	D 17	
	F 18	
	S 19	
	S 20	● 18.04
39	M 21	
	D 22	
	M 23	
	D 24	
	F 25	
	S 26	
	S 27	
40	M 28	) 22.07
	D 29	
	M 30	

Oktober
Wo.	Tag	Mondphase
	D 1	
	F 2	
	S 3	
	S 4	
41	M 5	○ 21.10
	D 6	
	M 7	
	D 8	
	F 9	
	S 10	
	S 11	
42	M 12	(12.17
	D 13	
	M 14	
	D 15	
	F 16	
	S 17	
	S 18	
43	M 19	
	D 20	● 11.09
	M 21	
	D 22	
	F 23	
	S 24	
	S 25	
44	M 26	
	D 27	
	M 28	) 12.41
	D 29	
	F 30	
	S 31	

November
Wo.	Tag	Mondphase
	S 1	
45	M 2	
	D 3	
	M 4	○ 06.19
	D 5	
	F 6	
	S 7	
	S 8	
46	M 9	
	D 10	
	M 11	(01.29
	D 12	
	F 13	
	S 14	
	S 15	
47	M 16	
	D 17	
	M 18	
	D 19	● 05.24
	F 20	
	S 21	
	S 22	
48	M 23	
	D 24	
	M 25	
	D 26	
	F 27	) 01.22
	S 28	
	S 29	
49	M 30	

Dezember
Wo.	Tag	Mondphase
	D 1	
	M 2	
	D 3	○ 16.21
	F 4	
	S 5	
	S 6	
50	M 7	
	D 8	
	M 9	
	D 10	(18.56
	F 11	
	S 12	
	S 13	
51	M 14	
	D 15	
	M 16	
	D 17	
	F 18	● 23.43
	S 19	
	S 20	
52	M 21	
	D 22	
	M 23	
	D 24	
	F 25	1. Weihnachtsfeiertag
	S 26	) 11.42
	S 27	
53	M 28	
	D 29	
	M 30	
	D 31	

Legende (Tierkreiszeichen):
Widder · Stier · Zwillinge · Krebs · Löwe · Jungfrau · Waage · Skorpion · Schütze · Steinbock · Wassermann · Fische

○ Vollmond   (abn. Mond   ● Neumond   ) zun. Mond

Sommerzeiten sind nicht berücksichtigt

Zäune, Pflaster und Naturwege anlegen

1999

Legende: sehr gut | gut | neutral | schlecht | sehr schlecht

Januar

F	1	
S	2	03.50
S	3	
M	4	
D	5	
M	6	
D	7	
F	8	
S	9	15.24
S	10	**1**
M	11	
D	12	
M	13	
D	14	**2**
F	15	
S	16	16.44
S	17	
M	18	**3**
D	19	
M	20	
D	21	
F	22	
S	23	
S	24	20.14 **4**
M	25	
D	26	
M	27	
D	28	
F	29	
S	30	

Februar

M	1	
D	2	
M	3	
D	4	
F	5	
S	6	
S	7	**5**
M	8	12.57
D	9	
M	10	**6**
D	11	
F	12	
S	13	
S	14	**7**
M	15	
D	16	07.35
M	17	
D	18	
F	19	
S	20	
S	21	**8**
M	22	
D	23	03.44
M	24	
D	25	
F	26	
S	27	
S	28	

März

M	1	
D	2	08.00
M	3	
D	4	
F	5	
S	6	
S	7	**9**
M	8	
D	9	09.38
M	10	**10**
D	11	
F	12	
S	13	
S	14	**11**
M	15	
D	16	
M	17	19.44
D	18	
F	19	
S	20	
S	21	**12**
M	22	
D	23	
M	24	11.21
D	25	
F	26	
S	27	
S	28	**13**
M	29	
D	30	
M	31	

April

D	1	
F	2	Karfreitag
S	3	
S	4	
M	5	Ostermontag
D	6	
M	7	
D	8	
F	9	03.47
S	10	
S	11	**14**
M	12	
D	13	
M	14	
D	15	**15**
F	16	05.21
S	17	
S	18	**16**
M	19	
D	20	
M	21	
D	22	20.05
F	23	
S	24	
S	25	**17**
M	26	
D	27	
D	28	
D	29	
F	30	15.55

Mai

S	1	
S	2	**18**
M	3	
D	4	
M	5	
D	6	
F	7	
S	8	18.25
S	9	**19**
M	10	
D	11	
M	12	
D	13	
F	14	
S	15	13.05
S	16	**20**
M	17	
D	18	
M	19	
D	20	
F	21	
S	22	06.37
S	23	**21**
M	24	Pfingstmontag
D	25	
M	26	
D	27	
F	28	
S	29	
S	30	**22**
M	31	07.40

Juni

D	1	
M	2	
D	3	
F	4	
S	5	
S	6	**23**
M	7	05.16
D	8	
M	9	
D	10	
F	11	
S	12	
S	13	20.04 **24**
M	14	
D	15	
M	16	
D	17	
F	18	
S	19	
S	20	19.16 **25**
M	21	
D	22	
M	23	
D	24	
F	25	
S	26	
S	27	22.35 **26**
M	28	
D	29	
M	30	

1999

Juli

D	1	
F	2	
S	3	
S	4	
M	5	
D	6	(12.52
M	7	
D	8	
F	9	
S	10	
S	11	● 03.25
M	12	
D	13	
M	14	
D	15	
F	16	
S	17	
S	18	
M	19	
D	20	) 10.02
M	21	
D	22	
F	23	
S	24	
S	25	
M	26	
D	27	
M	28	○ 12.20
D	29	
F	30	
S	31	

Wochen: 27, 28, 29, 30

August

S	1	
M	2	
D	3	
M	4	(18.23
D	5	
F	6	
S	7	
S	8	
M	9	
D	10	
M	11	● 12.10
D	12	
F	13	
S	14	
S	15	
M	16	
D	17	) 02.47
M	18	
D	19	
F	20	
S	21	
S	22	
M	23	
D	24	
M	25	
D	26	
F	27	○ 00.46
S	28	
S	29	
M	30	
D	31	

Wochen: 31, 32, 33, 34, 35

September

M	1	
D	2	(23.18
F	3	
S	4	
S	5	
M	6	
D	7	
M	8	
D	9	● 23.03
F	10	
S	11	
S	12	
M	13	
D	14	
M	15	
D	16	
F	17	) 21.06
S	18	
S	19	
M	20	
D	21	
M	22	
D	23	
F	24	
S	25	○ 11.46
S	26	
M	27	
D	28	
M	29	
D	30	

Wochen: 36, 37, 38, 39

Oktober

F	1	
S	2	(05.02
S	3	
M	4	
D	5	
M	6	
D	7	
F	8	
S	9	● 12.38
S	10	
M	11	
D	12	
M	13	
D	14	
F	15	
S	16	
S	17	) 15.56
M	18	
D	19	
M	20	
D	21	
F	22	
S	23	
S	24	○ 22.01
M	25	
D	26	
M	27	
D	28	
F	29	
S	30	
S	31	(13.08

Wochen: 40, 41, 42, 43

November

M	1	
D	2	
M	3	
D	4	
F	5	
S	6	
S	7	
M	8	● 04.54
D	9	
M	10	
D	11	
F	12	
S	13	
S	14	
M	15	
D	16	) 09.57
M	17	
D	18	
F	19	
S	20	
S	21	
M	22	
D	23	○ 08.05
M	24	
D	25	
F	26	
S	27	
S	28	
M	29	
D	30	(00.18

Wochen: 44, 45, 46, 47, 48

Dezember

M	1	
D	2	
F	3	
S	4	
S	5	
M	6	
D	7	● 23.31
M	8	
D	9	
F	10	
S	11	
S	12	
M	13	
D	14	
M	15	
D	16	) 01.49
F	17	
S	18	
S	19	
M	20	
D	21	
M	22	○ 18.31
D	23	
F	24	
S	25	1. Weihnachtsfeiertag
S	26	
M	27	
D	28	
M	29	(15.09
D	30	
F	31	

Wochen: 49, 50, 51, 52

Legende

Widder, Stier, Zwillinge, Krebs, Löwe, Jungfrau, Waage, Skorpion, Schütze, Steinbock, Wassermann, Fische

● Neumond) zun. Mond ○ Vollmond (abn. Mond

Sommerzeiten sind nicht berücksichtigt

Zäune, Pflaster und Naturwege anlegen

2000

Januar
S 1	
S 2	
M 3	
D 4	
M 5	
D 6	● 19.12
F 7	
S 8	
S 9	
M 10	**2**
D 11	
M 12	
D 13	
F 14	☽ 14.28
S 15	
S 16	
M 17	**3**
D 18	
M 19	
D 20	
F 21	○ 05.41
S 22	
S 23	
M 24	**4**
D 25	
M 26	
D 27	
F 28	☾ 08.59
S 29	
S 30	

Februar
D 1	
M 2	
D 3	
F 4	
S 5	● 14.00
S 6	**6**
M 7	
D 8	
M 9	
D 10	
F 11	
S 12	
S 13	☽ 00.21
M 14	
D 15	
M 16	
D 17	
F 18	
S 19	○ 17.28
S 20	**8**
M 21	
D 22	
M 23	
D 24	
F 25	☾ 04.55
S 26	
S 27	**9**
M 28	
D 29	

März
M 1	
D 2	
F 3	
S 4	
S 5	**10**
M 6	● 06.13
D 7	
M 8	
D 9	
F 10	
S 11	
S 12	**11**
M 13	☽ 07.58
D 14	
M 15	
D 16	
F 17	
S 18	○ 05.46
S 19	**12**
M 20	
D 21	
M 22	
D 23	
F 24	
S 25	
S 26	**13**
M 27	
D 28	☾ 01.22
M 29	
D 30	
F 31	

April
S 1	
S 2	**14**
M 3	
D 4	● 19.08
M 5	
D 6	
F 7	
S 8	
S 9	**15**
M 10	
D 11	☽ 14.32
M 12	
D 13	
F 14	
S 15	
S 16	**16**
M 17	
D 18	○ 18.44
M 19	
D 20	
F 21	Karfreitag
S 22	
S 23	**17**
M 24	Ostermontag
D 25	
M 26	☾ 20.28
D 27	
F 28	
S 29	
S 30	

Mai
M 1	**18**
D 2	
M 3	
D 4	● 05.11
F 5	
S 6	
S 7	**19**
M 8	
D 9	
M 10	☽ 2:02
D 11	
F 12	
S 13	
S 14	**20**
M 15	
D 16	
M 17	
D 18	○ 06.37
F 19	
S 20	
S 21	**21**
M 22	
D 23	
M 24	
D 25	
F 26	☾ 12.49
S 27	
S 28	**22**
M 29	
D 30	
M 31	

Juni
D 1	
F 2	● 13.13
S 3	
S 4	**23**
M 5	Pfingstmontag
D 6	
M 7	
D 8	
F 9	☽ 04.30
S 10	
S 11	**24**
M 12	
D 13	
M 14	
D 15	
F 16	○ 23.27
S 17	
S 18	**25**
M 19	
D 20	
D 21	
F 22	
F 23	
S 24	
S 25	☾ 01.59
M 26	**26**
M 27	
M 28	
M 29	
F 30	

2000

Juli

Tag	Datum	Mond	KW
S	1	● 20.18	
S	2		
M	3		27
D	4		
M	5		
D	6		
F	7		
S	8	☽ 13.59	
S	9		28
M	10		
D	11		
M	12		
D	13		
F	14		
S	15		
S	16	○ 14.53	29
M	17		
D	18		
M	19		
D	20		
F	21		
S	22		
S	23		30
M	24	☾ 11.57	
D	25		
M	26		
D	27		
F	28		
S	29		
S	30		31
M	31	● 03.25	

Aug.

Tag	Datum	Mond	KW
D	1		
M	2		
D	3		
F	4		
S	5		
S	6		32
M	7	☽ 02.02	
D	8		
M	9		
D	10		
F	11		
S	12		
S	13		33
M	14		
D	15	○ 06.09	
M	16		
D	17		
F	18		
S	19		
S	20		34
M	21		
D	22	☾ 19.47	
M	23		
D	24		
F	25		
S	26		
S	27		35
M	28		
D	29	● 11.22	
M	30		
D	31		

September

Tag	Datum	Mond	KW
F	1		
S	2		
S	3		
M	4		36
D	5	☽ 17.30	
M	6		
D	7		
F	8		
S	9		
S	10		37
M	11		
D	12		
M	13	○ 20.34	
D	14		
F	15		
S	16		
S	17		38
M	18		
D	19		
M	20	☾ 02.29	
D	21		
F	22		
S	23		
S	24		39
M	25		
D	26		
M	27	● 20.53	
D	28		
F	29		
S	30		

Oktober

Tag	Datum	Mond	KW
S	1		
M	2		40
D	3		
M	4		
D	5	☽ 11.59	
F	6		
S	7		
S	8		41
M	9		
D	10		
M	11		
D	12		
F	13	○ 09.48	
S	14		
S	15		42
M	16		
D	17		
M	18		
D	19		
F	20	☾ 08.58	
S	21		
S	22		43
M	23		
D	24		
M	25		
D	26		
F	27	● 09.01	
S	28		
S	29		44
M	30		
D	31		

November

Tag	Datum	Mond	KW
M	1		
D	2		
F	3		
S	4	☽ 08.24	
S	5		45
M	6		
D	7		
M	8		
D	9		
F	10		
S	11	○ 22.14	
S	12		46
M	13		
D	14		
M	15		
D	16		
F	17		
S	18	☾ 16.26	
S	19		47
M	20		
D	21		
M	22		
D	23		
F	24		
S	25		
S	26	● 00.11	48
M	27		
D	28		
M	29		
D	30		

Dezember

Tag	Datum	Mond	KW
F	1		49
S	2		
S	3		
M	4	☽ 04.51	
D	5		
M	6		
D	7		
F	8		
S	9		
S	10		50
M	11	○ 10.00	
D	12		
M	13		
D	14		
F	15		
S	16		
S	17		51
M	18	☾ 01.42	
D	19		
M	20		
D	21		
F	22		
S	23		
S	24		
M	25	1.Weihnachts-	
D	26	2.Weihnachtstag	52
M	27		
D	28		
F	29		
S	30		
S	31		

Legende

Widder, Stier — Zwillinge, Krebs — Löwe, Jungfrau — Waage, Skorpion — Schütze, Steinbock — Wassermann, Fische

● Vollmond ☾ abn. Mond ● Neumond ☽ zun. Mond

Sommerzeiten sind nicht berücksichtigt

Quellen fassen
und Brunnen bohren

Gesegnet ist derjenige, der seinen Bedarf nach sauberem Trinkwasser aus einem hauseigenen Brunnen oder, besser noch, aus einer hauseigenen Quelle decken kann. Unser Wunsch ist, daß er sich bewußt ist, was es bedeutet, von der Natur sauberes Wasser geschenkt zu bekommen. Unsere Erfahrung ist, daß kaum ein Naturstoff stärkerem Mißbrauch und tieferer Mißachtung unterworfen ist als das Wasser. Und das, obwohl kein Mensch drei Tage ohne Wasser überleben kann.

Stellen Sie sich einmal vor, ein kleiner Lausbub bekommt die Chance, Ihren Blutkreislauf zu beeinflussen, das »nasse Element« in Ihrem Körper, seine Bahnen, Rohrleitungen, Speicher und Teiche. Nach Lust und Laune darf das Kind hier Venen verengen oder verstopfen, dort Adern erweitern und ausleiern. Mit Hingabe dehnt es Lymphbahnen, bläst Lymphknoten auf ein Vielfaches ihres Durchmessers auf. An manchen Orten staut es Ihr Blut, an anderen baut es kleine Pumpen ein, die seine Geschwindigkeit verdreifachen. An manchen Stellen spritzt es mit der Wasserpistole Pfützenwasser und Alleskleber in Ihr Blut. Und hier und dort baut es Siebe ein, die genau diesen flüssigen Müll wieder herausfiltern sollen. An wenigen Stellen sind kleine Uhren eingebaut, zusammengebastelt aus Chemie- und Physikbaukästen, mit denen sich messen läßt, *wieviel* Pfützenwasser und Alleskleber im Blut fließen. Und ganz besonders freut sich der Lausbub, wenn die Nadel einer Meßuhr ausschlägt.

Und fragt man den kleinen Kerl, warum er gerade dieses oder jenes mit Ihrem Kreislauf anstellt, dann sagt er: »Ich hab's für eine gute Idee gehalten« oder »So habe ich's in der Schule/von meinen Eltern gelernt« oder »Das geht dich gar nichts an!«

Und nun fühlen Sie einmal in sich hinein: Wie würde es Ihnen nach der Behandlung durch den kleinen Bengel gehen? Wie stünde es um Ihr

Wohlbefinden, um Ihre Gesundheit? Wie lange hätten Sie noch zu leben? Tage? Stunden?

So wie dieses Kind mit Ihrem Blutkreislauf umspringt, so geht die Menschheit mit dem Wasserkreislauf um, der unsere kleine blaue Heimatkugel belebt und alles Leben auf ihr erhält. So und nicht anders.

Nicht Geld- oder Machtgier, Eitelkeit oder »politisches Denken« sind die Hauptgründe für diesen Zustand, sondern in erster Linie pures Unwissen. Aus 100 Fernsehkanälen ergießt sich 24 Stunden täglich ein Strom von Falschinformation und Ablenkung über uns, nirgends dazwischen die lebenswichtigen Informationen über die Wirklichkeit. Sie werden uns vorenthalten. Über den Dreißigjährigen Krieg und zehntausend Methoden, einen Menschen umzubringen, erfahren wir alles. Über das Wesentliche im Leben nichts. Zum Beispiel nichts darüber, daß Wasser ein Element ist, das genau wie die Luft, wie der Wind vor keinem Grenzposten haltmacht. Wie Sie mit Wasser umgehen, hat Einfluß und Wirkung noch im letzten Winkel unseres Planeten – zum Guten wie zum Schlechten.

Der Liter Altöl, der in der Kleinstadt mitten in Australien in den Bach fließt, vergiftet die Babynahrung in Hamburg. Genau jetzt. Oder einen Monat oder ein Jahrzehnt später. Es ist völlig gleichgültig, wann es geschehen wird. Es wird geschehen.

Das Kilogramm Kunstdünger, das im Mittleren Westen der USA auf dem Maisfeld landet und damit im Grundwasser, erhöht den Blutdruck des Babys Ihrer Nachbarin. Jetzt. Oder einen Monat oder ein Jahrzehnt später.

In einem Monat oder in einem Jahrzehnt wird das radioaktive Cäsium eines »sicheren« Atomkraftwerks, das 1986 explodierte, das Grundwasser erreicht haben und die Kinder und Enkel eines staatsbeamteten Biologen verstrahlen. Kürzlich hatte dieser Biologe im Radio gesagt: »Glücklicherweise hat das radioaktive Cäsium im Waldboden jetzt zwei Meter Tiefe erreicht und richtet damit keinen Schaden mehr an.«

Ein junger Geologe, der wie zahllose Studenten den letzten Rest an gesundem Menschenverstand an der Universität gegen einen Titel eingetauscht hat, läßt einen Fluß »regulieren« und wundert sich bei einer

Überschwemmung zehn Jahre später, daß weit stromabwärts sein Elternhaus fortgerissen wird. Er denkt sich: Ich muß noch mehr studieren. Statt zu *beobachten*, mit welcher Weisheit die Natur handelt – und die Biber. Er hat vergessen, daß Bäche und Flüsse Raum brauchen, um über die Ufer zu treten. Selbst wenn sie auf den ersten Blick scheinbar Natur »zerstören«, manche solcher Überschwemmungen sind langfristig nötig – als eine Form der Selbstreinigung. Überschwemmungen, ausgelöst durch kurzsichtige Eingriffe in Naturkreisläufe, wirken sich weitaus zerstörerischer aus.

Der Müll, den so viele Staaten und Gemeinden seit langer Zeit vor ihren Küsten im Meer versenken. Die Säuren und Laugen, die in »internationalen Gewässern« ins Meer geleitet werden. Die Gifte, die Industrien aller Art in unsere Flüsse und Seen leiten. Hunderttausende von Müllkippen in aller Welt, deren Säfte allmählich ins Grundwasser sickern. Jetzt. Morgen. Oder einen Monat oder ein Jahrzehnt später zerfrißt das Gift unsere Magenwand.

Jetzt. Morgen. Oder in einem Monat oder in zehn Jahren essen Sie einen Fisch, der Ihnen in den Magen bringt, was Sie tags zuvor in den Ausguß geleitet haben: Benzin, Nagellackentferner, Waschmittel. Mahlzeit!

Wahrlich, keine Naturkatastrophe hat jemals mehr Zerstörung angerichtet als der Mensch. Und es wäre so unglaublich einfach, damit aufzuhören.

Das ist die Situation. Das ist die Wahrheit. Wir gehen mit Wasser um, als ob wir die Wahl hätten, es zu trinken oder darauf zu verzichten. Wir gehen mit dem Blut der Erde um, als ob seine schleichende Vergiftung nur im letzten Winkel des Weltalls Auswirkungen hat – aber nicht bei uns. Wir schütten Altöl in den Gully, weil es »mich ja dann nichts mehr angeht«. Wir bekämpfen Wasser, statt zu erkennen, daß Wasser immer siegen wird. Es sei denn, man macht es sich zum Freund.

Manche trinken Mineralwasser, weil sie wissen, daß das Wasser aus ihren Hähnen nicht mehr genießbar ist. Sie halten das für eine »Lösung«. Sie wissen nicht, daß es eine Lösung von demselben Wert ist wie das Aufsetzen einer Gasmaske bei schlechter Luft.

Die Regenwasserkanäle, die das Wasser davon abhalten, zu fallen, wo es hingehört. Das Bewässern des eigenen Gartens, das Waschen des Autos, die Toilettenspülung mit Trinkwasser. Wir haben nicht mehr viel Zeit zu erkennen, welchen Irrsinn wir da treiben.

Zum Beispiel das Bewässern des eigenen Gartens: Warum fällt niemandem auf, wie verschwenderisch und schön die Natur alles grünen und blühen läßt – bewässert nur mit »zufälligen« Regengüssen, sich aus tiefen Wurzeln und vom Tau der Nacht ernährend und wochenlange Trockenheit mühelos überstehend? Und diese ganze Pracht nur wenige Meter neben einem künstlich bewässerten Garten, dessen schwachbrüstige Pflanzen Angriffen von Ungeziefer und Schädlingen schutzlos ausgeliefert sind, es sei denn, ihr Besitzer vergiftet Menschen, Vögel, Insekten und Grundwasser bei dem Versuch, die künstlich hochgepäppelten Schwächlinge zu retten. Wahrlich, wir müssen nur die Augen öffnen, um unsere Probleme zu lösen.

Ein österreichisches Wasserwerk verweigerte vier Jahre vor Beginn des dritten Jahrtausends einer jungen Mutter, die in Sorge um ihr Baby war, die Information über den Nitratgehalt im Gemeindewasser – mit der Begründung: »Das ist eine datengeschützte Information, weil es keine Umweltinformation ist . . .« Ja, Sie lesen richtig.

Wir sagen Ihnen diese Dinge nicht, weil wir uns beklagen oder gar nach einem Schuldigen suchen wollen. Im Gegenteil: Solange sich die Menschheit in den Schlaf wiegt mit der Überzeugung, es genüge, versichert zu sein und irgendeinen Schuldigen zu finden, solange werden wir keinen Schritt vorwärtskommen, sondern im gegenwärtigen ziellosen und traurigen Zustand erstarren. Ein Zustand, in dem es leichtfällt, uns alle in Abhängigkeit und Unmündigkeit zu halten.

Nein, von Beginn an ist nichts Verkehrtes am Eingriff des Menschen in die Natur: »Füllt die Erde und macht sie euch untertan und herrscht über des Meeres Fische, die Vögel des Himmels und über alles Getier, das sich auf Erden regt« – so lautete die Aufforderung vor langer Zeit. Aber über so viele Jahrhunderte hinweg haben viele von uns dieses Gebot mißverstanden und die Natur als Sklaven betrachtet, den es auszubeuten gilt. Jeder gutwillige Diener kann jedoch zum kaltblütigen Rebellen werden, wenn man ihn als Sklaven mißbraucht. Gentechnologie, Monokulturen, chemische Pestizide, Atomkraft – all das und viel mehr noch sind Symptome dieses arroganten Mißbrauchs. So manche Umweltkatastrophe gehört zu dem hohen Preis, den wir für diese Verirrungen zahlen müssen.

Die Natur führt keinen Kampf gegen die Menschheit, sondern gibt ihr alles, was sie braucht, wenn jeder einzelne lernt, in Freundschaft mit sich selbst und mit der Natur zu leben. Diese Freundschaft kann niemals gesetzlich verordnet sein. Sie ist die eigene, persönliche Leistung, die eigene, persönliche Entscheidung. Menschen, Tiere, Pflanzen, Sterne, Planeten, Sonne und Mond, Sie und wir – wir alle sitzen im gleichen Boot. Und unser einziger Lebenssinn besteht darin, einander aufzuwecken und füreinander dazusein – gleichgültig, wie lange die Menschheit noch braucht, um das einzusehen.

Ein entscheidender Faktor im gegenwärtigen Zustand ist die *Gewöhnung*. Wir schenken dem Thema Wasser keine Beachtung. Wir haben uns schon so sehr daran gewöhnt, mit Gift im Wasser und den langfristigen Folgekrankheiten zu leben, daß es kaum noch als etwas Ungewöhnliches auffällt: der Chlorgeruch aus dem Wasserhahn, die »Alarmmeldungen« über den Wasserzustand usw. Wir gehen mit Wasser so gedankenlos um wie der Tourist, der seinem Hund erlaubt, sein Geschäft auf einer Viehweide zu verrichten, und der damit das Heu im weiten Umkreis unbrauchbar macht. Obendrein bringen wir zahlreiche Folgekrankheiten überhaupt nicht in Verbindung mit der Wasserqualität, weil sie sich schleichend einstellen und niemand, auch nicht die »Experten«, über die Zusammenhänge informiert. Am allerwenigsten diejenigen, die ein Interesse am Mißbrauch des Wassers haben – die »Lausbuben«, die unser Blut vergiften, stauen und pressen, weil es ihnen in den Kram paßt, die Müllbarone und Chemiekonzerne und ihre Kumpane und Komplizen.

Die Gewöhnung erleichtern unsere gewählten »Diener« mit der Festsetzung von Grenzwerten für die Menge von Schadstoffen nicht nur im Wasser. Festgelegt nach Normen, die vielleicht im Labor gut aussehen, aber niemals im »menschlichen Einzelfall« gültig sind – erstens, weil ein Gift fast nie allein auftritt, sondern mit vielen anderen Stoffen in Wechselwirkung tritt, zweitens, weil die Grenzwerttabellen nur kurzfristige Schadwirkungen berücksichtigen, und drittens, weil nur *bekannte*

225

Schadstoffe einbezogen sind, nicht jedoch unbekannte oder neue Stoffe, von deren Unschädlichkeit oder Giftigkeit wir die Hersteller erst noch beweiskräftig überzeugen müssen (mit vielen Krankheits- und Todesfällen).

Gewöhnt haben wir uns auch daran, die Verwaltung von Wasser, das Ändern von Flußläufen, das Trockenlegen von Land/Sümpfen, das Absenken von Grundwasserspiegeln usw. sogenannten »Experten« zu überlassen – zumeist Menschen, die an der Universität jedes Gefühl für Zusammenhänge betäuben mußten, auf Geheiß von Lehrplänen und Lehrern, die keinerlei Wissen über natürliche Zusammenhänge besitzen.

Fast alle diese Wissenschaftler lassen ihre Autos mit Trinkwasser waschen, spülen ihre Toiletten mit Trinkwasser. Dieselben Experten wollen uns auch weismachen, daß Mineralwasser aus großen Tiefen wertvoller ist als »normales« Quellwasser. Vielleicht deshalb, weil ihre primitiven Meßgeräte noch nicht erfassen können, was jeder Wanderer fühlt, der sauberes Quellwasser trinkt: daß es lebendiges und totes Wasser gibt. »Über sieben Steine muß Wasser fließen« heißt es, bevor es sauber und dem Menschen zuträglich ist. Diese Experten wissen auch nicht, daß die höhere Fließgeschwindigkeit von Wasserläufen nach Begradigungen die Selbstreinigung verhindert. Noch lange Zeit werden sie brauchen, bis sie begreifen, daß Mensch und Natur perfekt sind, daß es nichts Vollkommeneres gibt. Da gibt es nichts zu verbessern, sondern nur zu pflegen, zu entdecken und zu entfalten.

Wasserbauingenieure erlernen an der Universität zuerst den Umweg fort vom Sinnvollen und Natürlichen. Sie übernehmen künstliche Denkschablonen, Formeln und Rezepte. Viel später dann, nach vielen Irrtümern und kostspieligen Fehlschlägen, verkauft uns ein kleiner Teil von ihnen die Rückkehr zum Naturgemäßen als »Fortschritt«, während sich der große Rest in der Überzeugung schlafen legt, immer recht zu haben.

Die echte, tiefe Armut eines Menschen entsteht nicht durch einen Mangel an irgendwelchen materiellen Dingen, sondern durch seinen Wunsch nach *Perfektion* – worin auch immer die Perfektion gesucht wird: in großem materiellem Reichtum, in einer Rekordleistung, in Anerkennung von »allerhöchster Stelle« oder in einem »guten Ruf«. In solchen Zielen, in der erträumten und gewünschten Vollkommenheit, *vermutet* er den Reichtum. Und genau daher rührt diese tiefste Armut, weil wir ja schon von Vollkommenheit und Reichtum umgeben sind. Unsere Sinne sind zu betäubt, um das zu erkennen. Alle wirklich genialen und schöpferischen Menschen – vom großen Künstler über den großen Heiler bis zum großen Erfinder – wissen genau, daß niemals *sie selbst* etwas geschaffen haben. Sie haben nur aufgedeckt und für jedermann sichtbar gemacht, was *ist*. Sie waren nur Werkzeuge für Kräfte, die schon immer da waren und sind – *für jeden, der sie annimmt.* »Nichts Neues unter der Sonne . . .«

Das beste und für uns Menschen gedachte Wasser kommt aus Oberflächenquellen. Man sollte nur nehmen, was von selbst nach oben will. Das Wasser hat den nötigen Reifeprozeß hinter sich und ist sauber und lebendig geworden; es hat sich selbst gereinigt. Grundwasser dagegen ist noch ein wenig zu früh geholt, gleichsam eine »Frühgeburt«. Es enthält noch nicht alle Lebenskraft, die der Mensch im Wasser braucht. Die Natur hat es nicht ohne Grund noch nicht freigegeben. Viele Mineralwässer sind sogar regelrecht tot, den eigenen Flüssigkeitsbedarf ausschließlich mit ihnen zu decken schwächt langfristig unsere Abwehrkräfte, gleichgültig, wie viele »gesunde« Stoffe sie enthalten.

Wir selbst waren und sind gezwungen, Trinkwasser von unseren jeweiligen Heimatgemeinden zu beziehen, die es mehr oder weniger stark behandeln müssen. Wir haben uns vorerst mit der Verwendung von Geräten des Tiroler Naturforschers Johann Grander beholfen, der eine technische Möglichkeit entdeckt hat, dem Wasser die Schwingung und Lebendigkeit von Quellwasser zurückzugeben. Unsere persönliche Erfahrung ist, daß Johann Grander eine für jedermann brauchbare Lösung gefunden hat.*

Brunnenwasser sollten Sie also in erster Linie als *Brauchwasser* betrachten, zum Waschen, Baden, Zimmerpflanzengießen usw. – in sinnvollem Maße und sparsam. Wie gesagt, es besitzt in den meisten Fällen nicht mehr die Lebendigkeit und Energie, die wir Menschen im Trinkwasser brauchen. Wenn Sie hauseigenes Brunnenwasser als Trinkwasser

* Wir geben Ihnen gern die nötige Information. Schreiben Sie an unseren Laden *For Life,* Rosenheimer Straße 8, D-83098 Brannenburg, Fax 08034-8139. Empfehlenswert ist auch das Buch *Auf der Spur des Wasserrätsels* von Hans Kronberger und Siegbert Lattacher (Uranus Verlag, Wien).

verwenden, sollten Sie es zumindest einmal jährlich auf Belastungen durch Schadstoffe untersuchen lassen. Wenn in der Nähe gebaut wird, sollten Sie nach Baufertigstellung ebenfalls eine Untersuchung machen lassen, weil Neubauten die unterirdischen Wasserläufe stark verändern können. Auch Quellwasser sollte geprüft werden, weil eine intensive Landwirtschaft in der Nähe und andere Faktoren die Selbstreinigungskraft sogar von Quellwasser beeinträchtigen können.

Wir brauchen sauberes und lebendiges Wasser. Woher kommt das Wasser, das aus meinem Wasserhahn fließt? Ist es sauber oder »sauber gemacht«? Wohin fließt Wasser, wenn es in meinem Ausguß abwärts gurgelt, und womit habe ich es gemischt? Wohin fließt das Wasser, das in meinen Regenfallrohren in die Tiefe rauscht? Was bedeutet der Aufdruck auf meinem Waschmittel »Zu 99 Prozent biologisch abbaubar«? Was geschieht mit dem *restlichen Prozent?* Verwandelt es sich in Vitamine?

Denken Sie ein wenig über diese Fragen nach, behalten Sie sie im Auge. Wasser ist Leben. Jeder einzelne Tropfen. Nicht ein einziger ist entbehrlich und kann gefahrlos vergiftet werden. Alle gehören zu allen. Wasser ist Leben.

Bleiben Sie in Ihren Gedanken am Ball, übernehmen Sie Verantwortung für das Wasser in *Ihrem* Leben, und gehen Sie sparsam und verantwortlich damit um. Wenn nur wenige auf unser Wasser achten, lastet eine übermenschliche Verantwortung auf ihnen. Jeder einzelne von uns muß eine gesunde Einstellung zum Wasser entwickeln, damit sich die Verhältnisse umdrehen und wir einen guten Weg in die Zukunft einschlagen können.

Sie wollen eine Quelle fassen oder einen Brunnen bohren? Der richtige Zeitpunkt und die Mondrhythmen können Ihnen in besonderem Maße helfen, diese Arbeit erfolgreich auszuführen. Wir wollten Ihnen jedoch zuerst ein wenig begreiflich machen, daß es von großer Bedeutung für unser aller Zukunft ist, mit welcher Einstellung Sie an diese Arbeit herangehen. Wir würden uns freuen, wenn Sie gemeinsam mit uns und vielen anderen Menschen guten Willens diese Arbeit nun mit etwas anderen Augen sehen.

Die Grundregeln
für das Quellenfassen und die Brunnensuche

Sehr gut: Bei zunehmendem Mond im Tierkreiszeichen Fische.

Gut: Bei zunehmendem Mond in den Tierkreiszeichen Krebs und Skorpion.

Schlecht: Bei zunehmendem Mond, wenn der Mond gerade nicht in einem Wasserzeichen (Krebs, Skorpion und Fische) steht.

Sehr schlecht: Generell bei abnehmendem Mond.

Die Vorteile der Ausführung zum richtigen Zeitpunkt

Grundwasser, wenn vorhanden, ist viel leichter aufzuspüren. Quellen lassen sich gut fassen und sprudeln in nur gering schwankender Menge.

Die Nachteile der Ausführung zum falschen Zeitpunkt

Obwohl womöglich vorhanden, ist das Wasser schwer zu finden. Vielleicht muß man sehr viel tiefer als eigentlich nötig bohren. Selbst wenn man Wasser findet, besteht die Gefahr, daß das Wasser unregelmäßig fließt oder der Brunnen versandet. Gefaßte Quellen unterliegen starken Schwankungen, das Wasser fließt nicht verläßlich.

Und nicht vergessen: Bevor Sie auf der Suche nach Grundwasser eine Bohrung vornehmen lassen, sollten Sie den guten Platz dafür unbedingt von einem *Rutengeher* ausforschen lassen (siehe auch *Aus eigener Kraft,* Seite 281). Viele Brunnenbaufirmen arbeiten inzwischen mit ihnen zusammen, einfach weil sie die Erfahrung gemacht haben, daß sich dann der Erfolg viel schneller einstellt.

Die Kalender auf den nächsten Seiten sagen Ihnen, wann Sie sich am besten auf die Suche nach dem Lebenselixier Wasser machen. Wenn Sie sorglos und verschwenderisch damit umgehen, dann ist das schlimmer, als gar kein Wasser zu finden. Schätzen Sie sich doppelt glücklich, wenn genügend Wasser fließt und die Wasserqualität den Genuß zuläßt. Sie haben unser aller Lebenselixier angezapft.

Quellenfassen und Brunnenbohren

1996

Legende: sehr gut | gut | neutral | schlecht | sehr schlecht

Januar

Tag	Mondphase
M 1	
D 2	
M 3	
D 4	
F 5	○ 21.50
S 6	
S 7	
M 8	
D 9	
M 10	
D 11	☾ 21.42
F 12	
S 13	
S 14	
M 15	
D 16	
M 17	
D 18	
F 19	
S 20	● 13.51
S 21	
M 22	
D 23	
M 24	
D 25	
F 26	
S 27	◗ 12.18
S 28	
M 29	
D 30	
D 31	

Wochen: 1, 2, 3, 4, 5

Februar

Tag	Mondphase
D 1	
F 2	
S 3	
S 4	○ 16.57
M 5	
D 6	
M 7	
D 8	
F 9	
S 10	
S 11	
M 12	☾ 09.33
D 13	
M 14	
D 15	
F 16	
S 17	
S 18	
M 19	● 00.28
D 20	
M 21	
D 22	
F 23	
S 24	
S 25	
M 26	◗ 06.54
D 27	
M 28	
D 29	

Wochen: 6, 7, 8

März

Tag	Mondphase
F 1	
S 2	
S 3	
M 4	
D 5	○ 10.18
M 6	
D 7	
F 8	
S 9	
S 10	
M 11	
D 12	☾ 18.13
M 13	
D 14	
F 15	
S 16	
S 17	
M 18	
D 19	● 11.48
M 20	
D 21	
F 22	
S 23	
S 24	
M 25	
D 26	
M 27	◗ 02.32
D 28	
F 29	
S 30	
S 31	

Wochen: 10, 11, 12, 13

April

Tag	Mondphase / Feiertag
M 1	
D 2	
M 3	
D 4	○ 01.05
F 5	Karfreitag
S 6	
S 7	
M 8	Ostermontag
D 9	
M 10	
D 11	☾ 00.34
F 12	
S 13	
S 14	
M 15	
D 16	
M 17	● 23.50
D 18	
F 19	
S 20	
S 21	
M 22	
D 23	
M 24	
D 25	◗ 21.39
F 26	
S 27	
S 28	
M 29	
D 30	

Wochen: 14, 15, 16, 17, 18

Mai

Tag	Mondphase / Feiertag
M 1	
D 2	
F 3	○ 12.45
S 4	
S 5	
M 6	
D 7	
M 8	
D 9	
F 10	☾ 06.04
S 11	
S 12	
M 13	
D 14	
M 15	
D 16	
F 17	● 12.48
S 18	
S 19	
M 20	
D 21	
M 22	
D 23	
F 24	
S 25	◗ 15.09
S 26	
M 27	Pfingstmontag
D 28	
M 29	
D 30	
F 31	

Wochen: 19, 20, 21, 22

Juni

Tag	Mondphase
S 1	○ 21.46
S 2	
M 3	
D 4	
M 5	
D 6	
F 7	
S 8	☾ 12.09
S 9	
M 10	
D 11	
M 12	
D 13	
F 14	
S 15	
S 16	● 02.37
M 17	
D 18	
M 19	
D 20	
F 21	
S 22	
S 23	
M 24	◗ 06.19
D 25	
M 26	
D 27	
F 28	
S 29	
S 30	

Wochen: 23, 24, 25, 26

1996

Juli

M 1	⚪ 04.56
D 2	
M 3	
D 4	
F 5	
S 6	
S 7	☾ 19.59
M 8	
D 9	
M 10	
D 11	
F 12	
S 13	
S 14	● 17.16
M 15	
D 16	
M 17	
D 18	
F 19	
S 20	
S 21	
M 22	
D 23	☽ 18.45
M 24	
D 25	
F 26	
S 27	
S 28	⚪ 11.35
M 29	
D 30	
M 31	

August

D 1	
F 2	
S 3	
S 4	☾ 06.28
M 5	
D 6	
M 7	
D 8	
F 9	
S 10	
S 11	
M 12	
D 13	
M 14	● 08.32
D 15	
F 16	
S 17	
S 18	
M 19	
D 20	
M 21	
D 22	☽ 04.33
F 23	
S 24	
S 25	
M 26	
D 27	
M 28	⚪ 18.52
D 29	
F 30	
S 31	

September

S 1	
M 2	
D 3	
M 4	☾ 20.07
D 5	
F 6	
S 7	
S 8	
M 9	
D 10	
M 11	
D 12	
F 13	● 00.09
S 14	
S 15	
M 16	
D 17	
M 18	
D 19	
F 20	☽ 12.18
S 21	
S 22	
M 23	
D 24	
M 25	
D 26	
F 27	⚪ 03.52
S 28	
S 29	
M 30	

Oktober

D 1	
M 2	
D 3	
F 4	☾ 13.07
S 5	
S 6	
M 7	
D 8	
M 9	
D 10	
F 11	
S 12	● 15.10
S 13	
M 14	
D 15	
M 16	
D 17	
F 18	
S 19	☽ 19.08
S 20	
M 21	
D 22	
M 23	
D 24	
F 25	
S 26	⚪ 15.15
S 27	
M 28	
D 29	
M 30	
D 31	

November

F 1	
S 2	
S 3	☾ 08.51
M 4	
D 5	
M 6	
D 7	
F 8	
S 9	
S 10	
M 11	● 05.15
D 12	
M 13	
D 14	
F 15	
S 16	
S 17	
M 18	☽ 02.09
D 19	
M 20	
D 21	
F 22	
S 23	
S 24	
M 25	⚪ 05.11
D 26	
M 27	
D 28	
F 29	
S 30	

Dezember

S 1	
M 2	
D 3	☾ 06.03
M 4	
D 5	
F 6	
S 7	
S 8	
M 9	
D 10	● 17.52
M 11	
D 12	
F 13	
S 14	
S 15	
M 16	
D 17	☽ 10.34
M 18	
D 19	
F 20	
S 21	
S 22	
M 23	
D 24	⚪ 21.40
M 25	1. Weihnachtsfeiertag
D 26	
F 27	
S 28	
S 29	
M 30	
D 31	

Legende

♈ Widder ♉ Stier
♊ Zwillinge ♋ Krebs
♌ Löwe ♍ Jungfrau
♎ Waage ♏ Skorpion
♐ Schütze ♑ Steinbock
♒ Wassermann ♓ Fische

⚪ Vollmond ☾ abn. Mond
● Neumond ☽ zun. Mond

Sommerzeiten sind nicht berücksichtigt

Quellenfassen und Brunnenbohren

1997

Legende: sehr gut | gut | neutral | schlecht | sehr schlecht

Januar

M 1	
D 2	☾ 02.43
F 3	
S 4	
S 5	
M 6	
D 7	
M 8	
D 9	● 05.25
F 10	
S 11	
S 12	
M 13	
D 14	☽ 21.05
M 15	
D 16	
F 17	
S 18	
S 19	
M 20	
D 21	
M 22	
D 23	○ 16.11
F 24	
S 25	
S 26	
M 27	
D 28	
M 29	
D 30	

Wochen: 1, 2, 3, 4, 5

Februar

S 1	
S 2	
M 3	
D 4	
M 5	
D 6	
F 7	● 16.05
S 8	
S 9	
M 10	
D 11	
M 12	
D 13	
F 14	☽ 10.02
S 15	
S 16	
M 17	
D 18	
M 19	
D 20	
F 21	
S 22	○ 11.26
S 23	
M 24	
D 25	
M 26	
D 27	
F 28	

Wochen: 6, 7, 8, 9

März

S 1	
S 2	☾ 10.32
M 3	
D 4	
M 5	
D 6	
F 7	
S 8	
S 9	● 02.15
M 10	
D 11	
M 12	
D 13	
F 14	☽ 01.06
S 15	
S 16	
M 17	
D 18	
M 19	
D 20	
F 21	
S 22	
S 23	
M 24	○ 05.45
D 25	
M 26	
D 27	
F 28	Karfreitag
S 29	
S 30	

Wochen: 10, 11, 12, 13

April

D 1	
M 2	
D 3	
F 4	
S 5	
S 6	
M 7	● 12.03
D 8	
M 9	
D 10	
F 11	
S 12	
S 13	
M 14	☽ 18.02
D 15	
M 16	
D 17	
F 18	
S 19	
S 20	
M 21	
D 22	○ 21.31
M 23	
D 24	
F 25	
S 26	
S 27	
M 28	
D 29	
M 30	☾ 03.36

Wochen: 14, 15, 16, 17, 18

Mai

D 1	
F 2	
S 3	
S 4	
M 5	
D 6	● 21.50
M 7	
D 8	
F 9	
S 10	
S 11	
M 12	
D 13	
M 14	☽ 11.57
D 15	
F 16	
S 17	
S 18	
M 19	Pfingstmontag
D 20	
M 21	
D 22	○ 10.13
F 23	
S 24	
S 25	
M 26	
D 27	
M 28	
D 29	☾ 08.50
F 30	

Wochen: 19, 20, 21, 22

Juni

S 1	
M 2	
D 3	
M 4	
D 5	● 08.06
F 6	
S 7	
S 8	
M 9	
D 10	
M 11	
D 12	
F 13	☽ 05.50
S 14	
S 15	
M 16	
D 17	
M 18	
D 19	
F 20	○ 20.07
S 21	
S 22	
M 23	
D 24	
M 25	
D 26	
F 27	☾ 13.44
S 28	
S 29	
M 30	

Wochen: 23, 24, 25, 26, 27

1997

Juli (Wochen 28–31)

- D 1
- M 2
- D 3
- F 4 ● 19.41
- S 5
- S 6
- M 7 — 28
- D 8
- M 9
- D 10
- F 11
- S 12 ☽ 22.42
- S 13
- M 14 — 29
- D 15
- M 16
- D 17
- F 18
- S 19
- S 20 ○ 04.19
- M 21 — 30
- D 22
- M 23
- D 24
- F 25
- S 26 ☾ 19.32
- S 27
- M 28 — 31
- D 29
- M 30
- D 31

August (Wochen 32–35)

- F 1
- S 2
- S 3 ● 09.15 — 32
- M 4
- D 5
- M 6
- D 7
- F 8
- S 9
- S 10 ☽ 13.36 — 33
- M 11
- D 12
- M 13
- D 14
- F 15
- S 16
- S 17 — 34
- M 18 ○ 11.53
- D 19
- M 20
- D 21
- F 22
- S 23
- S 24 — 35
- M 25 ☾ 03.24
- D 26
- M 27
- D 28
- F 29
- S 30
- S 31

September (Wochen 36–40)

- M 1
- D 2 ● 00.51
- M 3
- D 4
- F 5
- S 6
- S 7 — 36
- M 8
- D 9
- M 10 ☽ 02.30
- D 11
- F 12
- S 13
- S 14 — 37
- M 15
- D 16 ○ 19.49
- M 17
- D 18
- F 19
- S 20
- S 21 — 38
- M 22
- D 23 ☾ 14.41
- M 24
- D 25
- F 26
- S 27
- S 28 — 39
- M 29
- D 30

Oktober (Wochen 41–44)

- M 1 ● 17.50
- D 2
- F 3
- S 4
- S 5
- M 6
- D 7 ☽ 13.16
- M 8
- D 9
- F 10
- S 11
- S 12 — 42
- M 13
- D 14
- M 15
- D 16 ○ 04.48
- F 17
- S 18
- S 19 — 43
- M 20
- D 21
- M 22
- D 23 ☾ 05.52
- F 24
- S 25
- S 26 — 44
- M 27
- D 28
- M 29
- D 30
- F 31 ● 10.59

November (Wochen 45–48)

- S 1
- S 2 — 45
- M 3
- D 4
- M 5
- D 6
- F 7 ☽ 22.42
- S 8
- S 9 — 46
- M 10
- D 11
- M 12
- D 13
- F 14 ○ 15.14
- S 15
- S 16 — 47
- M 17
- D 18
- M 19
- D 20
- F 21
- S 22 ☾ 00.57
- S 23 — 48
- M 24
- D 25
- M 26
- D 27
- F 28
- S 29
- S 30 ● 03.13

Dezember (Wochen 49–53)

- M 1 — 49
- D 2
- M 3
- D 4
- F 5
- S 6
- S 7 ☽ 07.09 — 50
- M 8
- D 9
- M 10
- D 11
- F 12
- S 13
- S 14 ○ 03.39 — 51
- M 15
- D 16
- M 17
- D 18
- F 19
- S 20
- S 21 ☾ 22.44 — 52
- M 22
- D 23
- M 24
- D 25 — 1. Weihnachtsfeiertag
- F 26
- S 27
- S 28 — 53
- M 29 ● 17.53
- M 30
- M 31

Quellenfassen und Brunnenbohren

1998

Legende: sehr gut | gut | neutral | schlecht | sehr schlecht

Januar
(Wochen 1–5)

- D 1
- F 2
- S 3
- S 4
- M 5) 15.18
- D 6
- M 7
- D 8
- F 9
- S 10
- S 11 ○ 18.26
- M 12 (20.39
- D 13
- M 14
- D 15
- F 16
- S 17
- S 18
- M 19
- D 20
- M 21
- D 22
- F 23
- S 24
- S 25
- M 26
- D 27
- M 28 ● 06.58
- D 29
- F 30

Februar
(Wochen 6–9)

- S 1
- M 2
- D 3) 23.55
- M 4
- D 5
- F 6
- S 7
- S 8
- M 9
- D 10
- M 11 ○ 11.25
- D 12
- F 13
- S 14
- S 15
- M 16
- D 17
- M 18
- D 19 (16.22
- F 20
- S 21
- S 22
- M 23
- D 24
- M 25
- D 26 ● 18.23
- F 27
- S 28

März
(Wochen 10–14)

- S 1
- M 2
- D 3
- M 4
- D 5) 09.46
- F 6
- S 7
- S 8
- M 9
- D 10
- M 11
- D 12
- F 13 ○ 05.34
- S 14
- S 15
- M 16
- D 17
- M 18
- D 19
- F 20
- S 21 (08.33
- S 22
- M 23
- D 24
- M 25
- D 26
- F 27
- S 28 ● 04.13
- S 29
- M 30

April
(Wochen 15–18)

- M 1
- D 2
- F 3) 21.21
- S 4
- S 5
- M 6
- D 7
- M 8
- D 9
- F 10 Karfreitag
- S 11 ○ 23.22
- S 12
- M 13 Ostermontag
- D 14
- M 15
- D 16
- F 17
- S 18
- S 19 (20.50
- M 20
- D 21
- M 22
- D 23
- F 24
- S 25
- S 26 ● 12.43
- M 27
- D 28
- M 29
- D 30

Mai
(Wochen 19–22)

- F 1
- S 2
- S 3) 11.09
- M 4
- D 5
- M 6
- D 7
- F 8
- S 9
- S 10
- M 11 ○ 15.27
- D 12
- M 13
- D 14
- F 15
- S 16
- S 17
- M 18
- D 19 (05.32
- M 20
- D 21
- F 22
- S 23
- S 24
- M 25 ● 20.34
- D 26
- M 27
- D 28
- F 29
- S 30

Juni
(Wochen 23–27)

- M 1 Pfingstmontag
- D 2) 02.46
- M 3
- D 4
- F 5
- S 6
- S 7
- M 8
- D 9
- M 10 ○ 05.17
- D 11
- F 12
- S 13
- S 14
- M 15
- D 16
- M 17 (11.34
- D 18
- F 19
- S 20
- S 21
- M 22
- D 23
- M 24 ● 04.53
- D 25
- F 26
- S 27
- S 28
- M 29
- D 30

1998

Juli
M 1 ☽ 19.43 · D 2 · F 3 · S 4 · S 5 · M 6 · D 7 · M 8 · D 9 ○ 16.58 · F 10 · S 11 · S 12 · M 13 · D 14 · M 15 · D 16 ☾ 16.12 · F 17 · S 18 · S 19 · M 20 · D 21 · M 22 ● 14.47 · D 23 · F 24 · S 25 · S 26 · M 27 · D 28 · M 29 · D 30 · F 31 ☽ 13.04
(Wochen 28, 29, 30, 31)

August
S 1 · S 2 · M 3 · D 4 · M 5 · D 6 · F 7 · S 8 ○ 03.07 · S 9 · M 10 · D 11 · M 12 · D 13 · F 14 ☾ 20.49 · S 15 · S 16 · M 17 · D 18 · M 19 · D 20 · F 21 · S 22 ● 03.03 · S 23 · M 24 · D 25 · M 26 · D 27 · F 28 · S 29 · S 30 ☽ 06.03 · M 31
(Wochen 32, 33, 34, 35, 36)

September
D 1 · M 2 · D 3 · F 4 · S 5 · S 6 ○ 12.17 · M 7 · D 8 · M 9 · D 10 · F 11 · S 12 · S 13 ☾ 03.00 · M 14 · D 15 · M 16 · D 17 · F 18 · S 19 · S 20 ● 18.04 · M 21 · D 22 · M 23 · D 24 · F 25 · S 26 · S 27 · M 28 ☽ 22.07 · D 29 · M 30
(Wochen 37, 38, 39, 40)

Oktober
D 1 · F 2 · S 3 · S 4 · M 5 ○ 21.10 · D 6 · M 7 · D 8 · F 9 · S 10 · S 11 · M 12 ☾ 12.17 · D 13 · M 14 · D 15 · F 16 · S 17 · S 18 · M 19 · D 20 ● 11.09 · M 21 · D 22 · F 23 · S 24 · S 25 · M 26 · D 27 · M 28 ☽ 12.41 · D 29 · F 30 · S 31
(Wochen 41, 42, 43, 44)

November
S 1 · M 2 · D 3 · M 4 ○ 06.19 · D 5 · F 6 · S 7 · S 8 · M 9 · D 10 · M 11 ☾ 01.29 · D 12 · F 13 · S 14 · S 15 · M 16 · D 17 · M 18 · D 19 ● 05.24 · F 20 · S 21 · S 22 · M 23 · D 24 · M 25 · D 26 · F 27 ☽ 01.22 · S 28 · S 29 · M 30
(Wochen 45, 46, 47, 48, 49)

Dezember
D 1 · M 2 · D 3 ○ 16.21 · F 4 · S 5 · S 6 · M 7 · D 8 · M 9 · D 10 ☾ 18.56 · F 11 · S 12 · S 13 · M 14 · D 15 · M 16 · D 17 · F 18 ● 23.43 · S 19 · S 20 · M 21 · D 22 · M 23 · D 24 · F 25 1. Weihnachtsfeiertag · S 26 ☽ 11.42 · S 27 · M 28 · D 29 · M 30 · D 31
(Wochen 50, 51, 52, 53)

Legende
◀ Widder — Stier · ↔ Zwillinge — Krebs · 🦁 Löwe — Jungfrau · ⚖ Waage — Skorpion · 🏹 Schütze — Steinbock · ♒ Wassermann — Fische

○ Vollmond · ☾ abn. Mond · ● Neumond · ☽ zun. Mond

Sommerzeiten sind nicht berücksichtigt

1999

Quellenfassen und Brunnenbohren

Legend: sehr gut | gut | neutral | schlecht | sehr schlecht

Januar
F	1	
S	2	○ 03.50
S	3	
M	4	
D	5	
M	6	
D	7	
F	8	
S	9	☾ 15.24
S	10	
M	11	
D	12	
M	13	
D	14	
F	15	
S	16	
S	17	● 16.44
M	18	
D	19	
M	20	
D	21	
F	22	☽ 20.14
S	23	
S	24	
M	25	
D	26	
M	27	
D	28	
F	29	
S	30	
S	31	○ 17.10

Wochen: 1, 2, 3, 4

Februar
M	1	
D	2	
M	3	
D	4	
F	5	
S	6	
S	7	
M	8	☾ 12.57
D	9	
M	10	
D	11	
F	12	
S	13	
S	14	
M	15	
D	16	● 07.35
M	17	
D	18	
F	19	
S	20	
S	21	
M	22	
D	23	☽ 03.44
M	24	
D	25	
F	26	
S	27	
S	28	

Wochen: 5, 6, 7, 8

März
M	1	
D	2	○ 08.00
M	3	
D	4	
F	5	
S	6	
S	7	
M	8	
D	9	
M	10	☾ 09.38
D	11	
F	12	
S	13	
S	14	
M	15	
D	16	
M	17	● 19.44
D	18	
F	19	
S	20	
S	21	
M	22	
D	23	
M	24	☽ 11.21
D	25	
F	26	
S	27	
S	28	
M	29	
D	30	
M	31	○ 23.50

Wochen: 9, 10, 11, 12, 13

April
D	1	
F	2	Karfreitag
S	3	
S	4	
M	5	Ostermontag
D	6	
M	7	
D	8	☾ 03.47
F	9	
S	10	
S	11	
M	12	
D	13	
M	14	
D	15	
F	16	● 05.21
S	17	
S	18	
M	19	
D	20	
M	21	
D	22	☽ 20.05
F	23	
S	24	
S	25	
M	26	
D	27	
M	28	
D	29	
F	30	○ 15.55

Wochen: 14, 15, 16, 17

Mai
S	1	
S	2	
M	3	
D	4	
M	5	
D	6	
F	7	
S	8	☾ 18.25
S	9	
M	10	
D	11	
M	12	
D	13	
F	14	
S	15	● 13.05
S	16	
M	17	
D	18	
M	19	
D	20	
F	21	
S	22	☽ 06.37
S	23	
M	24	Pfingstmontag
D	25	
M	26	
D	27	
F	28	
S	29	
S	30	
M	31	○ 07.40

Wochen: 18, 19, 20, 21, 22

Juni
D	1	
M	2	
D	3	
F	4	
S	5	
S	6	
M	7	☾ 05.16
D	8	
M	9	
D	10	
F	11	
S	12	
S	13	● 20.04
M	14	
D	15	
M	16	
D	17	
F	18	
S	19	
S	20	☽ 19.16
M	21	
D	22	
M	23	
D	24	
F	25	
S	26	
S	27	
M	28	○ 22.35
D	29	
M	30	

Wochen: 23, 24, 25, 26

Juli

D	1	
F	2	
S	3	
S	4	
M	5	
D	6	☾ 12.52
M	7	
D	8	
F	9	
S	10	
S	11	
M	12	
D	13	● 03.25
M	14	
D	15	
F	16	☽ 10.02
S	17	
S	18	
M	19	
D	20	
M	21	
D	22	
F	23	
S	24	
S	25	
M	26	
D	27	
M	28	○ 12.20
D	29	
F	30	
S	31	

Wochen: 27, 28, 29, 30

August

S	1	
M	2	
D	3	
M	4	☾ 18.23
D	5	
F	6	
S	7	
S	8	
M	9	
D	10	
M	11	● 12.10
D	12	
F	13	
S	14	
S	15	
M	16	
D	17	
M	18	
D	19	☽ 02.47
F	20	
S	21	
S	22	
M	23	
D	24	
M	25	
D	26	
F	27	○ 00.46
S	28	
S	29	
M	30	
D	31	

Wochen: 31, 32, 33, 34, 35

September

M	1	
D	2	☾ 23.18
F	3	
S	4	
S	5	
M	6	
D	7	
M	8	
D	9	● 23.03
F	10	
S	11	
S	12	
M	13	
D	14	
M	15	
D	16	
F	17	☽ 21.06
S	18	
S	19	
M	20	
D	21	
M	22	
D	23	
F	24	
S	25	○ 11.46
S	26	
M	27	
D	28	
M	29	
D	30	

Wochen: 36, 37, 38, 39

Oktober

F	1	
S	2	☾ 05.02
S	3	
M	4	
D	5	
M	6	
D	7	
F	8	
S	9	● 12.38
S	10	
M	11	
D	12	
M	13	
D	14	
F	15	
S	16	
S	17	☽ 15.56
M	18	
D	19	
M	20	
D	21	
F	22	
S	23	
S	24	○ 22.01
M	25	
D	26	
M	27	
D	28	
F	29	
S	30	
S	31	☾ 13.08

Wochen: 40, 41, 42, 43

November

M	1	
D	2	
M	3	
D	4	
F	5	
S	6	
S	7	
M	8	● 04.54
D	9	
M	10	
D	11	
F	12	
S	13	
S	14	
M	15	
D	16	☽ 09.57
M	17	
D	18	
F	19	
S	20	
S	21	
M	22	
D	23	○ 08.05
M	24	
D	25	
F	26	
S	27	
S	28	
M	29	
D	30	☾ 00.18

Wochen: 44, 45, 46, 47, 48

Dezember

M	1	
D	2	
F	3	
S	4	
S	5	
M	6	
D	7	● 23.31
M	8	
D	9	
F	10	
S	11	
S	12	
M	13	
D	14	
M	15	
D	16	☽ 01.49
F	17	
S	18	
S	19	
M	20	
D	21	
M	22	○ 18.31
D	23	
F	24	
S	25	1. Weihnachtsfeiertag
S	26	
M	27	
D	28	
M	29	☾ 15.09
D	30	
F	31	

Wochen: 49, 50, 51, 52

Legende

♈ Widder
♉ Stier
♊ Zwillinge
♋ Krebs
♌ Löwe
♍ Jungfrau
♎ Waage
♏ Skorpion
♐ Schütze
♑ Steinbock
♒ Wassermann
♓ Fische

● Neumond
☽ zun. Mond
○ Vollmond
☾ abn. Mond

Sommerzeiten sind nicht berücksichtigt

Quellenfassen und Brunnenbohren

2000

Januar

Tag	Datum	Hinweis	Woche
S	1		
S	2		
M	3		1
D	4		
M	5		
D	6	● 19.12	
F	7		
S	8		
S	9		2
M	10		
D	11		
M	12		
D	13		
F	14	☽ 14.28	
S	15		
S	16		3
M	17		
D	18		
M	19		
D	20		
F	21	○ 05.41	
S	22		
S	23		4
M	24		
D	25		
M	26		
D	27		
F	28	☾ 08.59	
S	29		
S	30		

Februar

Tag	Datum	Hinweis	Woche
D	1		
M	2		
D	3		
F	4		
S	5	● 14.00	
S	6		6
M	7		
D	8		
M	9		
D	10		
F	11		
S	12		
S	13	☽ 00.21	7
M	14		
D	15		
M	16		
D	17		
F	18		
S	19	○ 17.28	
S	20		8
M	21		
D	22		
M	23		
D	24		
F	25		
S	26		
S	27	☾ 04.55	9
M	28		
D	29		

März

Tag	Datum	Hinweis	Woche
M	1		
D	2		
F	3		
S	4		
S	5		
M	6	● 06.13	10
D	7		
M	8		
D	9		
F	10		
S	11		
S	12		
M	13	☽ 07.58	11
D	14		
M	15		
D	16		
F	17		
S	18	○ 05.46	
S	19		
M	20		12
D	21		
M	22		
D	23		
F	24		
S	25		
S	26	☾ 01.22	
M	27		13
D	28		
M	29		
D	30		

April

Tag	Datum	Hinweis	Woche
S	1		
S	2		
M	3		14
D	4	● 19.08	
M	5		
D	6		
F	7		
S	8		
S	9		15
M	10		
D	11	☽ 14.32	
M	12		
D	13		
F	14		
S	15		
S	16		16
M	17		
D	18	○ 18.44	
M	19		
D	20		
F	21	Karfreitag	
S	22		
S	23		17
M	24	Ostermontag	
D	25		
M	26	☾ 20.28	
D	27		
F	28		
S	29		
S	30		

Mai

Tag	Datum	Hinweis	Woche
M	1		18
D	2		
M	3		
D	4	● 05.11	
F	5		
S	6		
S	7		19
M	8		
D	9		
M	10	☽ 21.02	
D	11		
F	12		
S	13		
S	14		20
M	15		
D	16		
M	17		
D	18	○ 08.37	
F	19		
S	20		
S	21		21
M	22		
D	23		
M	24		
D	25		
F	26	☾ 12.49	
S	27		
S	28		22
M	29		
D	30		
M	31		

Juni

Tag	Datum	Hinweis	Woche
D	1		
F	2	● 13.13	
S	3		
S	4		23
M	5	Pfingstmontag	
D	6		
M	7		
D	8		
F	9	☽ 04.30	
S	10		
S	11		24
M	12		
D	13		
M	14		
D	15		
F	16	○ 23.27	
S	17		
S	18		25
M	19		
D	20		
M	21		
D	22		
F	23		
S	24		
S	25	☾ 01.59	26
M	26		
D	27		
M	28		
D	29		
F	30		

2000

Juli
- S 1 ● 20.18
- S 2
- M 3
- D 4
- M 5
- D 6
- F 7
- S 8) 13.59
- S 9 — **27**
- M 10
- D 11
- M 12
- D 13
- F 14
- S 15
- S 16 ○ 14.53 — **28**
- M 17
- D 18
- M 19
- D 20
- F 21
- S 22
- S 23 — **29**
- M 24 (11.57
- D 25
- M 26
- D 27
- F 28
- S 29
- S 30 ● 03.25 — **30**
- M 31 — **31**

August
- D 1
- M 2
- D 3
- F 4
- S 5
- S 6) 02.02
- M 7 — **32**
- D 8
- M 9
- D 10
- F 11
- S 12
- S 13 ○ 06.09
- M 14 — **33**
- D 15
- M 16
- D 17
- F 18
- S 19
- S 20
- M 21 — **34**
- D 22 (19.47
- M 23
- D 24
- F 25
- S 26
- S 27
- M 28 — **35**
- D 29 ● 11.22
- M 30
- D 31

September
- F 1
- S 2
- S 3
- M 4 — **36**
- D 5) 17.30
- M 6
- D 7
- F 8
- S 9
- S 10 — **37**
- M 11
- D 12
- M 13 ○ 20.34
- D 14
- F 15
- S 16
- S 17 — **38**
- M 18
- D 19
- M 20 (02.29
- D 21
- F 22
- S 23
- S 24 — **39**
- M 25
- D 26
- M 27 ● 20.53
- D 28
- F 29
- S 30

Oktober
- S 1 — **40**
- M 2
- D 3
- M 4
- D 5) 11.59
- F 6
- S 7
- S 8 — **41**
- M 9
- D 10
- M 11
- D 12
- F 13 ○ 09.48
- S 14
- S 15 — **42**
- M 16
- D 17
- M 18
- D 19
- F 20 (08.58
- S 21
- S 22 — **43**
- M 23
- D 24
- M 25
- D 26
- F 27 ● 09.01
- S 28
- S 29
- M 30 — **44**
- D 31

November
- M 1
- D 2
- F 3
- S 4) 08.24
- S 5 — **45**
- M 6
- D 7
- M 8
- D 9
- F 10
- S 11 ○ 22.14
- S 12 — **46**
- M 13
- D 14
- M 15
- D 16
- F 17
- S 18 (16.26
- S 19 — **47**
- M 20
- D 21
- M 22
- D 23
- F 24
- S 25
- S 26 ● 00.11 — **48**
- M 27
- D 28
- M 29
- D 30

Dezember
- F 1
- S 2
- S 3
- M 4) 04.51
- D 5 — **49**
- M 6
- D 7
- F 8
- S 9
- S 10
- M 11 ○ 10.00 — **50**
- D 12
- M 13
- D 14
- F 15
- S 16
- S 17
- M 18 (01.42 — **51**
- D 19
- M 20
- D 21
- F 22
- S 23
- S 24
- M 25 1. Weihnachts- — **52**
- D 26 2. Weihnachtstag 18.22
- M 27
- D 28
- F 29
- S 30
- S 31

Legende
- Widder, Stier
- Zwillinge, Krebs
- Löwe, Jungfrau
- Waage, Skorpion
- Schütze, Steinbock
- Wassermann, Fische
- ○ Vollmond, (abn. Mond
- ● Neumond,) zun. Mond

Sommerzeiten sind nicht berücksichtigt

Quer durch Heim und Haus

Hausbau, Innenausbau, Heimwerken und Wohnungseinrichtung – zu diesen Themen gibt es zahlreiche Ratgeber und Nachschlagewerke, denen wir nichts hinzuzufügen haben und die wir nicht ersetzen wollen. So manche wertvolle Erfahrung aus der Praxis ist jedoch nur in wenigen Büchern zu finden, wenn überhaupt. Vielleicht kann Ihnen der eine oder andere der Tips, Hinweise und Gedanken in diesem Kapitel nützlich werden.

Die Wissenschaft vom guten Platz

Gute und schlechte Plätze können ebenso wie feuchte Keller und aufgehobene Dachstühle zu einem Grund werden, ein Haus oder eine Wohnung schon nach wenigen Jahren wieder zu verlassen. Am Arbeitsplatz und zu Hause die Qualität eines Platzes zu erkennen ist von entscheidender Bedeutung für gesundes Arbeiten und Wohnen. Wir möchten Ihnen dazu das entsprechende Kapitel aus unserem Buch *Aus eigener Kraft* (S. 281) ans Herz legen. Darin erfahren Sie, welchen unschätzbaren Gewinn für Ihre Gesundheit und Ihr Wohlbefinden eine Grundbegehung vor Baubeginn durch einen Rutengeher haben kann, wie wichtig die Erkundung guter und schlechter Plätze im Haus ist.

Vielleicht erwacht dann Ihr Interesse, das Baugrundstück nach sogenannten *Störzonen* ausforschen zu lassen, um die genaue Hauslage zu bestimmen. Der Ruf nach dem Spezialisten für diese Aufgabe lohnt sich, denn manche Störzonen verlaufen so, daß es schon genügen würde, das Haus um einen Meter zu versetzen, um einer starken gesundheitsschädlichen Strahlung oder Störzone auszuweichen, die sich möglicherweise durch mehrere Räume zieht.

Viele Zuschriften haben uns schon erreicht mit der Bitte um Angabe der Adressen von guten Rutengehern. Leider können wir inzwischen nicht mehr damit dienen, weil alle, die wir kennen, hoffnungslos überlastet sind. Vielleicht kann Ihnen eine Brunnenbaufirma weiterhelfen, denn oftmals arbeiten sie mit guten Rutengehern zusammen, die zumindest die Kreuzungspunkte von Wasseradern ausforschen können. Wasseradern selbst sind nicht schädlich, nur an den Kreuzungen mit anderen Wasseradern oder Kraftlinien sollte man nicht gerade Schlaf- oder Arbcitsplätze einrichten.

Die Grundbegehung ist aber auch dann sinnvoll, wenn das Grundstück zu klein ist, um Alternativen für die Hauslage zuzulassen. Die spätere Raumaufteilung läßt sich nach der Ausmessung so vornehmen, daß Schlaf- und Arbeitsräume von vornherein größeren Störzonen aus dem Weg gehen.

Die Meister ihres Fachs können zu jedem Zeitpunkt ein Baugrundstück erkunden, doch um ganz sicherzugehen, gilt die Regel, daß die Ausmessung bei zunehmendem Mond erfolgen sollte – je näher an Vollmond, desto besser. Bodenstrahlungen verstärken sich, je mehr der Mond zunimmt, was, nebenbei bemerkt, eine der Ursachen für das Schlafwandeln ist. Schlafwandler schlafen oftmals auf schlechten Plätzen und weichen durch ihre unbewußten nächtlichen Ausflüge den Strahlungen aus.

Gut geplant ist halb gebaut:
Tips für Ihren Alltag

Es ist seltsam, aber wahr: In jedem Haushalt gibt es eine Unzahl von regelmäßig wiederkehrenden, teils täglich mehrfach wiederholten Verrichtungen, die bei der Haus- oder Wohnungsplanung mit ebensolcher Regelmäßigkeit übergangen werden. Noch seltsamer: je wichtiger die Tätigkeit, desto größer oftmals die Sünden schon bei der Planung. Von einer wirklich sinnvoll eingerichteten Küche über einen Platz für tropfnasse Schuhe bis zur Frage: »Wohin mit der Schmutzwäsche?« – Themen, die erstaunlich oft so stiefmütterlich behandelt werden, daß man auf den Gedanken kommen könnte, hinter dem Unsinn verberge sich Methode. Dabei sollten wir doch Sorge tragen, daß uns alle Tätigkeiten, die man ein Leben lang täglich verrichten muß, vom Zähneputzen bis zur Anwendung von Toilettenpapier, so praktisch und reibungslos wie möglich von der Hand gehen.

Betrachten Sie einmal in Ruhe den Ablauf dieser Tätigkeiten: gemeinsames Essen – Aufenthalt im Bad – Verlassen des Hauses – Hausaufgaben der Kinder – Versorgen der Schmutzwäsche – Schuhewechseln – Verwendung des Staubsaugers. Und jetzt fragen Sie sich, in welchem Werbefilm, in welchem Möbelprospekt auf diese Dinge mehr als oberflächlich eingegangen wird. All dies geht nicht durch immer stärkere Technisierung gut von der Hand, sondern durch *praktische Planung*.

Von niemandem kann man verlangen, Hausarbeit mit Schwung und Spaß zu verrichten, wenn er oder sie bei jedem Arbeitsgang zuerst Hindernisse überwinden muß. Beispielsweise das Holen eines Staubsaugers aus dem Schrank, wenn es mehr Arbeit macht, herausfallende Gegenstände zurückzuhalten, weil der Staubsauger »eigentlich« dort nicht hingehört. Oder der Marsch durch vier Räume, bevor man den Sauggenossen zu Gesicht bekommt.

Gibt es in Ihrem Haushalt einen Staubsauger? Ja? Und sind Sie wirklich zufrieden mit der Art und Weise, wo und wie er verstaut wird, wenn er gerade nicht seine geräuschvolle Aufgabe erfüllt? Ja? Dann gehören Sie entweder zu den Menschen, die nicht staubsaugen (und es großzügig anderen überlassen) oder zu jener winzigen Minderheit, die sich Gedanken über eine möglichst sinnvolle Herberge für den mechanischen Hausfreund gemacht hat.

Das klingt übertrieben? Schauen Sie sich um. Fast jeder Haushalt besitzt einen Staubsauger, aber es gibt kaum einen Haushalt, der für die Maschine einen »liebevollen«, auf sie zugeschnittenen Platz hat. Ähnliches lassen wir mit der Schmutzwäsche geschehen. In jedem Haushalt, und sei er noch so klein, fällt Schmutzwäsche an (Einwegunterwäsche ist out!). Und jetzt schauen Sie sich um in den Möbelhäusern: zig Quadratmeter Wohnzimmer, Kinderzimmer, Küche – aber wo bleibt die Schmutzwäsche? Bestenfalls in winzigen Drahtkörben im Bad.

Unter Umständen kann man ein Leben lang ohne Wohnzimmer auskommen (so wie wir), aber keinen Tag ohne frische Wäsche (außer Sie sind gerade dabei, sich im Urwald zu verirren). Wo bitte finden Sie in Möbelhäusern genügend Auswahl zur wirklich praktischen Versorgung der Schmutzwäsche? Wo ist der Architekt, der seinen Klienten eine Wäscherutsche vorschlägt, ohne daß sie ihn darauf bringen müssen? Ist Schmutzwäsche ein ebenso peinliches Thema wie Sex und Sterben? Einiges deutet darauf hin.

Bevor es also richtig losgeht mit unseren Tips, hier unser ernstgemeinter Rat: *Planen Sie, bevor Sie bauen!*

Es ist uns schleierhaft, was viele zukünftige Bauherren gänzlich aus der Hand und aus der Verantwortung geben – vom Grundrißentwurf über die Wahl der Baustoffe und Heizung bis zum Umgang mit den späteren Bauschäden. Wenn Sie Ihr eigenes Haus neu planen, beginnen Sie mit einer Liste, die so ausführlich wie möglich Ihre Wünsche und Ihren Bedarf enthält, und geben Sie diese Aufstellung dem Architekten. In der Liste sollten auch Dinge stehen wie: »Der Kamin darf nirgends einen Raum unnötig verstellen« oder »Der Heizungsraum sollte groß genug sein, um . . .« Auch Architekten sind nicht perfekt. Sie würden es nicht glauben, wie oft in Bauplänen der Kamin so gestellt ist, daß er überall im Weg steht, beziehungsweise der Heizungsraum viel zu klein ausgelegt ist und spätere Änderungen nur sehr schwer zu verwirklichen sind auf Kosten anderer, ebenso wichtiger Räume. Setzen Sie Ihren Raumbedarf so hoch an, wie Sie es sich idealerweise wünschen. Setzen Sie Prioritäten. Abstriche können Sie später immer noch machen, Schritt für Schritt, das Unwichtigste zuerst.

Und wählen Sie weise: Schafwolle zur Isolierung oder Mineralwolle? Holz? Beton? Naturstein? Glas? Welche Heizung? Lieber ein Jahr warten und dafür eine Solaranlage auf dem Dach? Wägen Sie ab, lassen Sie sich viel Zeit, behalten Sie immer den Faktor Kostenwahrheit im Auge, und fragen Sie sich: »Wie oft in meinem Leben werde ich ein Haus für mich und meine Familie bauen?«

Verkäufer, Architekten, Bankangestellte oder Fliesenleger – nicht immer sind sie gesprächsbereit und auskunftsfreudig, aber Ihnen bleibt immer die Wahl, bei wem Sie kaufen oder mit wem Sie Geschäfte abschließen. Auch Sie werden wie wir auf offene Ohren stoßen und zufrieden sein. Wenn nicht, suchen Sie einfach weiter.

Vor allem aber: Planung ohne Freude führt zu nichts! Wenn Ihnen die Zeit der Vorbereitung und Planung keine Freude macht, überlegen Sie gut, wozu Sie überhaupt bauen.

Keller und Lagerung

Früher verstand man unter »Keller« fast immer etwas anderes als heute. Er diente fast ausschließlich zu Lagerzwecken von Wein, Gemüse, Lebensmitteln. Von der Sauna über den Partyraum bis zum Zweitbüro: Heute werden Kellerräume für alle möglichen Dinge genutzt. Das ist in Ordnung, solange sie gezielt genutzt werden. Es kann sich aber verheerend auswirken, wenn etwa ein warmer Tischtennisraum auch zu Lagerzwecken dienen soll. Bis heute hat sich nämlich an den Regeln des erfolgreichen Lagerns nichts geändert: je kühler und dunkler, desto besser. Gleichmäßige Temperaturen sollten herrschen, und das Anlegen größerer Vorräte sollte ausschließlich bei abnehmendem Mond in Widder, Löwe oder Schütze erfolgen.

- Die negative Strahlung von Beton kann man mit Holzverschalung oder Kork (5 cm Dicke) neutralisieren.
- Versäumen Sie nicht, Kellerräume kurz vor Neumond gut zu lüften (eventuell mit Durchzug). So halten Sie alle Feuchträume trocken und geruchfrei.
- Kellerräume sind kein Sperrmüllsammelplatz!

Wirtschaftsraum

Ob Wirtschaftsraum im Haus oder nicht, jedes Haus sollt eine Antwort auf die Fragen wissen: Wohin mit nasser oder feuchter Schmutzwäsche? Es ist merkwürdig, aber das Thema Schmutzwäsche wird generell so stiefmütterlich behandelt, daß man nur selten wirklich brauchbaren Lösungen begegnet – Wäscherutschen von oberen Stockwerken in den Keller, genügend Haken oder Leinen für frischgewaschene Wäsche zum Abtropfen, genügend Platz für nasse oder feuchte Schmutzwäsche. Nur sehr selten findet man an geeigneter Stelle im Keller oder im Wirtschaftsraum ein großes Waschbecken mit Doppelwanne und Gitter (etwa zum Ausbreiten von nassen Wollsachen). Vielleicht denken Sie an diese Dinge, wenn Sie gerade am Planen sind. Häuser werden nicht von Wesen bewohnt, deren Wäsche immer sauber bleibt.

- Lassen Sie nach Möglichkeit niemals feuchte Schmutzwäsche – Handtücher, Waschlappen, Kinderwäsche nach Regentagen – liegen. Häufig kommen Stockflecken und modriger Geruch an Krebs-, Skorpion- und Fischetagen vor, besonders kurz vor Vollmond.

245

Speisekammer

- Die Prüfung, ob die Speisekammer Störzonen aufweist, ist von zentraler Bedeutung. Wer keine Möglichkeit hat, gute und schlechte Plätze ausforschen zu lassen, sollte jenen Platz meiden, an dem Lebensmittel immer wieder schnell verderben, auch wenn sie bei abnehmendem Mond gekauft oder geerntet wurden. Lagern Sie an diesem Platz Geschirr, das nur selten gebraucht wird.
- Bietet Ihre Speisekammer die Möglichkeit zum Aufhängen von Kräutern, Zwiebeln, Knoblauch, zum Kräutertrocknen auf Gittern?
- Achten Sie auf gute Entlüftung, möglichst ohne Fenster.
- Lagern Sie keine stark riechenden Lebensmittel, und legen Sie größere Vorräte nur bei abnehmendem Mond an.
- Keine Reinigungsarbeiten in der Speisekammer kurz vor oder bei Vollmond, auch nicht an Krebs, Skorpion und Fische.
- Sollte sich dennoch Feuchtigkeit oder Schimmel bilden, unbedingt bei abnehmendem Mond an Zwillinge, Waage und Wassermann oder Widder, Löwe und Schütze intensiv reinigen und gut lüften mit Durchzug (siehe Seite 193).
- Wenn Sie eine Wärmepumpe zur Heizung ihres Brauchwassers planen, leiten Sie die anfallende Kaltluft durch ein gut isoliertes Rohr in die Speisekammer.

Küche

Ob man liebevoll, gelassen, einfallsreich, ausdauernd und künstlerisch am »Arbeitsplatz Küche« arbeitet oder nervös, hektisch, widerwillig – das wirkt sich unter Umständen lebenslang aus, ja es prägt vielleicht sogar den Alltag der ganzen Familie, zum Guten wie zum Schlechten.

Nichts gegen die Planer von Küchen, aber solange Küchengestaltung an Bürotischen geschieht, wird es keine praktischen Lösungen geben. Küchenbauer sollten sich Frauen und Männer ins Haus holen, die seit Jahrzehnten mit allen Sinnen und voller Freude kochen. Sehr schnell würden die Planer die Finger von Edelstahl und anderen unsinnigen Dingen lassen. Der Alltag ist lang und sollte nicht langweilig oder unnötig kompliziert sein. Ideen, Einfallsreichtum und Ausdauer können Sie aber von niemandem verlangen, der seine Arbeit auf einem »schlechten Platz«, auf einer Störzone erledigt.

Vielfach gilt offenbar das Thema Abfall/Schmutz/Staub – das Thema Abnutzung/Verbrauch als Tabu, wie eben das Thema Altern und Sterben auch. Schon das Nachspiel des Kochens gilt als »unfein«. Oder haben Sie schon einmal im Werbefernsehen eine Kamera über lustvoll *leergegessene* Teller wandern sehen? Selbst in der Werbung für Geschirrspüler sieht man keine echten festgeklebten Essensreste mehr, sondern wunderschöne Computergrafiken. Alles ist schöner Schein, Küchen sind nur dann ansehnlich und brauchbar, wenn man sie Gästen vorzeigen kann und wenn alles superschnell geht. Nirgends darf die Mikrowelle fehlen, die aus dem Essen auch noch den letzten Rest Leben herausbrennt. Ein Grund für die Allergie-Epidemie unserer Zeit sind Fertiggerichte. Sie enthalten eine Unzahl von langfristig giftigen Haltbarmachern und suchtauslösenden künstlichen »Geschmacksverstärkern«, die unser Immunsystem schwächen. Instinktiv spüren das viele Menschen und haben sich dadurch das Kochen verleiden lassen.

Küchen sind heute einerseits so eingerichtet, daß man nicht mehr praktisch kochen kann, andererseits will man gar nicht mehr richtig kochen, weil die Qualität der Grundstoffe nachgelassen hat – ein kleiner Teufelskreis. Den Sinn und den wahren Wert des Kochens zu vergessen erleichtern nicht zuletzt Küchen, die am Reißbrett entstehen. Unter den Händen von Menschen, die gern kochen, kämen andere Küchen zustande:

- Die Luftlinie zwischen Spüle und Herd sollte nicht über den Küchenboden führen und höchstens ein bis zwei Unterschrankbreiten betragen. Sonst wird der Küchenboden zum Tropfenfänger.
- Wenig Freude macht das Ausräumen des Geschirrspülers, wenn der Stauraum für das Geschirr weit entfernt liegt: Geschirr also nahe am Spüler, so wie Gewürze nahe am Herd plazieren.
- Die beste Himmelsrichtung der Küche ist Osten.
- Für Rechtshänder: Beim Putzen von Gemüse, Obst usw. brauchen Sie vor sich Platz für Abfälle. Links von Ihnen Raum zur Ablage der geputzten Dinge. Deshalb ist ein Hochschrank gleich links vom Arbeitsplatz unpassend. Lassen Sie Raum links vom Arbeitsplatz. Für Linkshänder gilt dieser Tip genau umgekehrt.
- Ebenso der Herd: Hat er keinen Platz links und rechts, wie will man dann auf handliche Weise aufgießen, zügig Zutaten zugeben oder das

Arbeitsbesteck sauber auf bereitgestellte Unterlagen ablegen? Kleine Ursache – große Wirkung.

Diele
Die Diele ist jener Raum im Haus, der Sie und Ihre Gäste begrüßt. Wie soll das Willkommen ausfallen? Hell, fröhlich, großzügig, vor allem praktisch? Oder eng, dunkel und unbequem: »Wohin jetzt mit den nassen Schuhen und dem tropfenden Regenschirm?«

- Feuchte Kleidung braucht Luft. In Schränken hat sie absolut nichts zu suchen!
- Die Diele soll Platz bieten für das Abstellen von Einkaufstüten, Schultaschen; sie soll kleinen Kindern genug Raum geben, damit sie nicht von nachdrängenden größeren Kindern in den Keller geschubst werden.

Wohnzimmer
- Brauchen Sie ein Wohnzimmer? Eine große Wohnküche ist oftmals der Mittelpunkt des Hauses, und das Wohnzimmer dient nur als Staubfänger. Verbaute Quadratmeter sind einfach zu teuer, als daß man sie »repräsentativen Zwecken« opfern sollte.
- Die beste Himmelsrichtung des Wohnzimmers ist Westen.

Heizungssystem und Elektroinstallation
Glauben Sie, daß elektrischer Strom, aus Atomkraft gewonnen, derselbe Strom ist, wie aus Wasserkraft gewonnener? Jeder Physiker würde es bejahen. Menschen mit Gespür wissen es anders.

Glauben Sie, daß durch Öl- oder Gasverbrennung gewonnene Wärme auf unseren Körper gleich wirkt wie Wärme, die aus Holzverbrennung gewonnen wurde? Fast jeder Arzt und jeder Physiker würde es bejahen. Menschen mit Gespür wissen es anders.

Aus Holzverbrennung gewonnene Wärme, ob durch eine Zentralheizung in die Räume geleitet oder direkt erfahren am offenen Kamin, hat eine gesündere Wirkung auf uns als Wärme aus Erdgas oder Erdöl. Vielleicht gelingt der Wissenschaft eines Tages der Beweis. Aber von diesem Beweis muß sich niemand abhängig machen. Energie und Wärme aus erneuerbaren Energien – aus Sonnenkraft, Wasserkraft, Windkraft und

Biomasse – ist gesünder, ist umweltfreundlich, ist unsere Zukunft. Jeder Schritt, der uns aus der Abhängigkeit von Gas, Erdöl, Kohle und Atomkraft und ihren Lieferanten führt, ist ein Schritt in die Freiheit und Zukunft. Von *allem*, was ihn unnötig abhängig macht, sollte sich der Mensch befreien.

Wir geben Milliarden und Abermilliarden Schilling, Dollar, Franken und Mark unseren Dienern zu treuen Händen – man nennt dieses Geld auch »Steuern«. Einen winzigen Bruchteil des Geldes verwenden diese Diener, um damit zu neuen Ufern der Erkenntnis vorzustoßen (im Etat für Forschung). Wiederum ein winziger Bruchteil der Ausgaben für Forschung verwenden unsere Diener – auf Anordnung der Industrie – für die Erforschung erneuerbarer Energien wie Wasserkraft, Windkraft und Biomasse. Dieselben Diener tun nichts dagegen, wenn die Energiemonopolisten den großen Konzernen und Industrien »schmutzigen« Strom aus Atomkraft, Kohle, Erdöl, Erdgas und Müll zu niedrigeren Preisen als den Privathaushalten zur Verfügung stellen. Und sie tun nichts dagegen, wenn diese Monopolisten hochgerühmte Experten bemühen, um nachzuweisen, daß Windkraft »nichts bringt«. Und das mit so idiotischen Argumenten, daß man sich fragt, ob diese Experten eigentlich nachts gut schlafen und was sie wohl ihren Kindern eines Tages sagen, wenn sie sich bei ihnen entschuldigen.

Im Laufe von 30 Minuten bestrahlt uns die Sonne mit dem gesamten Jahresenergiebedarf der Erde. Traurig, daß es noch etwas dauern wird, bis jedes Dach aus Solarzellen besteht, bis Wind, Wasser und Biomasse Strom und Wärme liefern. Es wäre heute schon genug da. Ein Land, das keine Sonne hat, hat Wind- und Wasserkraft genug. Ein Land, das keinen Wind und nicht genug Wasserkraft hat, hat Sonnenkraft. Und überall ist Biomasse, die bei der Rückverwandlung in Erde Energie abgibt. In den Schubläden der Wissenschaft und Industrie liegt heute schon die ausgereifte Technologie, um jedem Haushalt genug Wärme und Strom zur Selbstversorgung zu geben. Sie wird nicht zum Zuge kommen, solange man uns so bequem abzocken kann.

Wir können Ihnen nur eines empfehlen: Seien Sie Vorbild, auch wenn es sich »nicht rechnet« und die Amortisation lange dauert. »Schmutziger« Strom und »schmutzige« Wärme sind künstlich verbilligt. Informieren Sie sich genau, und vor allen Dingen informieren Sie sich nicht bei denen, die von Kohle, Öl und Atom profitieren. Windräder, Sonnen-kollektoren, Photovoltaikanlagen, Holzzentralheizungen und Kleinwas-serkraftwerke in aller Welt erzählen Ihnen eine ehrlichere Geschichte als die Hochglanzprospekte der Energieversorgungsunternehmen und die salbungsvollen Worte der »Experten«.

- Wie hoch sind Ihre Heizkosten pro Jahr? Wer die Raumtemperatur zu Hause von 22 auf 20 Grad absenkt und sich einen Pullover mehr pro Jahr kauft, der spart mindestens 12 Prozent Heizkosten! Diese 12 Prozent investiert, und schon sieht die Rechnung mit der Solarenergie wieder anders aus.

- Bei der Bodenheizung und anderen, in Rohren verlegten Heizsyste-men: Sorgen Sie dafür, gemeinsam mit dem Installateur, daß die Heizschlangen und -rohre im Raum rechtsdrehend im Uhrzeigersinn verlegt werden. Die Energie des strömenden Heizwassers strahlt dann natürlicher im Raum.

- Im Idealfall sollten alle Installationsarbeiten am Haus an Wassertagen erfolgen (Krebs, Skorpion, Fische). Die Wirkung, die hier das Achten auf den richtigen Zeitpunkt hat, beruht ausschließlich auf Erfahrung und ist nicht zu begründen: Das Trinkwasser bleibt frischer, und die Korrosion in allen Leitungen, auch in Geräten (Rost, Ablagerungen) verläuft viel langsamer.

- Wenn Sie die Wahl haben zwischen Strahlungswärme und Konvekti-onswärme, dann entscheiden Sie sich für Strahlungswärme. In vielen Büchern ist der Unterschied erklärt: Ihr Körper soll sich wärmen, nicht die Luft. Fühlen Sie, wie angenehm die Sonne wärmt: im Hochgebirge, bei ganz niedrigen Außentemperaturen und Windstille? Das ist gesun-de Strahlungswärme, dieselbe Wärme, die wir an Kachelöfen als so angenehm empfinden. Erwärmte, glatte Flächen geben Strahlungswär-me ab und müssen viel weniger aufgeheizt werden als Rippenheiz-körper, die die Luft erwärmen und in Bewegung versetzen. Strah-lungswärme hat nur einen Nachteil: Sie kann nicht »um die Ecke« wandern. Nur was sich in direkter Linie zur Wärmequelle befindet, wird erwärmt. Der übrige Raum ist auf erwärmte Luft und damit einen ständigen Warmluftstrom angewiesen. Deshalb ist eine gute Planung nötig, wenn man sich für ein möglichst hohes Maß an Strahlungswär-me entscheidet.

- Beim ersten Aufheizen eines Neubaus lohnt es sich, auf den richtigen Zeitpunkt zu achten: Der Kamin zieht besser, das Haus erreicht schon bald eine gute und schnelle Durchwärmung, die letzte Feuchtigkeit wird aus den Wänden vertrieben, und die Rußbildung ist später viel geringer. Es sollte bei abnehmendem Mond an Widder, Löwe oder Schütze geschehen. Diese Regel gilt auch allgemein für das erste Heizen im Herbst vor der Winterheizperiode.
- *Elektrosmog* nennt man diejenige Auswirkung von elektrischen Feldern und Strahlungen, die sich als gesundheitlich belastend erwiesen hat. Solche Felder bilden sich um jedes unter Strom stehende Gerät oder Kabel; je näher am Körper und je stärker der Strom, desto größer die Wirkung.
  Die gesundheitlich belastende Wirkung ist individuell verschieden, nicht jeder ist gleich empfindlich. Wie auch die Wirkung von Sonnenbädern verschieden ist: Der eine legt sich eine Stunde in die Sonne und wird braun, der andere leuchtet schon nach zehn Minuten tiefrot. Heute gibt es Netzfreischalter, die bei ausgeschalteten Geräten die Kabel stromlos schalten, und es gibt speziell abgeschirmte Biostromkabel. Sie rentieren sich vor allem dort, wo man schläft.

Schlafzimmer
- Die Untersuchung nach guten und schlechten Plätzen ist im Schlafzimmer die allerwichtigste Maßnahme. Wenn Sie keine Möglichkeit haben, gute und schlechte Plätze ausforschen zu lassen, dann experimentieren Sie so lange, bis Sie gut schlafen und morgens frisch und ausgeruht aufwachen. Dabei sollte jeder neue Platz mindestens 14 Tage ausprobiert werden, um ein klares Urteil zu ermöglichen.
- Die gute Schlafrichtung: Kopf im Norden, Füße im Süden, oder Kopf im Westen, Füße im Osten. Wenn Sie mit dem Kopf in Richtung Norden schlafen, darf keine Stromleitung durch die Nordwand gehen (eventuell Netzfreischalter einbauen oder Sicherung nachts ausschalten). Auf einen elektrischen Wecker oder eingebaute Elektrogeräte am Kopfende des Bettes verzichten. Im Laufe der Zeit strahlen sie negativ, auch ohne Strom.
- Wenn Sie näher als 50 Meter an einem Fluß oder Bach schlafen, dann legen Sie sich quer zur Laufrichtung des Wassers. In Flußrichtung

schlafende Menschen sind morgens erschöpft und ausgelaugt, gegen Flußrichtung schlafend wachen sie morgens oft mit schwerem Kopf oder Kopfschmerzen auf, weil der Energieandrang zu stark ist. Als Folge kann sich auch ein zu hoher Blutdruck einstellen.

Kinder- und Jugendzimmer

- Gute und schlechte Plätze ausforschen, sonst ist es sinnlos, Hausaufgaben machen zu lassen oder Kinder rechtzeitig ins Bett zu schicken!
- Drehen Sie bei kleinen Kindern öfter das Bett um 180 Grad (oder das Kind im Bett). Während der ersten Lebensjahre sollte das Licht nicht immer von der gleichen Seite kommen, weil sich sonst Muskeln und Nerven einseitig entwickeln und es später zu Wirbelsäulenbeschwerden und Bandscheibenschäden kommen kann.
- Hochbetten sind eine feine Sache, mit der sich Kinder gern anfreunden und man viel Platz gewinnt. Dennoch sollten unter dem Bett keine Spielsachen verstaut werden. Besonders Plastikspielzeug strahlt mitunter sehr stark und belastet den Organismus. Seine Verwendung läßt sich heutzutage kaum vermeiden, man sollte es nicht fanatisch ablehnen. Das wäre genauso unklug wie ein absolutes Fernsehverbot. Nutzen Sie den Stauraum für Bettwäsche, Winter/Sommerdecken usw.
- Wenn ein Fernseher im Zimmer steht, sollte man ihn auf einem Drehteller anbringen, abends den Stecker ziehen und den Bildschirm vom Bett wegdrehen.
- Für lebhafte Kinder sollte man beruhigende, nicht übertrieben bunte Wandfarben verwenden. Meiden Sie Rot und Gelb. Diese Farben haben nichts im Zimmer lebhafter Kinder verloren, die schlecht einschlafen können.

Bad

- Wenn drei Leute hintereinander gebadet oder geduscht haben, wissen Sie dann, wohin mit den feuchten Handtüchern, damit sie schnell wieder trocken werden?
- Das Bad sollten Sie als Zufluchtsort betrachten, zur Entstrahlung und Entspannung. Er ist ein Raum, der bei der Planung besondere Aufmerksamkeit verdient.

Dachboden

- Wie auch beim Verstauen und Lagern im Keller: Aufzubewahrendes am besten bei abnehmendem Mond und an Lichttagen (Zwillinge, Waage und Wassermann) einräumen. Krebs, Skorpion und Fische möglichst aus dem Weg gehen.
- Ein Dachboden mit wenig Licht eignet sich gut zum Trocknen von Kräutersträußen, Zwiebeln, Knoblauch usw. an Leinen, die auf ganzer Länge des Dachbodens gespannt sind (was nicht so leicht trocknet, am besten auf luftdurchlässiger Unterlage ausbreiten). Das Abfüllen am besten ebenfalls bei abnehmendem Mond vornehmen (lange Haltbarkeit). Knoblauch nicht in der Nähe von Kleidern trocknen. Wenn er richtig getrocknet wird, riecht Knoblauch nicht lange, und sein Aroma bleibt trotzdem voll erhalten.
- Verwenden Sie den Dachboden niemals als Sperrmüllsammelplatz, sonst schleppen Sie immer belastende Dinge über Ihrem Kopf mit sich herum.

Sommer/Winter

Viele Krankheiten rühren daher, weil man immer gleich gekleidet ist – im Sommer wie im Winter, bei sonnigem wie bei schlechtem Wetter. Und das aufgrund der Gewöhnung an gleichbleibend temperierte Wohn- und Arbeitsräume, an Autos mit Klimaanlagen usw. Deshalb wird auch immer über das Wetter geklagt. Sogar die »Wetterfrösche« im Fernsehen haben sich schon diesen jammernden Ton angewöhnt, wenn gerade einmal nicht die Sonne scheint und 22,7 Grad herrschen. Dabei gibt es kein schlechtes Wetter, ob sengende 35 Grad über Null oder klirrende 20 Grad darunter. Es gibt nur »schlechte«, unangemessene Kleidung. Daheim sollte man eben nicht so wirtschaften wie die Kleidungsindustrie, die schon im Januar Sommerkleidung verkauft . . .

Planen Sie die Garderobe großzügig! Gerade in den Übergangszeiten sind viele verschiedene Kleidungsstücke nötig, um sich schnell anpassen zu können.

Büro

- Gute und schlechte Plätze erforschen! Eine Störzone am Arbeitsplatz macht das Werkeln dort zur unangenehmen, lästigen Pflichtübung. Dort wird keine Freude aufkommen. Überlassen Sie den Platz lieber Ihrer Katze, und rücken Sie den Schreibtisch woanders hin.
- Ist vielleicht eine Schallschutztür sinnvoll? Sie kostet nicht viel mehr, kann aber langfristig segensreich wirken.

Gartenanlage

Ein schöner, gepflegter Garten ist wichtiger Bestandteil eines Hauses und trägt viel dazu bei, Gesundheit und Wohlbefinden seiner Besitzer zu fördern, besonders auch durch die Möglichkeit, gesundes Gemüse, Kräuter und Früchte zu ernten. Welchen großen Gewinn bei der Gartenpflege die Kenntnis der Regeln des richtigen Zeitpunkts bringen kann, davon wissen inzwischen die zahlreichen Leser unseres ersten Buches *Vom richtigen Zeitpunkt*. Manche von Ihnen haben an »unmöglichsten« Plätzen wahre Paradiese geschaffen – lebendige Zeugnisse für den Wert des alten Wissens um die Natur- und Mondrhythmen. Hier einige Tips, die nicht in unseren ersten Büchern stehen:

- Wenn Sie einen Gemüsegarten neu anlegen wollen: Setzen Sie anfangs ein oder zwei Jahre lang nur Kartoffeln! Nach dieser Zeit erhalten Sie einen wunderbaren Gartenboden, der Ihnen eine Vielfalt von Früchten schenkt. Im Rahmen der natürlichen Fruchtfolge sollten Sie auch in späteren Jahren immer wieder einmal Kartoffeln setzen, das erhält Ihren Boden frisch und jung.
- Planen Sie Ihren Kindern zuliebe ein »Nachspeise-Eck« im Garten: mit Erdbeeren, Kirschen, Himbeeren, Brombeeren, Stachelbeeren, Äpfeln. Zu fast allen Jahreszeiten können Ihre Kinder dann die plötzlichen Gelüste auf Süßes gesund stillen und naschen – von Erdbeeren bis zu Lederäpfeln. Pflanzen Sie Wald- oder Monatserdbeeren, nicht die künstlich gezüchteten großen Erdbeeren. Die kleine Art verbreitet sich schnell und schmeckt hervorragend. Und solange die Früchte noch nicht reifen, lassen Sie Ihre Kinder lieber Gänseblümchen, Sauerampfer und Löwenzahnköpfe essen, statt der Süßigkeitengifte.

Welches Holz für welchen Zweck?

So gut wie nirgends steht geschrieben, welche heimische Holzart sich für welchen Zweck am besten eignet und umgekehrt. Die Gleichgültigkeit gegenüber dieser Frage geht manchmal so tief, daß die Käufer eines Bettgestells (!) aus Massivholz nicht einmal nachfragen, aus welchem Holz das Bett besteht – geschweige denn zu fragen, wie die Oberfläche behandelt ist und woraus der Leim besteht. Hauptsache, es sieht »gut« aus!

Die Antwort gehört allerdings heutzutage nicht einmal mehr zum Lehrstoff an Schreiner- und Holzfachschulen. Gute Schreiner müssen sich erst durch eigene Erfahrung das nötige Wissen aneignen. Denn es ist alles andere als gleichgültig, welches Holz man für welchen Zweck verwendet: Tanne beispielsweise ist als Holz für Betten ungeeignet, weil sich der Ruhende darin nicht so leicht erwärmt. Manche Menschen durchwärmen sich darin gar nicht, auch wenn die Bettdecke den Zimmertemperaturen angemessen ist. Eine Information, die verlorengegangen zu sein scheint, weil man vielerorts Betten aus Tanne findet. Wir haben daher diese kleine Sammlung von Tips für notwendig gehalten.

Wer eine Fußbodenheizung unter seinem Holzboden besitzt, der wandelt mit Sicherheit auf *Hartholz*. Aus Hartholz bestehen in unseren Breiten fast alle laubtragenden Bäume: Buche, Eiche, Ahorn, Esche usw. Natürlich gibt es verschiedene Härtegrade unter Laubgehölzen, auf steinharter Eiche beispielsweise werden Sie Abdrücke von Pfennigabsätzen weniger oft finden als auf einem Eschenboden. Und Erlenholz ist weicher als das »Weichholz« mancher Nadelbäume.

Die Fußbodenheizung braucht deshalb einen Hartholzboden (wenn man sich für Holz entscheidet), weil *Weichholz* viel mehr Luft enthält und zu stark wärmedämmend wirkt. Aus Weichholz bestehen die meisten Nadelbäume in unseren Breiten: Fichte, Tanne, Zirbelkiefer, Lärche, Föhre usw. Der Unterschied zwischen Hart- und Weichhölzern wird am augenfälligsten mit dem Fingernageltest: Was sich mit dem Fingernagel ritzen läßt, gehört zu den Weichhölzern (verzichten Sie jedoch auf Tests im nächsten Möbelhaus!).

Fichte: Fichtenholz eignet sich gut als Bauholz unter Dach, wo es der Witterung nicht direkt ausgesetzt ist, also für Dachstühle, Schalungen, Verkleidungen. Es ist auch sehr gut für Möbel geeignet, jedoch ein Weichholz. Fichtenmöbel mögen sind nicht kratz- und stoßfest und erfordern eine Rücksichtnahme, die sehr schnell anstrengend wird, wenn Sie Kinder haben. Fichte ist auch für Fußböden gut geeignet, wenn es nicht gerade der Flur oder das Kinderzimmer ist (keine Fußbodenheizung). Als Brennholz brauchbar, jedoch weniger gut als Laubholz.

Tanne: Alle Anwendungsbereiche der Fichte, jedoch viel wasserfester. Deshalb gut geeignet für den Wasserbau (Brunnen, Brückenpfeiler, Anlegepflöcke). Die Tanne riecht anders als die Fichte, etwas herber. Ideales Saunaholz, weil keine Harzgallen vorhanden sind. Wenn man Tanne für Wasserbauten verwenden will, dann sollte man das Holz im Tierkreiszeichen Fische ernten und den Stamm möglichst bald einarbeiten.

Lärche: Das ideale Holz für den Außenbereich: Fensterrahmen, Holzterrassen, Balkone, Zäune, Spielplätze, Brückenstege, Treppen. Auch gut geeignet für Fußböden im Innenbereich, weil härter und zäher als Fichtenholz.

Dachschindeln sollten immer aus Lärchenholz bestehen. Das Kernholz der Lärche ist sehr wetterbeständig und fault nicht, auch *ohne jede Schutzlasur und Imprägnierung.* Unbehandelt verwandelt es sich in ein schönes silbriges Grau, das je älter um so schöner wird. Sollten Sie Lärche für Terrasse und Balkon wählen, achten Sie sehr sorgfältig darauf, daß niemals Holzsplitter aufstehen. Kein Holzsplitter schmerzt mehr als der aus Lärchenholz. Auch Erwachsene müssen sich ihrer Tränen nicht schämen, wenn sie sich einen einfangen.

Zirbe (Arve, Zirbelkiefer): Zirbelholz ist ein sehr kostbares Holz, das meist im Möbelbau verwendet wird. Ein »Holz fürs Leben«, deshalb idealer Werkstoff für den Bau von Lebensmittelkästen: Die enthaltenen ätherischen Öle wirken für die gesamte Lebensdauer des Kastens schädlingsabweisend. Ein wunderbares Holz für Schüsseln und Schalen aller Art, das auch noch nach Jahrzehnten gut duftet.

Kiefer: Gut bei allen Anwendungen im Innenbereich – vom Bauholz bis zum Möbelholz. Zum falschen Zeitpunkt gefällte Kiefern und Zirben neigen zum Befall mit dem Bläuepilz, daher ist hier wie bei allen anderen Holzarten die Ernte nach den Mondrhythmen besonders wichtig, dann wird das Holz nicht blau (siehe *Aus eigener Kraft*, S. 267).

Eiche: Das dauerhafteste Holz, einfach unverwüstlich. Ideal für Treppen, Böden, Bahnschwellen, Wein- und Cognacfässer. Für Möbel und als Brennholz, wo keine Buche zur Verfügung steht. Für Hausschwellen, weil es den Bewohnern eine besondere Kraft verleiht.

Buche: Steht im Ruf, das unruhigste Holz zu sein. Durch Ernte und Verarbeitung nach den Mondregeln läßt sich dieser Eigenschaft verläßlich entgegenwirken. Hart wie Eiche, jedoch nicht witterungs- und nässebeständig. Eignet sich für Möbel und Fußböden im Innenbereich. Das beste Brennholz.

Esche: Sehr gutes Fußbodenholz. Während Buchenholz hart und dicht ist, ist Eschenholz hart und zäh. Bei vielen Sportgeräten, Werkzeugen, Besenstielen usw. sind Zähigkeit und Elastizität gefragt, Esche ist deshalb das Holz der Wahl. Es eignet sich auch gut als Möbelholz, eventuell auch für Zimmertüren. Manchmal findet man Haustüren in »Esche weiß«, ein schöner Anblick.

Erle: Früher galt das sehr weiche Erlenholz fast ausschließlich als günstiger Rohstoff für Drechselwaren, gemeinsam mit Weidenholz auch als wohlfeiles Holz für Wirtshaustische. Es ist weicher als Kiefernholz, ähnlich weich wie Pappel und Zirbe.

Das Holz kam in den letzten Jahren in Mode, heute ist allerdings der heimische Markt leergefegt, es wird daher importiert, vorwiegend aus Amerika. Weil es wurmempfindlich und pilzanfällig ist, wird das importierte Holz (wie fast alle Hölzer aus fernen Ländern) stark mit Pestiziden behandelt. Sie sollten sich daher genau nach der Herkunft erkundigen. Bei heimischer Erle dagegen gibt es kaum Grund zum Mißtrauen.

Ahorn: Ein sehr schönes helles Hartholz, manchmal fast weiß. Gut geeignet für Tischplatten, Fußböden oder Treppen. Ahornküchen sind besonders hell und fröhlich, und wenn ein Kind an einem verregneten Tag mit seinem Spielauto dagegendonnert, tut das der Schönheit keinen Abbruch.

Linde: Sehr weiches Laubholz, eignet sich sehr gut für Schnitzarbeiten.

Obstgehölze: Kirsche, Apfel und Birne zählen zu den beliebtesten Obsthölzern. Die übrigen, wie etwa die Zwetschge, sind entweder kaum verfügbar oder wenig geeignet. Obsthölzer besitzen eine besondere Maserung, sind auf sympathische Weise »unruhig«. Meist weisen sie eine rötlich-warme Färbung auf. Hölzer für besondere Oberflächen: Fronten, Theken, kleine Gegenstände für besondere Zwecke.

Lassen Sie uns schließlich eine klare Empfehlung aussprechen: Verwenden Sie möglichst *heimisches* Holz! Die tieferen Gründe dafür stehen ausführlich in unserem Buch *Aus eigener Kraft*, wenn von Bedeutung und Gesundheitswert heimischer Nahrungsmittel die Rede ist. Heimisches Holz besitzt alle Eigenschaften, um Ihre Wohnung in ein stärkendes Kraftfeld zu verwandeln, während beispielsweise viele Tropenhölzer (besonders Mahagoni) eine für unseren Organismus schwächende Ausstrahlung besitzen.

Suchen Sie einfach so lange, bis Sie es mit Holzhandelsfirmen oder Sägewerken zu tun bekommen, die wissen, wovon Sie reden. Sie sind in der Mehrzahl, auch wenn viele es auf Anhieb nicht zugeben wollen. Vielleicht wird man versuchen, Ihren Wunsch zu ignorieren und Sie mit dem Satz »Holz ist Holz« abzuspeisen. Lächerlich! Was halten Sie von einem Gemüsehändler, der Ihnen den Kommentar »Gemüse ist Gemüse« an den Kopf wirft, während er Ihnen statt der gewünschten Tomaten aus heimischem biologischem Anbau bestrahlte, leblose, gespritzte Paprika aus dem Ausland in die Tüte steckt? Entschuldigungen oder Ausreden sollten Sie nicht akzeptieren. Der Beitrag, den die Wiederentdeckung und Befolgung der alten Regeln der Waldpflege und des Holzschlagens zum »Unternehmen gesundes Wohnen« leisten könnte, ist gewaltig. Bleiben Sie am Ball. Der Kunde hat die Kraft. Er ist der König!

Wer wie so viele unserer Leser heute Vertrauen zum alten Wissen um die Natur- und Mondrhythmen gefaßt hat und wer Handwerker mit heiklen Arbeiten beauftragen mußte, deren Erfolg vom richtigen Zeitpunkt abhängt, den bewegte zu irgendeinem Zeitpunkt die Frage: Wie bringe ich einen Handwerker, eine Baufirma oder einen Polier dazu, auf meine Terminvorstellungen für das jeweilige Vorhaben einzugehen?

Abgesehen davon, daß dieses Buch seine Entstehung dem Versuch verdankt, genau auf diese Frage eine klare und ausreichende Antwort zu geben: Wir möchten Sie bitten, eine Tatsache nicht aus den Augen zu verlieren, nämlich

daß sich Naturgesetze nicht ändern, nur weil wir sie ignorieren oder weil wir es »bequem« haben wollen, oder weil es der Industrie so angenehm ist, oder weil sich die Schulmedizin mit ihnen nicht befreunden kann, oder oder oder . . .

Naturgesetze ändern sich nicht. Warum dann nicht sie nutzen, sich mit ihnen in Einklang bringen? Bei abnehmendem Mond handeln, bei zunehmendem Mond ruhen. Was könnte einfacher sein?

Sie sind der Kunde, Sie sind der Boß, Ihre Gesundheit und Ihr Geldbeutel stehen auf dem Spiel. Wappnen Sie sich mit Geduld und Nachsicht bei der Suche nach Mitstreitern, nach Ärzten, nach Firmen, die in den Mondrhythmen ein wertvolles Wissen, eine Bereicherung ihres Lebens sehen. Akzeptieren Sie niemals ein »Unmöglich! Das geht nicht!« Suchen Sie einfach weiter.

Seit Jahrtausenden sind die Kräfte der Mondrhythmen ein bewährtes Mittel, das heute wieder all denen zur Verfügung steht, die es annehmen wollen. Es werden täglich mehr. Was für eine Freude!

Anhang

Zum guten Schluß einige Worte an diejenigen Leser, die uns im Laufe der Zeit geschrieben und bis jetzt keine Antwort erhalten haben. Tausende von Briefen aus aller Welt haben uns erreicht (in neun Sprachen sind unsere Bücher heute übersetzt) und es ist niemand da, der uns die Arbeit des Antwortens zuverlässig abnehmen könnte. Auf diesem Wege wollen wir wenigstens den allergrößten Teil der Briefe direkt beantworten, denn bestimmte Fragen tauchen immer wieder auf, und wir wissen, daß die Antwort fast jeden unserer Leser interessiert.

Viele Anfragen können wir nicht beantworten, weil wir schlicht und einfach die Antwort nicht kennen! Wir schreiben nur aus persönlicher Erfahrung, und die hat ihre Grenzen. Das gilt besonders für körperliche und seelische Störungen. Wir sind keine Ärzte, und aus der Ferne zu beurteilen, was im Einzelfall hilft oder schadet, dürfen und wollen wir uns nicht anmaßen.

Bei vielen Zuschriften geht es um Probleme, zu deren Lösung man unsere persönliche Hilfe wünscht. Fast immer jedoch steht die Lösung des Problems schon vor der Tür! Sie wird nur deshalb oftmals nicht eingelassen, weil man sich bei der Suche nach ihr schon in eine bestimmte Richtung verrannt hat und nun zu stolz, zu ängstlich oder zu bequem ist, einen neuen Weg zu gehen. Unsere ganze Arbeit jetzt und in Zukunft richtet sich darauf, den Mut zur eigenen Entscheidung und Verantwortung zu wecken. Den Mut, Problemen wirklich auf den Grund zu gehen, sie von allen Seiten zu betrachten und die Dinge zu Ende zu denken. Kein anderer Mensch, kein »Experte« wird Ihnen jemals diese Aufgabe abnehmen können – auch wir nicht. Wenn unsere Arbeit den Mut dazu geweckt hat, dann freuen wir uns mit Ihnen von ganzem Herzen.

Oftmals werden wir um Angabe der Adressen von guten Rutengehern gebeten oder von Heilberuflern, die nach Mond- und Naturrhythmen heilen. Zwar werden es täglich mehr, doch alle, die wir kennen, sind inzwischen hoffnungslos überlastet, weil sie so erfolgreich arbeiten. Es ist so einfach: Wenn der Arzt Ihrer Wahl nicht auf Ihre Wünsche eingeht, suchen Sie sich einen anderen. Ein wirklich guter Arzt wird immer alles tun, damit Sie gesund werden und es auch bleiben. Wer dagegen ausschließlich nach anstudiertem Wissen und nach Schablonen arbeitet, ist entweder nur am Geldverdienen interessiert oder er ignoriert seine eigene Erfahrung: nämlich, daß Statistiken und auswendiggelernte Schablonen niemals den Einzelfall erfassen. Haben Sie den Mut, mit Ihrem Arzt von Mensch zu Mensch zu sprechen. Um so schneller finden Sie heraus, aus welchem Holz er geschnitzt und ob er ein wahrer Freund der Menschen ist.

Viele Leser haben uns gefragt, wann *genau* eigentlich der Vollmondtag ist, wann genau Neumond herrscht – etwa als Reaktion auf die Anregung, an Voll- und Neumond einen Fastentag einzulegen. Wie so oft hängt die Antwort davon ab, um welche Tätigkeit es sich handelt, die vom richtigen Zeitpunkt profitiert. Sie müssen Ihr Gespür walten lassen, wenn Sie sich entscheiden, welchen Tag Sie zum Neu- und Vollmondtag erklären.

Wenn beispielsweise der Vollmond zwischen 12 Uhr mittags und Mitternacht eintritt, dann würden wir persönlich diesen Tag als Vollmondtag bezeichnen und nur Tätigkeiten ausführen, die vom zunehmenden Mond oder Vollmond begünstigt sind. Steht jedoch der Vollmond um 3.20 Uhr früh im Kalender, dann ist der ganze Tag schon vom abnehmenden Mond beeinflußt, und wir würden uns danach richten, obwohl dieser Tag vielfach als »Vollmondtag« bezeichnet wird. Letztlich liegt die Entscheidung bei Ihnen und Ihrem Gespür.

Sehr viele Anfragen erreichen uns zu Kalendern kommender Jahre: »Was kommt nach dem Jahr 2000?« Oder die Leser der ersten Auflagen stellen fest, daß die beiliegenden Kalender inzwischen ausgelaufen sind und scheinbar keine neuen zu haben sind. Sorgen Sie sich nicht, wir haben uns darum bemüht, daß verschiedene Mondkalender auf Jahre hinaus in jedem Buchladen zu haben oder zu bestellen sind: beispielsweise eine Loseblattsammlung bis zum Jahr 2005 (Goldmann Verlag, München). Dazu erscheint im gleichen Verlag *Das Mondjahr* – ein jährlich neu aufgelegter kleiner Taschenkalender mit viel Raum für persönliche Notizen und Erfahrungen – und ein sehr praktischer Wandkalender mit dem gleichen Namen und schönen Fotos.

Von besonderem Interesse dürfte für viele Leser sein, daß es im Einklang mit den Möglichkeiten der modernen Zeiten ein ausgereiftes Computerprogramm gibt, das den Biorhythmus und die Mondkalender der Jahre 1900 bis 2100 berechnet und noch vieles mehr kann. Es heißt *MoonWaves* und berechnet für eine Vielzahl von Tätigkeit die günstigsten Zeitpunkte, unter anderem auch für den Aderlaß. Damit lassen sich beispielsweise Erfahrungen mit der Wirkung von bestimmten Nahrungsmitteln so bewerten, daß im Laufe der Zeit ein klares Bild entsteht, wann genau die eine oder andere Kost belastender wirkt als an anderen Tagen. Nichts vorschreiben, sondern zu persönlicher Erfahrung und selbstverantwortlichem Handeln anregen – ein solches Programm ist *MoonWaves* geworden (IBM/Windows, CD-ROM, DM 129,-) in Zusammenarbeit mit uns entwickelt von der Firma Entersoft, Viernheim. Genauere Information und Bestellmöglichkeit bietet unser Laden *For Life* (Adresse siehe unten).

Den Service für alle Leser, die keinen Computer besitzen, aber dennoch den Mondkalender kombiniert mit ihrem persönlichen Biorhythmus erwerben wollen, hat die Firma Entersoft übernommen.

Entersoft
Postfach 1374
D-68503 Viernheim

Der farbig gedruckte Kalender kostet pro Jahr ca. DM 60,-. Vergessen Sie beim Bestellen nicht, Ihr Geburtsdatum anzugeben.

Vielfach wurden wir auch nach Bezugsquellen gefragt für bestimmte Leistungen oder Produkte im Umfeld unserer Arbeit – zum richtigen Zeitpunkt geschlagenes Holz, Kräuter, Kosmetika, Schafwolle, usw. In der Absicht, wenigstens einen Teil dieser Wünsche zu erfüllen, haben wir uns im Laufe der Zeit etwas einfallen lassen und den Laden *For Life* gegründet. Von der Energiekosmetik über zum richtigen Zeitpunkt geerntete Kräuter, Produkte aus mondphasengeerntetem Holz (Zirbelschalen, Getreidekästen, Holz für Möbel, Fußböden usw.) bis zum Architekten für Ihr gesund gebautes Haus: Für das und noch einiges mehr soll unser Laden Anlaufstelle sein – eine Drehscheibe für einen guten Weg in die Zukunft. Er befindet sich in Brannenburg, einem Städtchen südlich von Rosenheim, direkt neben der Inntal-Autobahn. Seine genaue Adresse:

For Life
Rosenheimer Straße 8
D-83098 Brannenburg
Telefon 08034-2648
Fax 08034-8139
Geöffnet: Montag bis Freitag von 14 bis 18 Uhr.

Mit Fax oder Postkarte angefordert, erhalten Sie von uns die neuesten Informationen über den Laden, auch über den Versand, den wir planen, und unsere aktuellen Produkte.

Auf der zweiten »Schiene« haben wir mögliche Partner und Firmen gesucht, um interessierten Lesern direkt weiterhelfen zu können, etwa mit mondphasengeerntetem Holz. Eine privat und geschäftlich sehr enttäuschende Erfahrung mit einem Holzhändler aus dem Salzburger Land hat uns jedoch dazu bewogen, überhaupt keine Empfehlungen mehr auszusprechen. Traurig wäre, wenn durch die Methoden dieses Holzhändlers das Wissen um die Holz- und Mondregeln wieder in Verruf gerät, weil manche Kunden nicht den erhofften Erfolg erleben dürfen.

Gemeinsam mit einem Massivholz-Schreiner haben wir deshalb in Eigenregie ein kleines Holzlager ins Leben gerufen, das ausschließlich aus zum richtigen Zeitpunkt und im Winter geschlagenem Holz besteht, direkt geliefert von einem kleinen Ring deutscher und österreichischer Waldbauern und gut sortiert. Wenn Sie Holz brauchen, für welchen Zweck auch immer, und *zuverlässig* nach den Mondregeln geerntet, dann finden Sie dort, was Sie suchen. Kontaktadresse:

Konrad Schinkinger
Tischlerei/Massivholzmöbel
Hoppenbichlstraße 18
D-83064 Raubling/Pfraundorf

Kennen Sie weitere Sägewerke oder Holzhändler, die gerne in unserem Sinne arbeiten möchten? Schreiben Sie uns! An Kunden besteht langfristig kein Mangel. Die Absicht, in unserem Laden For Life eine Adresenliste mit Firmennamen aufzulegen, die von vorneherein oder auf Anfrage zuverlässig nach den Mondrhythmen arbeiten, haben wir inzwischen aufgegeben, weil wir nicht den Eindruck erwecken wollen, aus diesen Empfehlungen finanziellen Vorteil zu ziehen.

Zum Schluß unser Dank! Das Team bei unserem Hausbau hat in mancher Hinsicht Pionierarbeit geleistet. Ein Hausbau, bei dem Umweltfreundlichkeit und der »richtige Zeitpunkt« an erster Stelle stehen, ist nicht einfach zu verwirklichen in einer Zeit, in der viele Firmen in erster Linie am Umsatz und erst in zweiter Linie an der Qualität ihrer Leistungen und Produkte interessiert sind. Alle Firmen hatten vorher noch nie nach den Mondregeln gearbeitet und sind dennoch gemeinsam mit uns ins »kalte Wasser« gesprungen.

Ihnen, liebe Leserin und lieber Leser, wünschen wir, daß auch Sie »Ihr Team« finden, für welches große Abenteuer auch immer Sie es engagieren wollen!